2023 年，人生摯愛的二人，母親陳莊秀鑾女士及夫人黃喜貞女士，同祝陳燕木博士畢業，相愛相伴分享這榮耀時刻！

2023年1月27日，陳燕木手持畢業證書，取得美國天普Temple大學福克斯商學院全球金融學博士。活到老，學到老。

陳燕木及夫人黃喜貞女士四十五週年喜燕禮讚——藍寶石婚紀念。執子之手，與子偕老。

2018年東莞，喜燕家族四代同堂共祝運時通成立45週年，宇翰同程半世紀。

2025年金蛇年新春，喜燕家族喜迎運時通創夢52載前景。

2015年副總統吳敦義為陳燕木當選第三屆傑商會會長頒獎。

海基會前董事長江丙坤八十壽辰，董事長陳燕木夫婦舉杯祝賀。

1992年當選第十五屆創業青年楷模，榮獲總統李登輝接見勉勵。

2008年，總統馬英九授予陳燕木「床墊教父Bedding Father產學領航Industry Leader」榮譽稱號，肯定他在業界的卓越貢獻。

父親陳炎樹、母親陳莊秀鑾到鐵路機廠探望17歲的鐵路小子阿木。

陳燕木的故鄉——蘭陽平原，魚米之鄉。

宜蘭縣礁溪鄉時潮村，時間一到，潮水就來。

礁溪鄉下大塭路的舊宅，家徒四壁。

陳燕木的祖母及外祖母，姊妹情深。

母親陳莊秀鑾河邊洗衣，勤儉持家。

父親陳炎樹與兒子陳燕木促膝而談，父子同心。

陳家三兄弟——燕飛（右）、燕木（中）、燕標（左），兄弟齊心，其利斷金。

17歲鐵路技工陳燕木深深著迷於火車「黑手」技術之中。

「黑手」學習車工技術（中間為陳燕木）。

台北機廠技工養成所舊址，孕育鐵路拼搏小子的搖籃。

1967年，陳燕木以第九名成績考入台北機廠技工養成所第21期，學號2131。

台北機廠技工養成所原址台北市東興街38號，現今市民大道五段48號。

台灣鐵路管理局台北機廠的工廠內，從火車大彈簧到床墊小彈簧的匠心傳承。

知足常樂，知謙感恩。75歲的陳燕木運動強身，放開心情、睡足睡飽。養身、養心、養靈、修練身心靈。

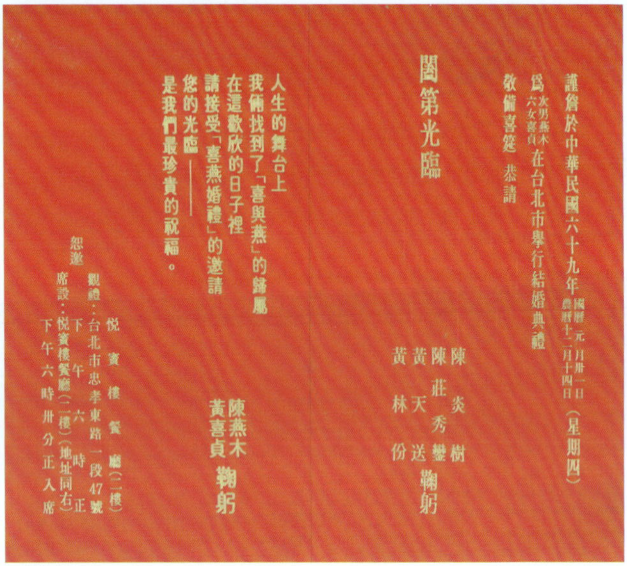

謹詹於中華民國六十九年國曆元月卅一日 農曆十二月十四日（星期四）
為次男燕木 六女喜貞在台北市舉行結婚典禮
敬備喜筵　恭請
闔第光臨
陳炎樹
陳莊秀鑾
黃天送
黃林份　鞠躬

人生的舞台上
我倆找到了「喜與燕」的歸屬
在這歡欣的日子裡
請接受「喜燕婚禮」的邀請
您的光臨——
是我們最珍貴的祝福。
陳燕木
黃喜貞　鞠躬

恕邀
觀禮：悅賓樓餐廳（二樓）台北市忠孝東路一段47號 下午六時正
席設：悅賓樓餐廳（一樓）（地址同右）下午六時卅分正入席

陳燕木和黃喜貞結婚請柬：「人生的舞台上，我倆找到了『喜與燕』的歸屬」。

1978年，在溪頭森林遊樂區，著紅色情侶裝。

喜燕結緣。

1980年1月31日，陳燕木和黃喜貞結婚，相互扶持。

四口之家，溫馨與活力兼具。

從高中到大學，冠軍兄弟都在父親經營的床墊工廠長大，自小耳濡目染父親陳燕木的拼搏精神。

1980年冠宇出生，1982年冠翰出生。

爸爸送兒子們去幼兒園，期勉二人從小拼搏，在人生起跑線，跑成冠軍的模樣。

八里聖心小學家長會會長的爸爸攜手媽媽，陪伴孩子成長。

1992年（民國81年）陳燕木當選中華民國第15屆創業青年楷模，與當時的經濟部長蕭萬長先生合影留念。

詩肯柚木林福勤董事長與董事長陳燕木45年的長期友誼，義結金蘭真誠合作。

父親陳炎樹與大哥燕飛、燕木夫婦，共同接待創業初期最大的客戶，香港歐化集團董事長羅斌夫婦（左二）、（左三）。

父親陳炎樹六十大壽，陳氏家族於五股山上老廠共同慶祝，齊心打造「三燕牌」為台灣床墊產業傳奇。

詩肯柚木集團董事林杰人、于洪武營運長參加運時通深圳國際家具展。

美國蕾絲床墊 Restonic ——夢開始的地方。

運時通待經銷商如家人。

運時通在東莞建造智谷，由中天華南建設投資集團承包興建。

中國國際商會家居建材委員會，常務理事會在運時通召開。

德國美得麗 Musterring ——高端德系，硬派護脊。

德國 Musterring 美得麗 75 週年慶典，組團赴德國參加慶祝儀式。

陳燕木與礁溪國小同學林金樹（左一）、楊乾舅舅（右一），從小互相鼓勵扶持成長。

陳燕木夫婦與伴郎江乃俊夫婦於美國洛杉磯家中小聚。

床墊世家，百年風華，代代卓越，薪火相傳（前排左一為陳燕木）。

母親陳莊秀鑾女士91歲及94歲壽宴，大哥陳燕飛、二哥陳燕木、三哥陳燕標、四哥陳大幃、大妹陳月霞、弟弟陳勇鎮與陳氏家族長輩親友，共同祝賀。

2025年冠宇45歲、冠翰43歲接任運時通集團總裁，宇翰兄弟齊心協力，共同打造第二個五十年的卓越成就。

陳氏家族第三代接班人薪火相傳，未來可期。

孫子孫女歡笑繚繞，天倫之樂洋溢其間。

2025年春節，喜燕家族至澳洲旅遊。

大兒子陳冠宇與大媳婦陳柏蓉，育有二女——陳名郁、陳名筠。

二兒子陳冠翰與二媳婦陳姿伶，育有一女一子——陳名晞、陳名軒。

夫人黃喜貞Grace女士鼓勵老公攻讀博士，兒子攻讀碩士。冠宇於2005年5月1日、冠翰於2009年1月1日加入公司。才德婦女，外表美、心靈更美。

翰伶家族。

陳燕木二孫女名晞Cici，孫子名軒Harrison天真浪漫，活潑可愛。

健康快樂，茁壯成長。

宇蓉家族。

亭亭玉立，落落大方。

陳燕木大孫女名郁Milla，三孫女名筠Albee。

宏基集團董事長施振榮的夫人葉紫華學姐，和陳燕木均曾擔任輔大企管系友會會長，共同為系友提供服務。

陳燕木董事長和作者楊艾俐教授，與輔仁大學企管系三任系主任高義芳、楊君琦、顧宜錚，及學長姐馬曉春、王翠蘭、張志誠、黃培彥共同歡聚。

董事長陳燕木響應藍易振校長，號召「世紀輔仁．永續傳承」的百人百萬募款計劃，回饋輔仁大學捐款100萬，支持母校持續風華下個世紀！

輔仁大學企管系畢業同學40週年母校巡禮，感謝洪成龍、洪舜惠熱心召集。
重溫記憶、友誼長存、始終不渝。

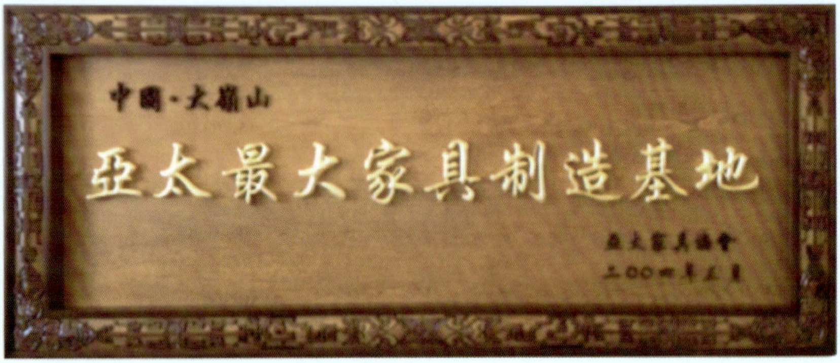

在會長陳燕木的努力下，亞太家具協會授予東莞市大嶺山鎮「亞太最大家具製造基地」之榮譽稱號。

亞太家具協會第九屆、第十屆會長陳燕木，邀請17位會員國會長於日本召開會議。

1998年副總統連戰參加「買主之夜Buyer's Night」頒獎典禮，為理事長陳燕木及理監事團隊頒獎，肯定他對台灣家具產業之貢獻。

理事長陳燕木帶領台灣區家具公會理監事到日本考察，為產業發展探索新契機。

商業總會許舒博理事長與陳燕木是工商建研會第11期同學。

經濟部長郭智輝（左）與陸委會主委邱垂正（右），與陳燕木。

台企聯總會長李政宏，帶領常務副會長參加商業總會理事長許舒博主辦的新春聯誼晚宴。

2025年3月海貿會新任會長夏立言（中）、監事長江俊德（左），為兩岸經貿文化交流努力。

台企聯總會長李政宏、常務副會長燕木共同為台商服務而努力。

海峽兩岸經貿文化交流協會第七屆第一次會員大會。

吳敦義副總統、郭山輝榮譽總會長，參加喜燕禮讚結婚40週年暨運時通家具集團47週年慶典活動。

黃喜貞大姐黃純美、大姐夫曾捷修、二姐黃佳妹、四姐侯素女、四姐夫李順良，姐妹連襟齊聚同歡樂。

鄉林建設董事長賴正鎰，肯定美國Restonic蕾絲床墊為涵碧樓帶給顧客更好的休息、更高的享受。

大同公司董事長、海貿會副會長王光祥（左），海貿會新任會長夏立言（中），與陳燕木三十年兄弟情誼。

台灣工商企業聯合會，會務顧問陳燕木、理事長許顯榮、台北市市長蔣萬安、桃園市市長張善政、台企聯榮譽會長王屏生、秘書長陳仲隆、副秘書長李錫東合影。

恩師司徒達賢講座教授與陳燕木，師生情誼歷久彌新，回首當年課堂點滴，滿懷感恩與敬意。

董事長陳燕木博士論文研究成果——融合九型策略矩陣模型YMC Model，獲得2023年18th IFKAD（International Forum on Knowledge Assets Dynamics，國際知識資產動態論壇）特邀專題發表，承蒙海峽兩岸經貿文化交流協會高孔廉會長、台北經營管理研究院院長陳明璋院長、台灣大學陳厚銘特聘教授、政治大學顏敏仁教授、輔仁大學高義芳教授參與發表會。

輔仁大學管理研究所碩士論文指導教授吳秉恩副校長，感謝恩師指導參加1995年全國管理碩士論文比賽，榮獲中華民國管理科學人力資源類論文優等獎，為輔仁大學管研所當年唯一優勝得獎者TOP 10獎章。

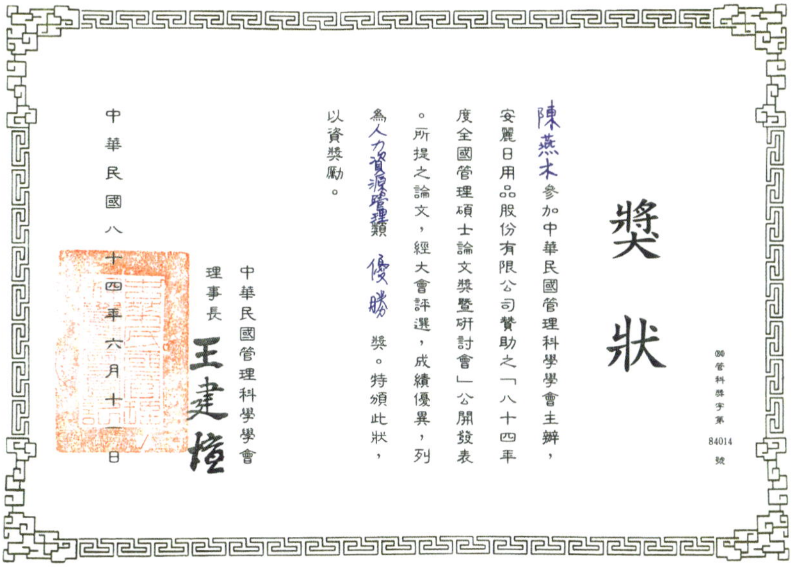

(84)管科學字第84014號

獎狀

陳燕木參加中華民國管理科學學會主辦，安麗日用品股份有限公司贊助之「八十四年度全國管理碩士論文獎暨研討會」公開發表。所提之論文，經大會評選，成績優異，列為人力資源管理類優勝獎。特頒此狀，以資獎勵。

中華民國管理科學學會
理事長 王建煊

中華民國八十四年六月十一日

中華民國管理科學學會理事長王建煊博士，頒發84年度人力資源管理類碩士論文優勝獎。

2023年5月海貿會會長高孔廉、秘書長鄧岱賢專程前來祝賀，為運時通五十週年慶典贈送賀禮，「崢嶸歲月半世紀，築夢前行贏未來」。

台企聯榮譽會長郭山輝帶領各地會長拜會海基會董事長江丙坤、副董事長高孔廉，希望兩岸和平發展，為廣大台商謀福利、創輝煌。

全國工業總會理事長、金仁寶集團董事長許勝雄先生，讚賞陳燕木超越人生、努力拼搏的傑商精神。

2015 年陳燕木當選第三屆傑出台商內銷典範獎。

智慧新台商轉型大未來，2023 年十二位傑商共同出版《傑商學》一書，陳燕木與韓佳宏共同擔任發行人。

青委會一年一度湖北恩施關懷活動，主委陳燕木關懷留守兒童送上學習用品等物資。

2011 年台企聯青委會第一期特訓營在廣東省東莞市成功舉辦，主委陳燕木精彩授課分享。

2018 年前總統馬英九，邀請青委會主委陳燕木，帶領各地台青幹部回國參加中秋餐敘。

國民黨副主席連勝文（中）、台企聯榮譽會長郭山輝（左）、常務副會長陳燕木，共同響應孫中山基金會兩岸四地中華情活動。

憲兵運通旺旺會將軍團賢伉儷，參訪東莞運時通家具集團。

鄭逢時、陳燕木、羅新明、陳献楨為新北市後憲聯絡中心最忠貞的鐵桿兄弟。

2024年為黃埔軍校建校百年之際，運通旺旺聯誼會舉辦第二十次活動，至廣州陸軍軍官學校巡禮。

2019年3月成立，18位會員17顆星星，希望會員「人旺、家旺、體旺」，一切生活「旺、旺、旺」。

輔仁大學校長藍易振、副校長謝邦昌，一同慶祝陳燕木獲得博士學位。

旺旺會參訪來自台灣定居在廣東的後憲聯誼會，發揮「一日憲兵，終身憲兵」之精神。

2016年陳燕木與夫人黃喜貞，正式交班予兩位兒子陳冠宇、陳冠翰，頒發金鑰匙任命總經理。

2025年1月1日，陳燕木進一步晉升大小陳總為新任總裁。

長子陳冠宇Alex於1980年出生，東吳大學企業管理系畢業，長江商學院EMBA碩士畢業。次子陳冠翰Ronald 於1982出生，國立交通大學資訊科學與工程研究所碩士畢業，中歐國際工商學院EMBA 碩士畢業。2025年1月1日二人被晉升為集團總裁，展開新局面。

經濟部長、經建會主委尹啟銘博士，是陳燕木碩士班的老師。

鼓勵新北市議員陳明義，攻讀輔仁大學商學研究所博士班，砥礪前行。

以球會友。成功不必在我，天底下沒有天才，只有團隊。

輔仁大學AI人工智慧發展中心講座教授陳燕木博士，經營心法專題演講，回饋社會。

2024年3月東吳大學力邀陳燕木博士，EMBA開課專題「跨國經營與兩岸經貿系列講座」，獲得師生們熱烈迴響。

運時通對於經銷商培訓相當重視，定期於東莞舉辦幹部訓練，2024年因應網路時代快速變化，正式啟動「線上導流、線下體驗」的全域行銷課程。

2024年美國蕾絲床墊全國終端經銷商，啟動抖音同城直播獲客項目，強化門市的市場競爭力。

母親陳莊秀鑾女士給兒子按讚！

夫人黃喜貞Grace一路陪伴。

感恩美國天普大學福克斯商學院高曉慧教授的精心指導，並於2022年9月16日，經四位口試委員評鑑會議後，公布陳燕木為四、五、六期班第一位取得博士學位的學生。

TEMPLE UNIVERSITY

OF THE COMMONWEALTH SYSTEM OF HIGHER EDUCATION

BY AUTHORITY OF THE BOARD OF TRUSTEES AND UPON RECOMMENDATION
OF THE FACULTY HEREBY CONFERS UPON

Yen-Mu Chen

THE DEGREE OF

Doctor of Science

Global Finance

TOGETHER WITH ALL THE RIGHTS PRIVILEGES AND HONORS APPERTAINING
THERETO IN RECOGNITION OF THE SATISFACTORY COMPLETION
OF THE COURSE PRESCRIBED BY THE FACULTY OF THE UNIVERSITY

IN TESTIMONY WHEREOF THE UNDERSIGNED HAVE SUBSCRIBED
THEIR NAMES AND AFFIXED THE SEAL OF THE UNIVERSITY

GIVEN AT PHILADELPHIA PENNSYLVANIA ON THIS FIFTEENTH DAY OF
DECEMBER TWO THOUSAND AND TWENTY TWO

CHAIR OF THE BOARD OF TRUSTEES

Richard M. Englert
PRESIDENT

SECRETARY

Larry Hunter
DEAN

陳燕木取得美國天普 Temple 大學全球金融學博士畢業證書。

期勉陳家未來小博士，陳名郁 Milla、陳名晞 Cici、陳名筠 Albee、陳名軒 Harrison 學海無涯須進取，努力拼搏。

感謝輔仁大學江漢聲校長，聘請陳燕木博士擔任AI人工智慧發展中心講座教授。

博士論文通過，感謝海貿會會長高孔廉、台管院院長陳明璋、輔仁大學管理學院前院長許培基、政治大學教授顏敏仁共同慶賀。

陳燕木清華五道口、美國天普大學金博五期2018年訪問台灣，至台大集思會議中心，由著名管理學者司徒達賢講座教授，指導最新國際企業經營管理知識。

海貿會會長高孔廉、廣東省台辦主任鍾揮鍔、台企聯榮譽會長郭山輝、王屏生、深圳台協會長陳忠和，參加蒞臨運時通集團指導工作。

中國家具協會理事長徐祥楠、秘書長屠祺，為運時通50週年慶典祝賀。

運時通五十週年慶典，創夢五十載 黃金築未來，1700位兩岸貴賓共同歡眾祝賀。

陪伴母親至宜蘭礁溪鄉下，回憶時潮村的故事，碧綠的荷花，蔚藍的天空相襯，展現知足幸福感。

床墊教父

陳燕木傳

鐵路技工打造運時通全球集團

陳燕木——口述
楊艾俐——採訪撰文

目錄

卷一・黑手拼搏

卷二・創業之路

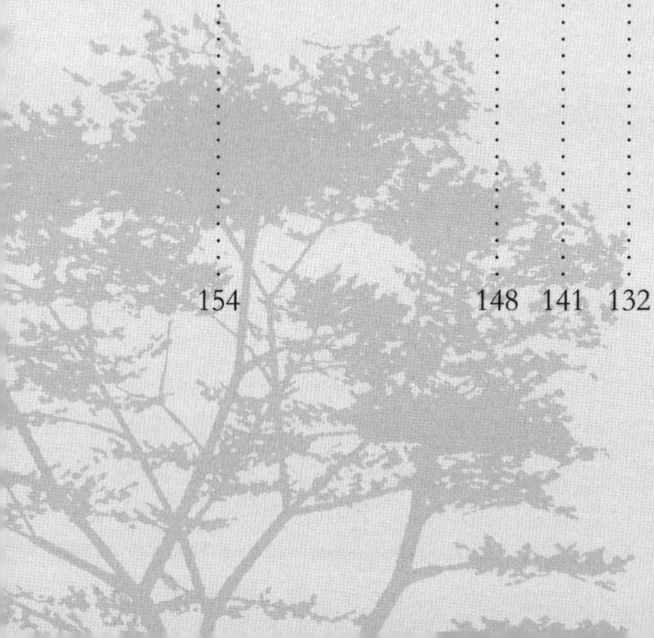

卷三・渡海神州

卷四・管理哲學

卷五・傳承變革

卷六・放眼未來

附錄

推薦序

大時代的縮影

司徒達賢／國立政治大學 名譽及講座教授

從一九七〇年代開始，五十幾年來，台灣經濟發展的成就，早已贏得國際上的注意與尊敬。經濟發展除了需要政府政策的引領與扶持之外，無數企業家前仆後繼的參與及衝刺，扮演了更關鍵的角色。在這半世紀中，從早期的創業潮，到其中許多企業的成長茁壯，不僅在產銷管理方法與策略理念上日新月異，而且也走向對岸或走向世界。其過程不僅波瀾壯闊，而且也常令人心驚動魄。在時代的持續挑戰下，有些人黯然退場，有些人則在挑戰下努力脫胎換骨，不斷提升自己的經營境界甚至人生境界。

數十年或更久以後的「台灣史」中，對這一段過程，肯定有許多值得回顧、自豪、紀念、檢討、反省之處，甚至可以成為世界商業發展史中不可或缺的一頁。

陳燕木董事長這本自傳，由於敘述得十分深入而詳細，企業發展過程又十分「典型」，應該是將來「台灣商業發展史」中具有參考價值的資料來源。

陳董事長出身農家，以鐵路局技工的身分參加聯考，進入大學，在學期間即與兄弟一起創業，可謂黑手起家。因緣際會進入床墊產業後，與國際品牌合作，然後走向對岸。他所經歷的，顯然其他很多企業也經歷過，甚至是教科書或學術文獻中都曾觸及的議題，但陳董事長能將問題的發生過程以及解決方法，交待得十分清楚，讓讀者有如臨其境的感覺，產生非常深刻的印象與感動。當然，進行採訪並執筆的楊艾俐女士，是華人世界中撰寫人物傳記的第一高手，也功不可沒。

創業之初，三兄弟各有所長，分工合作，加上消費者對床墊的品質與品牌開始重視，使早期自創的「三燕牌」有了立足與成長的機會。而陳燕木在輔仁大學企管系學到的行銷觀念，加上過去在鐵路局學到的「彈簧」熱處理技術，使公司在床墊的製造及「設計與品質要求的本土化」上也發揮了極大的作用（西方的品牌有吸引力，但東方人體型卻無法適應為西方人設計的床墊），這是早期競爭優勢的基礎。

九〇年代後，為了因應大環境的變化，陳董事長自創的「運時通」品牌，雖然在台灣內銷市場評價甚高，但也不得不到對岸發展。工廠規模擴大，加上與台灣不一樣的勞工與幹部，使求才與留才都出現新的挑戰；進入大陸的內銷市場，更是充滿機會與潛在風險。經銷體系的建立、針對不同的目標市場，引進並代理不同的世界名牌；與重要的品牌商簽立永久的地區授權合約，都是行銷上重要的戰略思維。經營過程中，相關問題的發生及各種解決方法，書中都有詳細的介紹，十分值得參考。

組織成長後，就應走向事業部（SBU）組織。資源分配、綜效創造，以及各事業位單位負責人所需要的領導與決策能力，也成為新的課題。家族成員的交班與接班、兩代人價值觀與意見整合，以及如何從「放心」到「放手」，書中都有毫無保留的分享。

陳董事長的學習精神與知識成長過程，更是令人欽佩。四十幾年中，他投入大量時間，以「半工半讀」的方式，完成了輔仁大學的企管大學部與企管碩士班的學習；年逾花甲，事業有成之後，為了自我成長，還遠赴北京攻讀博士，並在七十三歲獲得美國天普大學（Temple University）全球金融學博士學位，在同班一百二十位同學中，不僅最年長，也是第一位畢業的。

陳董事長之好學深思，可以從本書附錄中的〈管理語錄一〇八則〉得窺。語錄內容多元豐富，歸納為「經營篇」、「管理篇」、「人生篇」三大部分。從內容中可以看得出，這些「語錄」，或他對經營管理及人生的各種看法，肯定是來自人生中長期學習與反思的結晶，在數十年間持續思考整理，並以文字摘要。這些內容雖然精簡，但可以看得出陳董事長對管理及人生的認真態度，以及隨時「總結歸納」經驗與想法的習慣。此一精神與內容，都值得大家參考，其背後的道理以及獲致這些「心法」的過程，也是讀者們期待知道的。

陳董事長數十年來認真工作，用心學習，對每次重大決策，到現在都還記得當時的情境以及形成解決辦法背後的心路歷程。超強的記憶力，加上資料保存的習慣，使這本書既深入又細緻，不僅在未來的台灣商業史上必然有其角色，而且對企業管理的實務與學理反思，都有高度的價值。

推薦序

翻轉人生的勇者

高孔廉／海峽兩岸經貿文化交流協會 榮譽會長

這是個翻轉人生的故事。

燕木兄生長在一個貧困的時代、偏僻的鄉村，農耕漁作，看天吃飯，不足以養家餬口，他很小就立定志向，不靠天、不靠地，要靠自己的力量，求生發展。

初中時期，他就憑著一股堅強的毅力，自謀生活，考進鐵路局的台北機廠，擔任技工，每天與機械的油污為伍，可以說是真正的「黑手」，即使工作再苦，他仍不放棄上進求學之路，考進了志仁補校，白天在機廠工作，利用暇時讀書，因而課本上沾滿了油污，成了一本「黑書」，但是去學校時又不便展示骯髒的課本，於是他買了兩套課本，一本學校使用的「白書」，一本則在機廠K書用。

他在機廠工作時，經常接觸的零配件就是「彈簧」，經常研究的結果，他也對彈簧產生濃厚興趣，日後更應用這個知識技術用來製作床墊，由於他是台商中最大的床墊廠，因此，又贏得「床墊大王」的美譽。

燕木兄求學的道路並不滿足於相當高中的補校，於是就到南陽街的升大學補習班研習，皇天不負苦心人，終於考上輔仁大學，也進入了他有興趣的企管商科領域，靠著半工半讀，多份兼差，一天二十四小時，工作十八小時以上，終於順利完成學士學位。

由於他的誠懇努力，認真負責，創業時也得到「貴人相助」，他開創床墊事業後，赴歐考察覺得為了效率及品質、需要自動化的生產設備，而一套的售價高達新台幣六百萬，他卻只有一百萬，後來他回志仁補校與校長聊天，校長原建議可向銀行貸款，但燕木兄並無足夠資產抵押，而校長慷慨的自掏腰包五百萬借他，這是一筆不小的金額，校長竟說：「你就是抵押品」，足見這個畢業生在他心目中的地位，有了貴人相助，開創事業就順利多了。

燕木兄也重視研究創新，由於東方人與西方人體型及體重均不相同，加上睡眠習慣不同，所以西方名牌床墊未必適合東方人，他先是研究彈簧「口徑」，然後又進行「熱處理」使彈簧更有彈性、韌性，並且試了不同溫度及不同時間長度，才選出「二八〇度，一小時」之最佳品質床墊。

運時通家具集團，除了自行生產外，也與國際品牌合作，最先是與美國的蕾絲Restonic，後來進軍歐洲、又與德國的美得麗Musterring，並且與這些品牌老闆及二代都成為好朋友。既能生意往來，又能建立家族感情，實為不易。

一九八七年，台灣企業經營同時遭逢兩大衝擊：政治及經濟解嚴，前者包括開放黨禁、報禁，社會運動及勞工運動紛起，加上金流氾濫，民間流行股市炒作金融遊戲，勞工無心工作，企業缺乏勞工，而且工資大幅上漲。至於經濟的解嚴，就是放寬外匯管制，台幣大幅升值，由美元台幣一：四十，急速上升到一：二十八，傳統產業生存不易，燕木兄的前瞻眼光，很快的就做出西進的決斷，當時中國大陸百廢待舉，基礎建設不足，他仍毅然決然選定東莞建廠，而且不像許多台商，只願支付少額租金，而是購置工廠土地，取得國土使用產權證，這對後來的發展很有助益。如今那一大片的廠房，已取得「工改工」的許可（城市更新工業改造）。預計興建三十三萬平方米。完工後將是相當壯觀的運時通智谷產業科技園區。東莞是台商進軍大陸的第一站，迄今仍是台商最多聚集的地方，全國台企聯總會的前兩任會長張漢文、郭山輝均出自東莞。

運時通雖有製造高品質床墊的技術，但在大陸行銷卻是「叫好不叫座」，加上早期大陸行銷通路複雜，法律規範不足，內銷不易。於是他透過與國外品牌策略聯盟，以外銷為主。隨著大陸的經濟發展，以及大陸以外銷促進成長的模式逐漸達到頂峰，加之面臨國際局勢的鉅大變化，於是政策面提出了「內外雙循環」政策，也就是不再以外銷為主，也要促進內銷，提振內需消費，同時發動內外需的「經濟成長雙引擎」，運時通集團即以多品牌策略轉攻內銷市場，並獲轉型成功。

為了發展大陸內銷市場，除廣東省外在長三角區域，江蘇省GDP總產值為中國大陸第二，所以前往江蘇淮安建廠。由於運時通品牌知名度高，且正派經營，所以在中國大陸各地土地供給緊張情況下，仍取得二百六十五畝國有土地產權證。淮安位於蘇北，已成為新興的台商聚集地，包括台玻集團、鵬鼎控股、敏實集團、富士康、膳魔師家用品等均匯聚於此。淮安華東廠二〇二五年即將落成開工，追上時代AI的浪潮，設置亞洲第一條S型AI全自動化生產線啟動，面積達二十萬平方米，將為運時通集團邁向百年企業目標奠定堅實根基，推動品牌邁向新高峰。

燕木兄與我是多年的老友，我原先在東吳大學教書，後來因緣際會於一九八一年被借調到政府部門工作，又於一九八八年調職，參與兩岸事務，後來一九九一年成立陸委會，其中服務台商及兩岸經貿就是我主要負責的工作，當時就與台商多所接觸，燕木兄運時通集團是在東莞的大嶺山鎮，東莞是早期台商聚集最多的地方，所以常有台商來陸委會拜訪交流，我們就在那時結識，發覺他在台商中講話中肯實在，常能提出一些建設性的意見。後來我於二〇〇八年追隨江丙坤先生到海基會服務，由幕後站到第一線，經常往返兩岸，除了協商談判之外，就是與各地台商交流。

二〇二三年我去運時通工廠參加五十週年慶典，當天到場的國內外賓客多達兩千人以上，熱鬧非凡，相當成功。燕木兄也熱心公共事務，擔任東莞台商協會名譽會長，並高陞全國台企聯常務副會長。他曾擔任台企聯青委會主委，很重視第二代台青的培養，多年來舉辦十四屆特訓營，達一千多名學員，除了增加他們的知識，也灌輸傳承接班的作法，培養二代台商的情感，甚至創造相互商機。近年由於國際經營環境變遷，大陸的外銷成長模式跟著改變，許多台商也需要外銷轉內銷，台企聯成立了內銷拓展委員會，聘請燕木兄擔任主委，近來更積極推動台商百大內銷品牌選拔，希望為台商轉型貢獻心力。他自己運時通集團就成功的轉型，由原先內外銷比二：八，經過二十年的努力，成功翻轉為八：二。二〇一九年至二〇二五年我擔任海峽兩岸經貿文化交流協會會長，燕木兄是榮譽副會長，給予本人很多指導及協助。

此外，值得一提的是，燕木兄於七十三歲取得美國天普大學（Temple University）全球金融學博士學位，展現出終身學習的精神與對專業知識的不懈追求。我也經常邀請他到東吳大學企業管理學系，進行專題演講，分享他在產業實務、學術研究與兩岸經貿的豐富經驗，深受師生歡迎與敬重，對產學雙軌的知識交流與青年人才的啟發貢獻良多。

前面提過燕木兄是我多年好友，此外，我們還有兩層特別的關係：他的長公子陳冠宇Alex及媳婦陳柏蓉Vicky都是我任教的東吳大學企管系校友，而且是「班對」，所以東吳也孕育了他們經營管理的長才，今天「東吳也以運時通的他們為榮。」另一個關係是冠宇Alex曾在運時通集團聖地牙哥的工廠服務過，而當時犬子高孟平Ben適在加州大學聖地牙哥校區攻讀博士學位，他們也因而成為好朋友，可以說是兩代情的關係。

燕木兄的記憶力、保存及整理相片、檔案、文件的功夫，非常令人佩服，如今很高興看到整理成冊出版，相信可以成為青年勵志、翻轉人生的樣板。

推薦序

拼搏人生：鋪就兩岸經貿之路

許勝雄／中華民國全國工業總會 榮譽理事長

我和燕木兄相識已逾三十載，他與陳水扁、馬英九、郭台銘等人同齡屬虎。如今，燕木兄仍堅持每週打兩次籃球，通過運動保持健康活力，看上去比實際年齡年輕許多。這或許與他「床墊教父」的身分有關，得益於良好的睡眠健康理念——吃飽很簡單，睡好很困難，健康很寶貴。

記得十幾年前春節，我攜家母及家人前往帛琉渡假，在機場偶遇燕木兄，他同樣帶著母親與家人出國遊玩。這份孝心令人動容，畢竟孝順是成就事業的根基，正如王永慶董事長、郭山輝董事長對父母親的孝心聞名遐邇。

一九九七年，燕木兄四十七歲當選台灣區家具工業同業公會第九屆理事長。任職期間，他整合產、官、學、研多方資源，主持編輯《台灣家具通鑑 The General Guide Taiwan Furniture》中英文版本發行各五千冊。該書作為台灣家具公會二十五週年的回顧與前瞻成果，免費贈予兩岸政府機構、產業界及學術界，成為極具價值的經營決策參考資料與行業教科書，獲得李登輝總統、連戰副總統、蕭萬長院長、江丙坤部長之肯定與嘉許。

一九八八年，燕木兄擔任新北市廠商發展促進會（原五股工業區）創會會長，全心投入服務工業區廠商，貢獻卓著。二〇一一年，他擔任五股工業區更名為新北產業園區的總召集人，積極整合了兩千家廠商意見，搭建起政府與企業間的溝通橋樑，憑藉出色貢獻，工業區人尊稱為「國父」。

二〇〇〇年六月二十六日，全國工業總會十七位台灣區各工業同業公會理事長前往中國大陸，在北京中南海瀛台受到時任國家主席江澤民的親切接見。彼時，燕木兄連任台灣區家具公會第十屆理事長，年僅五十歲，是其中最年輕的企業家。他積極推動台灣家具廠商投資大陸，為兩岸家具行業崛起為全球產業龍頭打下堅實基礎。

二〇〇三年，燕木兄擔任亞太家具協會（現亞洲家具協會）理事長時，編撰出版《亞太心、世界情 Asian Mind, World Vision》。他通過該書整合亞太資源，共創全球價值。這一理念與我日後任職海峽交流基金會副董事長時的工作初心高度契合。

在我擔任海峽兩岸經貿文化交流協會會長期間，我曾經帶團到武漢訪問。考察期間，與擔任此次訪問團的發言人燕木兄密切配合，他憑藉豐富的產業經驗與卓越的溝通能力，積極協調各方資源。無論是在座談會上探討政策對接，還是實地走訪武漢當地企業，我們均保持高效且順暢的溝通。在雙方的共同努力下，此次訪問不僅增進了兩岸業界的相互瞭解，還達成多項合作意向，取得了豐碩成果，為後續兩岸經貿交流搭建起更為堅實的橋樑，燕木兄積極任事的企圖心，及執行力的落實真的是印象深刻。

二〇一七年，我擔任中華民國全國工業總會理事長及傑出台商選拔會主任委員。同年，燕木兄當選傑出大陸台商聯誼會第三屆會長，他積極推動兩岸產業協同發展，搭建協助台商轉型及青年交流平台，整合資源，成為兩岸經貿交流合作的典範。

燕木兄出身於宜蘭礁溪農村，十七歲考入鐵路局成為技工。憑藉不懈拼搏，他締造了百億規模的運時通床墊集團，堪稱台灣中小企業從業者與年輕人奮鬥的楷模。

他創辦的運時通公司旗下彙聚多個國際知名床墊品牌，包括美國蕾絲 Restonic、德國美得麗 Musterring、美國席樂頓 SleepTrain、美國艾綠 SleepTherapy，以及本土品牌臺灣三燕 Sanyan。運時通還專注於五、六星級飯店、家具配套工程生產，與鄉林集團賴正鎰董事長旗下的日月潭涵碧樓大飯店、遠雄集團趙藤雄董事長的花蓮遠雄悅來大飯店等高端飯店展開合作，成為行業內頗具影響力的專業飯店配套供應商。

此書娓娓道來燕木兄腳踏實地、奮力前行的創業歷程。能搶先閱讀，我深感榮幸，並從中感受到他在企業經營上的深刻洞見與豐碩成果。故欣然寫下數語，為書作序。

燕木兄常說：「睡得飽是身，睡得好是心，睡得健康快樂是靈。」運時通集團以匠心打造優質床墊，守護兩岸人民的睡眠健康。此書不僅為台商朋友提供寶貴經驗，更將成為年輕人創業路上的明燈與指南，值得細讀與珍藏！

作者序

未竟之書：補寫台灣經濟史的缺頁

楊艾俐

那是在宜蘭：

一個萬物殘破的日子，颱風加暴雨，將宜蘭時潮村摧毀，一個青少年在水中，倚在窗前，凝望外面，眼前飄過的家具雜物，床鋪，貓狗的屍體，更驚見一具棺材……

爸爸說，阿木，上天不給我們飯吃，我們怎麼辦？

十二歲的阿木握起小小拳頭，立志「不靠天吃飯，不靠地吃飯，不靠人吃飯，靠自己吃飯」。

那是在香港：

二〇〇〇年，新世紀將歷史翻過一頁，夜色中，運時通董事長陳燕木在四十九路公車牌旁邊等候，他剛從中國家具出口第一鎮——廣東東莞的大嶺山鎮坐巴士來，捨不得坐計程車到啟德機場，巴巴盼望四十九路公車趕快來，以便他能趕上最後一班從香港到台灣的班機。

香港維多利亞港幻彩璀璨的夜燈與他無緣。

他是百萬台商大軍的一員，台商從一九八〇年代末期，超大舉進軍中國，「出去是找死，不出去是等死。」政府三令五申，「不鼓勵，不干預」，李登輝的「戒急用忍」去中國大陸投資，但是兩頭比較，大陸實在有利太多了。陳燕木加入了「找死」的大軍。

我認識陳董，是二〇一二年左右。二〇〇九年我從天下雜誌特派總主筆退休，有緣到李嘉誠創辦的汕頭大學擔任教授，這家以創新教學出名的大學，新聞學院尤其重視實務，曾經派學生，由老師帶領，到美國、非洲等地採訪。

我的課程——「財經新聞」、「深度報導」、「採訪寫作」，幾乎是為我量身打造，三十年的經驗加上參考教材的輔助，使教書生涯游刃有餘，長久（其實才三年）不寫稿，手癢難耐。

一位朋友介紹我，中國最大的台資床墊公司，運時通董事長陳燕木想要寫書，花了兩年，撰寫完畢《床墊教父——陳燕木》，也結下十幾年的緣分。這個書名是當時總統馬英九封他的。

陳燕木不愧是床墊教父，在大陸大大小小家具廠、床墊廠，如慕思、舒達、席夢思都有人從他廠裡出來，官階有副總經理、師傅、作業員，多達數百位，甚至警衛隊長也在佛山開了家床墊廠。

他們從運時通學得床墊製程、生產線管理、企業管理、員工訓練，最重要是運時通嚴謹的工匠精神（當時大陸尚缺乏），業界封他為「黃埔軍校校長」，他完全當之無愧。

《床墊教父——陳燕木》（只在中國大陸出版）一書對我也至關重要，我一面教書、一面寫作、在汕頭大學宿舍織成一方小天地，那斗室孤燈，趕走了我的鄉愁，我回到三十多年前，我寫《孫運璿傳》（兩年最暢銷書，獲得國家文藝獎）時痛苦並快樂的歷程，也開闢了我退休後，撰寫傳記之路，真是利己利人。

十幾年已過，世界改變天翻地覆，中國大大崛起，運時通成長快速，尤其兒子接班後，八年間從十八億台幣到四十億，正往五十億台幣邁進。

陳董的企業不算大，如台灣的中堅企業規模，有人問我，寫了孫運璿、張忠謀、郭台銘、劉兆玄的傳記，為何願意寫陳燕木？

他雖然不是巨無霸，但他是中小企業的典範，是一般讀者更能認同這個角色，陳燕木苦學成功，追求新知不輟，從台中夜市賣家庭塑膠用品開始學行銷和企管；勇於西進，開創新局；捨得放權，有計劃培養兩位兒子接班，是家族企業傳承的典範。

這些點，他絲毫不輸郭台銘、張忠謀、王永慶等企業巨擘。比他們還行的是六十八歲還去讀博士，五年苦讀，換了五幅老花眼鏡，終於在二〇二三年獲得美國天普大學的博士。他是真真實實修了博士班應修的學分，也真真實實寫了論文《競爭戰略與投資組合對於企業經營績效之研究——以大陸與台灣企業對中國內需市場的比較為例》，並且有四百多頁手稿，陳董歡迎讀者去他辦公室查看，絕非假論文，也非抄襲論文。

寫此書的目的是這些西進的百萬台商故事，始終沒有系統整理。他們不僅對兩岸深遠影響，更對世界經濟起了撼動之力。然而，那些我在大陸訪問過的台商，臉上那一張張奮進的面孔，始終在我心頭縈繞。願這本書，能為台商散落的篇章，輕輕拾起一些遺落的記憶。

在芸芸書叢中，這本書希望能夠創新，應對巨變、飛速時代，我和陳董商量，因為運時通今年創業五十二年，所以把他的故事打散成五十二則故事，每篇一千二百字到三千字，只要喝杯咖啡，翻翻書本，一天讀兩則故事，就可從裡面領悟人生真諦、企業經營之道，然後反芻，心領神會，實踐於日常，就是自己的，我相信這也是未來閱讀趨勢。

宋代詩人曾鞏曾寫道「雨過橫塘水滿堤，亂山高下路東西，一番桃李花開盡，惟有青青草色齊。」也就是桃花、李花雖然美麗，但青草最有生命力，如陳燕木這些中堅企業主，撐起了台灣經濟，更撐起了世界經濟。

自序

追求完美 知謙感恩

陳燕木

不靠天吃飯 靠自己吃飯

一九六二年，愛美颱風肆虐，我們位於宜蘭的老家遭受了嚴重的災害。稻田被洪水吞沒，農民的生活陷入困境。我們一家世代務農，向來靠天吃飯。父親眼含淚水地說：「我們不靠天吃飯，還能靠誰？我們生來就是農民。」然而，就在這樣艱難的環境中，十二歲的我暗自立下志向：「不靠天吃飯，要靠自己吃飯」。或許從那一刻起，拼搏就深深刻入了我生命的ＤＮＡ。由於家境貧寒，我無法全心投入學業，於是選擇了半工半讀的方式，憑藉毅力和努力一步步走到今天。

高一那年，暑假期間因為繳不起註冊費，我前往基隆港碼頭搬漁貨，努力賺取學費。結果比其他同學晚了二個星期才到學校完成註冊。教官告訴我，如果第一次月考不及格，就可以退學了。這樣一來，我心裡明白自己很難順利完成高職的學業。於是，我決定報考鐵路局台北機廠技工養成所。一九六七年七月一日，我成功考入了鐵路局。

技工是一份穩定的工作，相當於鐵飯碗，能夠保障基本生活需求。這本來是一個可以幹一輩子的好職業。然而，兩年後我逐漸意識到，我的興趣其實在於管理和商科領域。因此，我毅然選擇了就讀夜間部補校，並努力準備報考大學聯考，因為我堅信通過學習才能擁有更廣闊的前途。

征服自己的不是山，而是自己

我是時潮村第一個考上大學的青年。作為一個貧寒家庭的孩子能有機會上大學，這不僅是天大的喜訊，也讓我成為家裡有史以來第一位大學生。我當時在輔仁大學就讀，由於家境困難，只能依靠每小時新台幣八塊錢的工讀費來維持生活。為了節省開支，我常常帶著一個麵包、一個饅頭，蘸著醬油，再配上一杯白開水，這就是我一天中的午餐。雖然日子過得十分辛苦，內心充滿著喜悅的心情，但這些經歷卻讓我養成了不斷進取、勇於攀登的拼搏精神。事實證明，「我是一切的根源」，超越自我，命運從不辜負全力以赴的攀登者！

人生沒有等待出來的輝煌，只有拼搏出來的才精彩

一九九七年，我擔任台灣區家具公會第九屆理事長，當時四十七歲，是歷任理事長中最年輕的一位。我體會到路的真諦，不在於它是否鋪滿鮮花，而在於你是否有勇氣在荒蕪處踏出第一行腳印。「路是個人的足跡，每個人的人生道路皆是自己的足跡」。

二〇〇三年，我擔任了亞洲家具聯合會第九屆會長，當時五十三歲的我主要負責亞太地區家具協會的整合與協調工作。記得在西班牙舉行的世界家協會議上，我需要用英文主持，這對我的能力無疑是一次巨大的考驗。經過反復地練習發音，我終於站在國際舞台上，順利用英文主持了全天幾場家具國際專題研討會。人生最動人的精彩，往往誕生於超越舒適區裡。

先有所為 後有所位

儘管我未能成為世界家具聯合會會長，而今中國家具協會的理事長徐祥楠擔任世界家協會長、亞洲家具聯合會的會長，同為兩岸家具人，我仍深感一種共同的榮譽和成就。我們應當始終保持虛懷若谷的心境，秉持「尊重他人，莊嚴自己；幫助他人，成就自己」的理念，在國際行業協作中，以謙和之姿搭建溝通橋梁，以利他之心凝聚發展合力，成就兩岸家具產業共同發展。

運時通作為床墊行業的「黃埔軍校」，始終以培育行業精英、引領產業升級為己任，持續將人工智慧ＡＩ的科技與創新技術，轉化為滿足兩岸顧客需求的健康睡眠解決方案。我深信，所有深耕與探索的終極目標，在於以專業力量服務行業發展、以赤誠之心回饋社會期許——這正是運時通一以貫之的核心價值，亦是我們對「以客為尊，滿意服務」的永恆承諾。

天底下沒有天才，只有團隊

一九七三年，運時通成立於台灣，歷經風雨，已經走過五十二個年頭。目前，集團擁有四大生產基地，包括大陸總廠、台灣母廠、美國原廠以及江蘇淮安華東廠軟體家居科技園區，集團擁有美國蕾絲 Restonic 床墊、德國美得麗 Musterring 床墊、美國席樂頓 SleepTrain 床墊、美國艾綠 SleepTherapy 床墊、台灣三燕 SanYan 床墊五大國際品牌。運時通為全球最大台灣床墊集團。我們始終秉持「立足台灣、胸懷中國、放眼全球」的發展方向，並積極推行「兩化策略」：一是「全球化 Globalization」，即佈局國際市場，深化與國際品牌的聯盟關係，二〇二五年運時通持續擴大美國蕾絲 Restonic 經營版圖，增加越南、緬甸、柬埔寨、菲律賓四國，為運時通百年基業和亞太布局打開新的局面；二是「本土化 Localization」，即強化核心生產與創新能力，深耕全球三千多家專賣店市場通路。運時通能夠成功跨越半世紀，邁向百年跨國集團，這是團隊的力量！

更要感謝我的兩個兒子，冠宇和冠翰，願意接班傳承，打造運時通為百年跨國企業，並將其發揚光大。同時也希望四位孫子女——名郁、名晞、名筠和名軒，能夠肩負起第三代床墊世家的重任。

五十二年砥礪前行，運時通能從家庭作坊蛻變為行業標竿，正是源於三代人接力傳承的匠心堅守，以及數千名夥伴並肩作戰的團隊精神。

知足常樂 知謙富貴

人生在世，家庭、事業與健康皆平安喜樂。我以老二哲學的思維看待世界：「人外有人，天外有天。」企業發展我不認為自己就是一個強人，一個超人或是一個能人。我自己始終是一個願意拼博努力、反芻思維五米深的平凡人！學會欣賞，懂得付出，彼此信任，常懷感恩。

本傳記能夠順利發行，首先要感謝楊艾俐教授。在過去一年多的時間裡，她奔波於兩岸之間進行採訪，並對許多內容進行了嚴謹的驗證和實地考察，這些努力為本書奠定了堅實的基礎。同時，也要感謝時報出版社的趙政岷董事長，以及廖宜家主編的精心編排與大力支持。正是大家的共同努力，才讓這本書得以呈現在讀者面前。

本傳記分為六卷五十二章、附錄七篇，共約十四萬字。感謝我的特助謝嘉鳳和秘書段莉莉對文案的悉心校稿，也感謝馮宇鋒、巫莉婷在彩色稿編輯和照片收集中的辛苦付出。最後，我願將這本書獻給我的家人，尤其是我最親愛的母親——陳莊秀鑾女士，以及我的內人黃喜貞女士。

更要感謝為這本書作序的三位前輩：司徒達賢教授、高孔廉會長及許勝雄理事長。他們的推薦序言為本書寄語勉勵，為內容賦予深厚的底蘊與指引。特別感謝在封底推薦的五位好友賴正鎰理事長、郭山輝榮譽會長、陳明璋院長、藍易振校長、吳秉恩副校長簡潔有力、深切中肯的期勉。我四十五歲取得輔仁大學管理學研究所MBA碩士學位、七十三歲取得美國天普大學Temple福克斯商學院全球金融學博士學位。我希望通過本書向年輕人傳遞一個核心理念：無論環境多麼艱難，只要堅持學習和拼搏，就一定能夠收穫人生的成功。我們應當感恩父母給予我們生命，而其餘的一切，都需要靠自己去奮鬥拼搏努力。這是我對年輕一代最深切的勉勵，也是本書希望作出的一點貢獻。願年輕讀者在逐夢路上領悟：「富在知足，貴在知退，福在知謙。」此心若持，便是對生命最好的致敬！

Preface: Pursuing Perfection, Being Humble and Grateful.

Jack Chen

Don’t Rely on Fate for Sustenance—Rely on Yourself.

In the year 1962, Typhoon Amy struck with merciless force, leaving our family home in Yilan greatly afflicted. The paddy fields, once a symbol of quiet abundance, were consumed by floodwaters, and the livelihood of our farming community was plunged into crisis. Our family was a lineage of farmers, bound to the rhythm of the seasons and the benevolence—or indifference—of the weather. I still recall my father, eyes brimming with tears, murmuring, “ We were born to till the earth If we cannot depend upon Laotian□upon whom may we rely?”

And yet, amidst that scene of ruin, a quiet resolute stirred within my 12-year-old self: “I shall not depend upon Laotian — I shall depend upon myself. ”From that moment on, perseverance became a major trait in the journey of my life.

Given the modest means of our household, the prospect of a

full-time education was beyond reach. I thus embraced the path of part time work and study in the academic years, navigating each challenge with quiet resolve, and step by step, I carved a way forward to where I find myself today.

During the summer of my first year in senior high school, I worked at the docks of Keelung Port, unloading freshly caught seafood to earn the tuitions I could not otherwise afford. By the time I set foot in the classroom, two full weeks had passed. A disciplinary instructor warned me: “should you fail the very first examination, you have to be kicked out of school.”

I understood then that completing vocational school would be impossible. I applied instead to Railway Mechanical Training Institute of Taipei Workshop on July 1, 1967, I was formally admitted.

At the time, to be a technician in the Railway Bureau was considered to be an occupation of worthy — secure, honorable, and sufficient to provide for one’s needs. Yet, within two short years, I discovered that my true passion lay not in machines but in the realms of management and commerce. I thus began attending evening classes, determined to prepare for the university entrance examinations. It was my conviction that only through earnest study could one transcend circumstance and step into a future of one’s own making.

It's Not the Mountain You Conquer But Yourself.

I became the first youth from Shichao Village (my home community) to enter university. For a child from modest beginnings, this was a rare and cherished honor — not merely a personal achievement but a familial milestone. I enrolled at Fu Jen Catholic University, where I supported myself through part-time work earning a mere NT$ 8 an hour. My daily luncheon consisted of a single steamed bun and a piece of bread, dipped in soy sauce and washed down with plain water. The days were austere and the struggles many, yet these trials instilled in me a tenacious spirit, a hunger to climb further. In truth, we are the source of all we become — our destiny bends to the will of those who dare to exceed themselves.

Glory Isn't Waited for—It's Fought For.

In 1997, at the age of 47, I became the youngest ever Chairman of the Taiwan Furniture Manufacturers' Association. The honor was not mine alone; it was the proof that courage, not comfort, paves the road ahead. In 2003, I served as the 9th Chairman of the Asia Furniture Association (CAFA) at the age of 52, tasked with fostering cooperation across the Asia-Pacific region. When I was invited to moderate several international sessions in English at the World Furniture Confederation (WFC) in Spain, it was, to say the least, an intimidating proposition. But after months of disciplined practice, I rose to the challenge and delivered each session with composure. The most moving brilliance in life is often born beyond the comfort zone.

Achievement Precedes Position.

Though I did not ascend to the Chairman of the World Furniture Confederation, I regard with pride the elevation of Mr. Xiangnan Xu of the China National Furniture Association (CNFA) to that esteemed role. His success is ours to celebrate — a shared glory among those devoted to the same craft. I remain steadfast in my belief that respect for others dignifies oneself, and that by supporting others, we too are lifted. With humility as our compass, we can build bridges across borders and unite in service of the furniture industry on both sides of the strait.

Under the banner of Stylution, we have embraced our calling as the "Whampoa Military Academy" of the mattress world — cultivating talent and advancing technology, with artificial intelligence at the helm of our innovation. Our mission is not simply commercial; it is a pledge to uplift lives through healthy sleep solutions. To serve the needs of our clients is our constant vow, and to give back to society is our enduring purpose.

No Geniuses in the World, Only Team.

Founded in 1973 in Taiwan, Stylution has weathered over five decades. Today, our group comprises four major production bases: the mainland China plant, the Taiwan headquarter, the U.S. facility, and the Huai'an campus in Jiangsu. The group owns internationally renowned mattress brands, including the American Restonic mattress, Musterring (Germany) mattress and its overall home furnishings, SleepTrain (USA) mattress, SleepTherapy (USA) mattress, and Sanyan (Taiwan) mattress. We are now the largest Taiwan-based mattress group globally. We hold fast to a vision that begins in Taiwan, embraces China, and gazes toward the world. Our dual strategy — Globalization and Localization — has enabled us to navigate international markets while deepening our roots at home, with 3,000 exclusive stores worldwide. In 2025, I acquired the exclusive trademark for the American brand Restonic across ten regions in Asia. Since signing the Asian License Agreement in 1983, it has been 42 years. Now, by fully purchasing Restonic trademark in ten territories of Asia, I have laid a century-long foundation to pass down to future generations. As it marches towards becoming a century-old multinational group. And if we have crossed the half-century mark with pride, it is entirely due to the collective strength of our team.

To my sons, Alex and Ronald, who have chosen to continue this legacy — my heartfelt gratitude. And to my grandchildren — Milla, Cici, Albee, and Harrison — may you one day take up the mantle and carry forward the spirit of a third-generation mattress family. The journey from workshop to industry benchmark was never mine alone, but the result of three generations of persistence, and the unwavering loyalty of our thousands-strong family of colleagues.

Contentment, Humility, and a Quiet Joy

To live a life of peace — in health, in home, and in enterprise — is a blessing beyond measure. I hold firm to the "second-place philosophy": there is always someone greater; there is always a higher sky. I have never seen myself as a hero, a prodigy, or a legend — only as a man who worked earnestly, thought deeply, and aspired quietly. To appreciate, to give, to trust, and above all, to be grateful — this, I believe, is the essence of a worthy life.

The publication of this memoir owes much to Professor Alice Yang, whose tireless journeys across the strait and diligent fact-checking laid its foundation. My sincere thanks also to Chairman James C.M. Chao of China Times Publishing and chief editor I-Chia Liao for their generous support and expert curation.

This biography is divided into six volumes with 52 chapters and seven appendices, totaling approximately 140,000 Chinese characters. I would like to thank Dr. Gause Kao, the supervisor of Stylution, Ms. Mickey Chen, the manager of the Finance Department, my assistant Rebecca Hsieh and Sally Duan, thank you for your meticulous proofreading. I am equally grateful to Yufong Feng, Becky Gu, and Sonia Wu for their dedication in assembling the colored illustrations and photo archives.

Above all, this book is dedicated to my beloved family, especially my dear mother, Mrs. Hsiu-Luan Chen-Chuang, and my cherished wife, Mrs. Grace Huang. I am profoundly moved by the forewords contributed by Three esteemed mentors — Professor Da-Hsien Seetoo, President Kung-Lien Kao, and Chairman Rock Hsu — whose words of encouragement lend this book both gravitas and grace.

Special thanks to my five esteemed friends for their insightful and heartfelt endorsements on the back cover: Chairman Mountain Lai, Honorary Chairman Samuel Kuo, President Micky Chen, President Francis Yi-Chen Lan, and Vice President Bing-Eng Wu.

I earned my MBA from Fu Jen University at the age of 45 and a Doctorate in Global Finance from Temple University's Fox School of Business at the age of 73. Through this memoir, I hope to impart a simple but vital message to young readers: no matter how humble your beginnings, perseverance and learning are your surest companions to success. We are born with life, thanks to our parents — but what we make of that life must be forged by our own hands.

Let this be the lasting counsel to the young:

"Wealth lies in contentment, honour lies in humility, and true blessing lies in modesty."

If you hold to this spirit, you honour not just your life — but life itself.

求完美，知謙感恩。

rsuing Perfection, Being Humble and Grateful.

黑手拼搏

The Struggle of the Toiled Hands

第一章

五世祖渡海追夢

從中山高速公路下來，進入林口區文化路一段不久，開上蜿蜒山間小路，鐵工廠、塑膠工廠矗立兩旁，不管全球化席捲或衰落的今天，仍然強悍地活著，展現中小企業破釜沉舟的生命力。

這天是陳家的掃墓日，侄子都得到，拐進一處青青草地，前方一汪水潭，後方青山微微起伏，展現溫柔的峰線。舉目所至，是四個不同家族的墓園，顯然為寶地，「我們花了兩個月，尋尋覓覓才找到，」一橫跨兩岸的家具公司——運時通董事長陳燕木憶起三十多餘年前的往事說。「那時我在爸爸棺木前守靈三個月，一面寫我的碩士論文，一面找墓地，一面還要經營公司。」

陳燕木最重本，不單和兒子、媳婦講祖先的故事，也跟侄子、侄女講，並且在十餘年前，自己出錢出力，收集資料，相片、撰文，編排，付梓，完成陳氏家族族譜。

他最常講的是他的五世祖陳用，從福建漳州渡海到台灣的故事。

清朝道光二十年（西元一八四〇年）一個晚上，一位瘦瘦小小的男子，倉倉惶惶，在暗夜中行走。他告別親人，帶著簡單衣物，背負陳氏祖宗骨灰罈，到了碼頭，匆匆跳上小船，這條小船將載他駛往何方？

他叫陳用，才三十一歲，來自福建漳州府金浦縣。因為家鄉連年饑饉，民不聊生，實在過不下去了，這小船將載他到台灣，開始另一番新生活。

今晚，決定他及子孫命運的一晚。

但是，此去，並非康莊大道。

「勸君切莫過台灣，台灣恰似鬼門關，千個人去無人轉，知生知死都是難。」

這是首清朝一位無名詩人，用哀傷、悲憤、絕望的語調唱出初民度台的心聲——〈渡台悲歌〉，當時傳誦於泉州、漳州間。

四百多年前，閩（福建）南人，及廣東客家人渡海到台灣的種種故事及傳說，在台灣及閩粵地區傳頌不絕，象徵著這批人離鄉背井，追尋桃花源，主導自身命運的決心及悲愴。

去台灣，要橫過當時稱「黑水溝」的台灣海峽，為什麼叫黑水溝，就是因為水深險難測，波濤洶湧，海裏約八百里，順利的話，一個晚上即可到達，但是卻充滿艱辛波折，常常等幾趟船就要等個把月。

一上船，本來晴空萬里，頃刻間會掀起滔天巨浪。船身起伏如盪鞦韆，風聲有如鬼哭神號，擠在船艙裡的乘客驚魂未定，一時之間以為已葬身海底。船夫往往此時會令乘客一致跪下，祈求媽祖保佑平安渡海，相傳慈眉善目，穿著白衣的媽祖一見帆船有難，便會立即腰懸桅燈、凌波踏浪前來解危，使船隻化險為夷。

因此台灣街頭巷尾都樹立著媽祖廟，氤氳繚繞中，象徵著後代對媽祖普渡眾生的感念。

相傳到了台灣，上之可以致富，下之可以溫飽。一切農工商賈以及百藝之末，計工授值（按工給薪）。台灣不僅是桃花源，而且代表著公平正義，是個正常的商業社會，可以買賣勞力貨品，換取生活所需。

陳用成了追尋夢想的一員。所乘的船還算順利，遠遠看到龜山島，他們知道環著島必定有魚可捕，必有活路。遙望龜山島，合掌感謝媽祖。

這幅美麗的畫面，有首詩恰恰寫得傳神：

龜島浮海東，青山靜水中。
雲間隱隱現，浪裡渺渺雄。
龜首迎風立，龜背逐波融。
人去情難捨，遙望夢更濃。

陳用的夢的確更濃，但他們比早來的人晚了一百多年，好地都被人佔了，他與陳淇澳等族親渡海來開墾蘭陽（現今為宜蘭）。在當地的「三抱竹」海邊（今宜蘭縣頭城鎮竹安裡）登陸，從此定居在此。至今三抱竹海灘仍然在宜蘭海邊，海浪輕輕拍打著沙灘。

陳用沒有變成羅漢腳，抵台近二十年後，找到賴綢姨為妻。已五十一歲的他生下兒子陳順水，別人說兩人像祖孫，陳用毫不猶豫地牽著順水的手到處走，他老年得子，而且能夠薪火相傳，總算對得起祖先，哪怕鄉里閒言閒語。

順水十六歲就擔起全家生計。兒子，孫子輩的名字都是他取的，他開始一面種地當農夫，一面討海做漁夫。

陳順水次子陳新富的第二個兒子陳炎樹，就是現任運時通董事長陳燕木的父親。

陳新富有九個孩子，孩子都由祖父陳順水取名，都與木頭有關，陳炎樹這一房五個兄弟的名字「山、樹、灶、川、逢」，意義是「山上有樹木，長大後，砍下來放在灶裡頭煮飯，沒有用的時候，就放到水裡頭流下來，逢到了就撿回來」，可謂煞費苦心。

陳炎樹生於一九二六年，是家中的次子。他在二十二歲的時候，與十七歲童養媳莊秀鑾結婚，也就是陳燕木的母親。第二年生下長子陳燕飛，過了兩年，生下次子陳燕木。

靠天吃飯的農家子弟。

當時台灣流行童養媳制度，就是女兒在很小時就過繼（很廉價）給另外一家，可以幫那家做家事，到了十六、七歲時，又可以與那家男孩結婚，負傳宗接代之責，可謂利用價值殆盡。陳燕木的母親，莊秀鑾在四歲的時候，被莊家母親阿香過繼給了陳家母親阿分當童養媳。

莊家母親與陳家母親結成了好姐妹，還常常一起拍照，陳燕木指著他祖母和外祖母的合照，笑著對我們說：「穿白的（白色上衣的是媽媽的親生母親）賣給穿黑的（穿黑色上衣的是爸爸的母親）。」

陳燕木父親陳炎樹一生辛勞，養鴨養魚，耕作田地，本來家裡已經達小康，家裡的茅草房也換成瓦厝。但二次世界大戰末期，日本捉襟見肘，只有剝削台灣，台灣賴以發展經濟的原料，材料，及都被搜刮殆盡。大哥炎山在日據時期被調去南洋，抵抗中國的盟國——英國及美國的軍隊。家裡只

父母陪伴祖母的孝心，深藏心中。

剩下炎樹一人帶著弟妹，艱難求生。當時柴米油鹽都由日本人分配，往往只能吃蕃薯配鹽巴，個人命運與國家命運密不可分。

陳家本來都向地主租地，只能靠中華民國政府來台灣後，實行三七五減租政策，他們分了些土地，從此成為有土地的農民，可以自已耕種。

一九四八年，陳炎樹長子陳燕飛出生；一九五一年一月七日（農曆一九五〇年庚寅虎年十一月三十日），次子陳燕木出生。

花了五代，五世祖陳用夢想才能踏實，家族繁榮夢才得以實現。

第二章 窮苦孩子早當家

二〇二四年八月下旬，盛暑溽濕，蜂擁而來的台北觀光客，站著排長龍，非要吃到宜蘭著名小吃—蔥油餅、米粉羹、卜肉、粉腸、炸肉卷等街頭銅板美食，遠處的恆子山，綠意盎然、從未被挖掘水泥破壞，鼻子、額頭都清晰可見。

隔鄰的烏石鎮蘭陽博物館，面向太平洋，給了多少蘭陽弟子出外衝闖的勇氣。它屹立著，像一塊遠古留下的磐石，被風雕琢，被海潮輕輕拍打，也靜靜等待著蘭陽子弟回家。

陳燕木從東莞回台灣家鄉宜蘭，兩天一夜，同學輪流做東，都已經七十五歲左右，幾個沒有染髮的同學，頭髮都已全白，大家談著礁溪小學的老師，同學，白頭宮女話當年，少許滄桑，更多久別重逢的歡愉，舊日的困窘和匱乏都成了遙遠的記憶。

第一天中午是一直駐守礁溪的林金樹做東，吃海鮮。傍晚太陽抿下了最後一撇微笑，陳燕木請客，拾級而上圓頂景觀飯店，講起任宜蘭縣政府參議多年的邱宏俊，小學一到六年級都是班長，當年溫和可親地執行老師規定，難怪後來可擔任多年的折中協調，還可跟著四位縣長做，都安穩無虞，老同學又一陣陣哈哈，蘭陽平原的燈火映照下，石頭是活的，海水有了故事。

晚間，經營奇立丹民宿老同學林金樹，請陳燕木和賓客住自己民宿一宵，礁溪雖以溫泉出名，但真正的溫泉區是在火車站附近方圓一點五公里，同學還記得小小金樹便當裡的飯和蛋都是黃色的，因為用溫泉煮的關係。

民宿裡圓拱門依次開展，幽遠嫻雅，打開窗外，夜霧在在稻田間靜靜鋪著。似有似無帶著無名哀愁。

第二天早上七點，朝陽從窗外折射進來，林金樹已在餐廳外低頭做著記錄，來早餐的客人把鑰匙放在櫃檯上，吃完就拿回來，不怕吃第二輪、第三輪，有著宜蘭人的乾脆和義氣。

陳燕木和同學童年成長的家鄉—礁溪鄉，有個傳說，火山爆發，恆子山將台北和宜蘭一分為二，給了台北人才，但給了宜蘭溫泉，溫泉集中地礁溪更是台灣著名的旅遊景點，以「溫柔鄉」出名。可是，在老一輩居民印象中，卻不是這麼「溫柔」。是台灣最貧窮困苦之一的鄉鎮。

祖宗取名，仿佛有預感，「溪」，是「溪水」，「礁」是「礁石」，聽起來，意味著石頭馬上阻住了流水。農業社會只能逐水草而居，順天時而動，在這個沒水的地方，很難活得滋潤。

當然也不是完全沒水，水沒預期地來，來了還會淹死人。離礁溪市區有三公里外的地方有條竹安橋，現在仍是堅固的石頭橋，是通往陳燕木家裡的橋。「時潮」，就是「時間一到，潮水就來」。平時村裡不淹水，但潮水來時海水高達兩米，而田埂卻只有一米半高，於是整個村莊、農田都被洪水淹沒。

在一個「靠天吃天，靠水吃水」的年代，這裡的居民注定與窮山惡水打交道的命運。

農曆一九五〇年十一月三十日屬虎，陳燕木呱呱墜地，當時台灣每年平均國民所得只有五百美元，公共衛生差，人們營養不良，嬰兒特別孱弱，近一半的嬰兒在一年中結束了幼小的生命。父母草草裹個草蓆，隨隨便便葬在田間，就埋藏了對他們的記憶。

父母看著他大概能活得了，才於四個多月後的一九五一年五月十四日報的戶口。他之後，三弟燕標、四弟大韓、妹妹月霞、小弟勇鎮一家六個小孩，紛紛降臨人間，家裡負擔愈形沉重。

媽媽忙著開闢財源，仍然不足，因此小孩都得節流，沒有米飯吃，只能吃番薯，因為地瓜可以自己種，米飯只給耕田的爸爸、叔叔們吃，而且小孩大部分吃稀飯。

當時台灣落後，大部分鄉下小孩都赤腳上學，但一九五〇年代後期，政府鼓勵進步，當時規定，小孩子去上學一定要穿鞋，當時最有名的鞋子，叫做「中國強」球鞋。班上的小朋友大家都穿中國強的球鞋，而他沒有。纏著媽媽說，打赤腳去學校，老師同學都看不起他。最後，媽媽也同意買一雙中國強的鞋子，但卻是給大哥先穿，阿木大失所望。

原來媽媽打的是這個算盤，老大先穿這雙鞋子兩年，腳長大了，就傳給阿木穿。可是，衣服還可幾個人輪流穿。鞋子兩年就磨平了，怎麼穿？

媽媽就宣布，家裡到學校三點五公里，通常前三公里都是鄉下路，後面〇點五公里是市區。走到市區前要經過一條鐵路。他媽媽就規定，大哥從家裡到鐵路要赤腳走，走到鐵路邊的時候，那邊有個小溪水，大哥去洗腳，開始穿鞋；放學後，也是同樣，走到鐵路旁，把鞋子脫掉，放在肩上掛著挑回來。

大哥照著這樣做，穿了兩年，傳給阿木，阿木照這樣做，兩年後，又傳給弟弟燕標，這雙鞋在三兄弟腳下流轉了六年，「滿足了學校的規定，也滿足了兄弟的面子」。陳燕木經過依舊通車的火車軌道旁，一甲子後他已坐著賓士來到這裡。

這條軌道如今近百年，載過多少人及貨，陳燕木及哥哥弟妹妹每天經過這裡，芸芸眾生、是滄海一粟，人在歷史長河中，焉能不謙虛。

窮人家的孩子早當家，下課後，每個小孩都得幫忙家裡做事，改善家裡環境，例如小學一到四年級，他們只上半天，下午小阿木個頭還很小，他載著還連著米糠的稻米，騎腳踏車送去碾米廠，母親秀鑾還記得他只比腳踏車高不了多少，騎著搖搖晃晃，令大人捏把冷汗。

要不然就得去放牛，帶著牛去吃草，趕牛去河裡洗澡，洗完後，再牽著他們回去，牛似乎很懂事，洗完後，牽回牛棚時，他們安安閒閒地躺在稻草堆裡，大眼睛會很感激地看著小阿木。

用他細細的手臂，單薄的肩膀，挑水去澆菜，還得去糞池裡挑便，給菜加養分。菜長大了，他會挑嫩的部分，在家切切煮煮可吃，老的部分，剁碎給鴨子吃。

他吃完晚飯，他就要很快去讀書，還記得，不管多累，多想睡覺，他還是要讀書，做完今天的作業，「那時沒有電燈，只有煤油燈，有個小小的火，念著念著就想睡覺，頭就低了下來，越來越低，接著就會聽到『嘶』一聲，聞到一股焦味，原來頭髮碰到煤油燈，被燒掉了！」

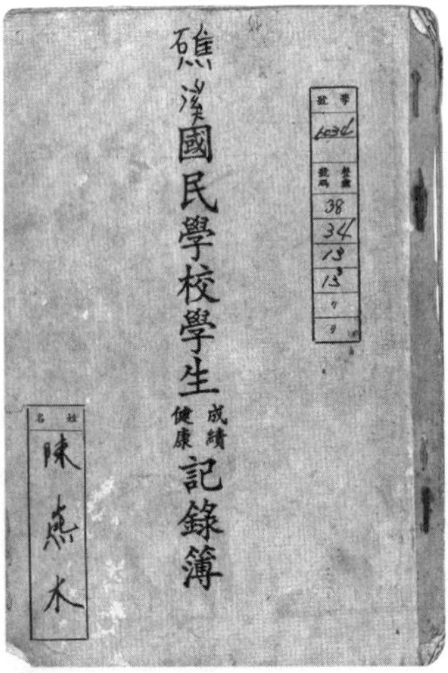

礁溪國小學生記錄簿。

也並非都是苦，下午澆完菜後，他就要趕鴨到河邊，看著一群群鴨子，咯咯叫著，你搓我，我搓你，其樂融融，充滿相濡以沫的溫暖，讓燕木都感覺開朗起來，傍晚，趕回自己家的鴨寮。

但是鴨子會不會跑錯地方，跟著其他鴨子跑到別人家呢！「我們有個方法，一生下來就要在他的腳趾上做印記，我家的鴨子在左腳趾上剪開一個叉，他家的在右腳趾上剪開一個叉，再隔壁這家就在腳趾上剪開二個叉，這樣就有八種不同的記號。」分得很清楚，把自己家的鴨子趕回家就可以。

最讓他期待的是，第二天一大早，六點鐘起床，矇矇朧朧中就趕緊，拿著油燈去看雞有沒有生蛋，雞正在睡覺，油燈往往驚動他們，一撥開，「唉，白的，有了！」表示雞有生蛋，今天媽媽就會把這個蛋放在便當了。如果沒生蛋，就只有菜脯（蘿蔔乾之意）。有了蛋，也就有辦法吃那米飯少，甘藷多的飯盒，吃便當，也是他童年快樂回憶之一。

他發展出便當的獨特吃法，阿木的便當是米飯、地瓜，上面放一些蘿蔔、青菜，中間擺一個蛋在這裡，他吃便當時，那個蛋不敢吃，因為這個蛋一吃掉了，白飯，甘藷就吃不下去了。

從小吃鴨蛋、雞蛋，年齡漸長，爾後到中年，他體會出雞蛋、鴨蛋，雖是簡單食物，但它的雙重性卻甚富哲理。

它們可是孕育生命的泉源，例如小雞在蛋裡，從頭、器官、腳，不斷生長，在母雞的孵育下，終於破殼而出，開始自己的新生命。

這類蛋不能吃，但另類蛋代表滿足生活中的溫飽，煎個蛋、煮個蛋、蛋花，都是療癒的大眾食品，兩種蛋的功用都非常明顯，阿木體會出生命從內打破是新生，從外打破是食物的哲理。

同學會第二天中午，也是他要賦歸台北之時，曾任宜蘭縣參議的邱宏俊同學，請同班同學離別宴，在藝食坊裡，吃著家常菜，一道一道上來，同學也一層層深掘記憶之夾，當時的受苦，已為現時感恩與知足鋪下基石。

同學裡多才多藝，有位黃浴期以前做工地秀，台灣南北跑，現已退休，吃完飯後，穿起戲服，特地為老同學表演幾首歌，最後一首是宜蘭著名民謠〈丟丟銅仔〉，在「明年還你伊都，丟丟銅仔伊都，阿末伊都，丟仔伊都有甲利……」歌聲中各自賦歸。

歲月在他們小時並不容易，但行到此刻，歲月特別溫柔，台灣經濟奇蹟造就了台灣絕大多數人，他們自不例外。

陳燕木小學同學黃浴期（左一）、邱宏俊（左二）、林金樹（右二）、林浴沂（右一），重返母校礁溪國小。

第三章
捲四褶的白夾克

腳踏車在石子路上顛簸著，媽媽莊秀鑾騎車載著十歲的陳燕木到礁溪街上，他們家在鄉下，要騎三點五公里才能到，剛剛吃完的年夜飯，白切雞、紅燒豬肉、八寶飯，還滿滿在肚子裡。

在華人社會裡過年，小孩子最愛的是可以領壓歲錢，穿新衣，戴新帽，享受一頓年夜飯，因為是難得的打牙祭。除夕那天下午四點，孩子都先去跑步，這時候去運動，平時沒有肉吃，運動讓肚子空些，才能吃得多一些，可以油一下肚子。

但在享用年夜飯時，他的心頭還是有道陰影，他已經兩三年都沒有買新衣了，這幾年到鄰居家拜年，他都穿著舊衣服，有的長輩不會說，只看他一眼，敏感的他感受到那抹眼光，有的小孩就直接講阿木沒有新衣服。

過年前幾天，阿木就和母親講，今年一定要給他買新衣服。可是媽媽還沒有最終答應。吃完年夜飯，媽媽收拾乾淨之後，推出腳踏車，告訴他要到鎮上買衣服，心裡雀躍，猶如顛簸的小石子碎路。

到了礁溪街上一家衣服店裡，媽媽幫他挑了掛在最上面的一件白夾克，衣長過膝，袖子蓋過手掌很多，陳燕木好奇問媽媽：「這件衣服太長了，我不能穿」。媽媽很耐心地向他解釋「燕木，買完這件，我這幾年都不能給你買衣服了，這個夾克袖子雖然長，但是你卷幾個褶子，明年你長大了，手長了，就放一個褶子下來。」

說到這裡，七十五歲的陳燕木眼眶開始紅，忍不住啜泣起來，為母親，為自己，為時潮村，家徒四壁的陳家……

「我回家後，把白夾克的袖子卷了四褶，大年初一，我穿完後，就摺好，放到櫥櫃裡；第二年過年，放下一個褶子再穿，四五年後，褶子全部放下來，仍然雪白的像新的一樣；直到初中，我沒有請媽媽再給我買新衣服。」他一面回憶著，一面低頭做著放褶子的動作，幾滴眼淚滴在手腕上……

陳燕木算是懂事的小孩，但是稍長，他對媽媽有了歉疚之心。莊秀鑾是養女，四歲跌跌撞撞進陳家大門，與爸爸陳炎樹結婚後，記憶裡的母親從來沒有休息，那雙手總是在動著，那雙腳從沒停過。每天等於兼三個差，早上四點多媽媽就得出去，拿著「貝黑」去扒蝦，就是長長的柱子綁著一個網子，往水裡撈小魚、小蝦。抓了小魚蝦就馬上拿去賣，可供養鴨人家使用。

第二份工作就是去海邊賣麵包給討海人。每當晚上八點以後到凌晨三點，海水漲潮，就會有魚苗從外海遊近沙灘。鄉親們穿著長長的塑膠衣，從腳下到嘴巴紮實地、密密地，猶如潛水衣，在靜靜的海水中捕捉魚苗，放到自己的魚池來養大，賣錢養家。

討海人深夜容易肚子餓，燕木媽媽要騎一個小自行車到鎮上，挑個籃子，裡面有麵包、汽水，叫賣給討海人，有時生意好，就很快賣完了，就可回家休息。有時討海人不多，或討海人如果收穫不豐，常常到了凌晨兩、三點，還賣不完，只有悵然回家。

在農忙期間，秀鑾兼做第三個工作，就是曬稻穀。早上八點多工作，包吃包住，晚上五點半回去。大小孩隨媽媽走路去，小弟小妹就用麻布袋做成的類似搖籃的袋子裝著走，放在曬穀人家的屋簷下，睡覺玩耍。

陳燕木十七歲考上台灣鐵路管理局台北機廠技工養成所。夜晚，周圍稻田靜謐無聲，深深自省為什麼要吵著買新衣服？這是他愛面子作祟，想要在鄰居、同學間炫耀，自己也有新衣服穿，縱使一年只穿一天，他還是覺得過癮。有面子，愛面子不是一個年輕人該有的人生態度。

進了大學後，他又常常覺得自己沒有站在媽媽角度，家裡已經捉襟見肘，還要拗著買新衣服，太不應該了。之後他逐漸學習同理心，要站在別人角度想事情，會減少很多和同學、同事及兄弟的糾紛。

事業穩定後，尤其在交班後，思想起那件白夾克，他再有深層體會，人要學會知足，「知足常樂，知謙富貴」他肯定地說。

第四章

不靠天吃飯，靠自己吃飯

一九六二年九月愛美颱風登陸，霎那間，如一把隱匿於天際的利劍，劈開厚重的雲層，捲起千丈海濤，狂風自四方呼嘯而來，接著的三天三夜暴雨，道路崩裂如大地在悲鳴，縫隙無聲無息在蔓延，風雨之中，所有的路徑都彷彿走向絕境。

記憶最深的是在那暴場風雨中，他握起小小拳頭，立志「不靠天吃飯，靠自己吃飯」。

現在的運時通董事長彷彿重回那個十二歲男孩的面容，開始緩緩地敘述，「風平浪靜的時候，還不算苦，大家臉上還有些笑容，如果遇上颱風，遇上百年難得一見的洪水，再也笑不出。」

愛美為宜蘭帶來遇上百年難得一見的洪水，三天三夜雨點成千上萬，密密麻麻鋪天蓋地，時潮村一棟棟灰色、暗紅色房子，只剩下屋頂，「淹到這裡。」陳燕木站在已年久失修，盛滿兒時記憶的家旁邊，嘆道幾乎到屋簷的地方。

時潮村每棟房屋在洪水中孤立，像沉沒在時間裡的孤島，窗外不單滾滾洪水上，漂浮著家具，雜物，床鋪，還有貓狗的屍體，更驚見一具棺材，後面有人不顧危險，涉水跟著，想要推回家，傳統中，家人的棺材必須保留下葬。

陳燕木家有三甲多的稻田。夏天稻米成熟，收割時常來颱風大雨，如果五天內水退了，沒有問題，但是超過五天，稻穗低頭浸到水裡太久，就會發芽（叫做爆牙）而無法收成，常常因此損失慘重。

那年本來準備豐收，但愛美颱風帶來的暴雨時都被海水給淹了，一個星期內水都未退，稻米收成一定沒指望了，魚塭裡的魚也被沖走了。

父親是從彰化花壇買魚苗放到魚塭內養殖，想想看他一路從彰化到宜蘭，一路呵護魚苗十幾個小時，花了一年多餵食、照護，好不容易馬上就可以賣了，卻也被大水沖走了。

「我們家真是家徒四壁，連飯都沒得吃了。」

當時家中二十多個人，頓時陷入一片愁雲慘霧，只見父親望著滾滾的洪水，無奈的眼淚流下了，那是老淚縱橫的悲愴，他問阿木，爸爸努不努力？十二歲的陳燕木安慰父親說，他早上四點鐘就起來耕田了，怎麼會不努力。

「努力有什麼用？老天不給我們飯吃，把爸爸的稻田都給淹了，我們是靠天吃飯的，老天爺不讓我們有飯吃。」父親慢慢地說道，話語中帶著無奈。

「為什麼要靠天呢？」當下小阿木這樣覺得奇怪，為什麼要靠天呢？為什麼不靠自己吃飯呢？於是他在十二歲的時候，便已悄悄在心中種下了「不靠天吃飯，不靠地吃飯，不靠人吃飯，靠自己吃飯」的念頭。遇挫折不甘，失敗後重新再來，一念磨成了他的一生，雕成他的現在。

鐵路技工的陳燕木

第五章

黑書VS白書

下午五點，鐵路局台北機廠下班，一千多個工人，分批衝去機廠內的兩個橢圓形公共大浴池，每個人拿著一個臉盆，脫去衣服，先將身體內外洗淨後再進入浴池，每次都有幾十個人一同沐浴。

在氤氳中脫下衣服，赤身露體，汗水與鐵屑在水裡化開，身體的疲憊和手上的汙髒，隨著蒸汽輕輕剝落。

水聲如雨，他們不會逗留太久，洗完後，立馬衝刺到餐廳吃晚餐，十九歲的阿木尤其要趕，他快速走向宿舍，放下一本沾滿油汙的書，就搭公車去念書，去位在南京西路六十四巷內的志仁補校上夜間部。

故事要從半年前說起，一位黑瘦，土土的少年家，提著一個小包，在宜蘭礁溪站坐上火車，轟隆轟隆走了三個多小時到台北，陳燕木是花了十七年時間才從宜蘭到台北。他和他的第五代先世祖陳用一樣，勇於走出鄉里，勇於追求夢想。

這個有著夢想的傻小子下了火車，要去台北，當時台灣鐵路管理局旗下，台北機廠技

鐵路技工養成所「鐵鷹籃球隊」鐵路小子精神抖擻。

每週三天著工作服，整隊出發至工廠學習，落實技工職能。

工養成所正在招鐵路技工。他要到那裡考試，主辦人員和他說，你到了松山站，坐六路公車，就可到達鐵路機廠，但是他連六路公車都找不到，鄉下來的孩子不好意思問人，只有傻傻地站在那裡，忽然，他靈機一動，想到既然是鐵路局的單位，一定沿著鐵軌走去，就可以到達，走了快一個小時，總算到了，還好，他挑對了方向，往南走（技工養成所在松山站南面），往北走，一定到達不了。

在那裡，他養成一技之長、完成高中學業、上了大學。尤其重要的是，在這裡所學的機械，製作彈簧的經驗，對他日後製作適合亞洲人的床墊，有無比的幫助。他感恩這段流年歲月，每有空檔，現在還常常和當時同期同學聚首。

為什麼要進養成所當技工呢？家裡太窮，沒飯吃。

一九六五年，帶著父母及鄉親的期望，十五歲的陳燕木進入了宜蘭高級商業職業學校讀高職。

他是當時家裡學歷最高的，大哥陳燕飛、三弟陳燕標小學畢業後，就離開學校去當學徒，陳燕木不滿足，他知道自己是沒有辦法念高中，不要說念大學了，只有選擇讀高職。

為了減輕家裡的負擔，陳燕木在高一上學期結束後的寒假，跑到基隆港搬漁貨，希望用自己賺的錢交學費。在基隆港上空灰濛濛的雲層裡，海天連成一線，寒風中，陳燕木穿著單薄的衣裳搬貨，瑟瑟地。高職開學的註冊費是一千二百元。終於賺到了。但離學校開學已兩週，跟教官請求通融，教官說兩週後，第一次月考全部通過，才能繼續上學，他開了兩個星期夜車，終於通過了。

十六歲的男孩，早熟懂事，看到哥哥弟弟小學畢業後，都去當學徒，自己成績再好，也不能置家裡困境於事外。寒暑假打工，要賺到足夠的錢，只能晚回學校，耽誤課業，他想到休學。

也許，機會真的是給有心人提供。他知道台鐵在招鐵路技工，無異絕處逢生，他很快做出了決定：「我要去報考！」

那時候台灣鐵路局正積極准備進入鐵路電氣化階段，不燒煤，不冒煙的火車會在通了電的軌道上行駛，速度會加快一倍。是台灣一等一的大事，政府關注，全民寄予希望，電視剛剛進入台灣的家庭中，每天晚上的電視聯播新聞都有報導。台灣鐵路局當時從美國的奇異公司ＧＥ（General Electric Co.）購置了電氣火車頭，還跟日本的日立Hitachi合作，因此，需要招募相當部分維修機械的技工。名額只有四十個，但當時報考的人數是一九二四人，錄取比例約為百分之二。陳燕木以第九名的名次進入台鐵台北機廠技工養成所，成為技工養成所第二十一期的第三十一號學生，學號二一三一，到今天他還牢記這個號碼，是他的救命符。

這是一九六七年的七月一日，陳燕木剛邁入十七歲，無暇顧及寂寞和善感，「我成為了第二十一期鐵路小子。」陳燕木敲著厚實的會議桌，聲音略顯高亢，眉毛微挑，隱約間看到當時鐵路小子的自信與雄心。

台灣鐵路管理局員工服務證。

在技工養成所的日子並不輕鬆：每個星期三天上課，三天到工廠進行實際操作。還要定期到台北機廠各工場去實習，什麼都要學，從蒸汽機車到柴電機車，從火車彈簧、引擎、電焊到機工、車工、鉗工、客車等都要全方位學習。他們這批小徒弟都得負責保養維修，修理檢測火車的引擎、牽引、彈簧、載重等各種設備。每一次到工場，白白淨淨地進去，出來後成為全身沾滿黑油的黑人。「別人都是『白手起家』，我算是『黑手起家』了。」陳燕木這樣調侃自己。

其中陳燕木最感興趣的是火車的彈簧，因為彈簧承載整列火車的重量，負責火車的安全及舒適，鐵路小子在黑油油的火車中，經常盯著彈簧看，驚嘆於它的神奇，沒想到日後他開床墊廠，製作高品質，耐用舒適的彈簧，放入床墊中，成了他的核心技術。

今天他在東莞辦公室中，會客室天花板上吊著流線型彈簧，牆角邊擺著幾串火車用彈簧，會客桌上擺著彈簧雕塑，不斷向訪客訴說主人的最初生涯。

鐵路小子當時有不錯的前景。通常先從技工開始做，然後是技術員，未來可以升到工程師、機師等，在人浮於事的六〇年代，任職公家單位，不算是金飯碗，但也算鐵飯碗，應有福利都不缺，家屬坐火車免費，連子女教育都有補助費。

但陳燕木不滿足於此，他已學到火車維修技術的知識，但他急切想探究鐵路以外的大世界。他還不知道未來足跡何處，但是他堅信只有知識，才有出路。

在技工養成所東興街的宿舍裡，外面有稻田，稀稀落落的昆蟲聲、蛙聲，裡面是同學們均勻的鼾聲，皎潔的月光掛在天空。多少個夜晚，他惆悵，「我要如何才能上大學？白天要工作，晚上已累得不想做任何事，何況讀書？」

但不行，他想著，「我不能放棄，不能在這裡做一生的技術員，我要上大學，出人頭地。」於是他想起上補校。

在「確立方向」、「設定目標」、「自我要求」、「有壓力才有進步」，還沒有成為現代用語時，陳燕木深諳如何激勵自己。

當時台北沒幾家補習學校，他腦海浮起志仁補校，這是自北京的王東海、王子乾兩兄弟在台北創建的高中，志仁補校已經有十幾屆畢業生，從這裡畢業，走上不同的人生之路，校友還有影視明星、著名廚師等。由於時間要掌握好，白天得空時還是擠出時間翻翻課本溫習功課，雙手沾滿了黑油，翻得多了，課本也翻得黑漆漆，以至於一些字都被黑油掩蓋住。這種書，被苦中作樂的陳燕木，稱之為「黑書」。

有「黑書」，當然就有「白書」。每學期開學前，陳燕木特意到重慶南路三民書局買兩套同樣課本：「黑書」用在白天鐵路機廠擠出的閒暇時間翻閱；「白書」則在晚上志仁補校時使用。一下班他刷洗乾淨，以防「白書」被自己弄髒，猶如自己神聖的領土，不准汙蔑，也不准他人入侵。「他就是很愛乾淨，小時候，別的小孩出去玩，一回家，不管身子多髒，就躺在床上睡覺；他卻會很仔細地洗完澡，乾乾淨淨才睡覺，」他母親秀鑾五十年後還記得。

當時在台灣考大學，粥少僧多，錄取率只有不到二十％，上了兩年志仁補校，他看前期，還沒有校友考上大學的，他又去南陽街上尋覓自己的前途。

位於台北車站附近的南陽街上大華補習班，專門為聯考落榜生舉辦的秋季班。從八月一日起開始，利用週末勤奮學習上足八百小時的課程。憶起當年的補課強度，陳燕木有著淡淡的辛酸。補習班裡，學生雖是落榜生，但都修完了高中三年的學業，現在只是複習。因此老師都針對考題教導，不會從頭教起。陳燕木卻沒有學過高三課程，聽得一知半解，只能專心學習，全力以赴。

吞下了自艾自憐，陳燕木拿起課本，拿起筆記，犧牲睡眠，一面讀高中課本，一面上補習班，同步學習，黑書白書總是在他書包裡隨著他的匆匆步伐而跳動。就在這樣，在「黑書」、「白書」中，陳燕木利用這些零碎時間，時間管理超高效率。

窮人家孩子錢要省著用，時間更要省著用，一段時間要做多樣事情，叫「同步工程」，不單考大學如此，將來在事業上如此、追女朋友也管用。就是與幾個女孩約會，評估其優缺點，然後擇一為偶。

順利在志仁補校畢業，並以三九二分（當時滿分是六百分）的成績，考上輔仁大學企業管理學系日間部新生，成為志仁補校創立以來首位考上日間部大學的畢業生。而且輔仁大學錄取的是前十％考生，是私立大學最好的學校。

這也是陳燕木人生的重要轉折點。命運負責洗牌，但是玩牌的是自己！

第六章 英雄不問出身低

「你是哪個學校畢業的？」

「志仁補校。」陳燕木一如往常精神充沛，大聲回答。

「什麼學校？沒聽過。」同學一頭霧水，他們多半來自北一女、北二女（現為中山女高）、建國中學、師大附中、台中一中、台南一中（都是台灣的名校），沒聽過這所學校，有些同學還含有鄙夷的語氣。

窮小子念大學

考上輔仁大學，是陳燕木辛苦多年的回報，的確不容易，二十幾萬考生當中，只有前十％才能考得上輔大，真是萬裡挑一，必須超過近十八萬名的考生。

輔仁大學，是一所一九二五年天主教在北京創辦的大學；一九六一年在台灣，由于斌樞機主教任復校第一任校長，蔣介石夫人蔣宋美齡女士任董事長。學校的校訓為「真、善、美、聖」，寓意深遠。

校園內的標誌性建築——中美堂，是體育館兼禮堂。「中美堂」之名起來有自「中」不僅代表「中華民國」，同時也是前總統蔣中正名字裡的「中」；「美」指美國，也是該校董事長蔣宋美齡女士名字中的「美」字，期待輔大致力於促進中西文化的交流與融合。

校園裡的荷花池、青松與垂柳，守護著條條幽靜的小徑，石階間藏著書頁的祕密，風，都帶著書卷的氣息。

輔仁大學一向以貴族學校著名，也的確有貴族的氣息，老師都是來自歐洲人的教士，特別注重教養，很多系所如外文系等特別吃香，同學很洋氣，以美女著稱，當然有些人會覺得陳燕木太土，又太窮。但是陳燕木靠自己的價值觀，及努力拼搏的原則，用心學習。

窮小子面對巨額的學費、住宿費一籌莫展，得趕緊籌錢，他找到了一個學校工讀生工作，還是沒錢吃飯，非常感謝商學院的王世傑教官，給他當工讀生，一小時八塊台幣，星期天到宿舍裡的櫃檯值班，陳燕木扳起指頭算算，「我白天可做八小時，晚上又做四個小時，一天就可以賺到九十六塊。」心裡充滿感激。

這段期間非常辛苦，感謝當時鐵路機廠同仁及警衛隊羅隊長的照顧。

二〇二四年八月底，有次同期同學在八德路四海一家聚會，幾位熱心導覽的同學，如林連福、蕭寶福、黃成安、劉開源、張國楨、呂德義、卓木湧、王明爐、梁憲培、吳文慶、許東益、蔡清山等都在鐵路局、中華電信，「我們都很照顧他，因為他言而有信，一定會回饋我們。」他的同學都說。

同學們倚著桌子吃家常菜，一言一語說道，「他十七歲進鐵路技工學校，就孜孜不倦努力奮鬥」，「別人下班後，看電視、彈吉他、交女友，他就去讀補校。」，「有舍監來查房，我們就說他出去一下，等下就回來。」

有一天，羅隊長說家裡有個兒子要考大學，問他願不願意做家教。他想起當時去找家教時，家長都喜歡台大、師大等有名大學的大學生，公立大學輪完後，才輪到私立學校；又是警衛隊長請託，當然願意。

羅隊長的兒子需要補習，但是他們住在松山，輔大在新莊，公車一趟就要兩個小時。

每個星期天，他從新莊出發，去教這位隊長的兒子羅國俊，從下午教到晚上，陳燕木數學特強，不久就讓羅國俊成績突飛猛進。

星期天，同學到台北開舞會、郊遊、烤肉、釣魚、與女孩子約會。在男舍櫃檯、或在新莊往台北市冒著黑煙的汽車上，總是坐著一個消瘦的身影，有些鬱卒，為什麼他不能享受飛揚的青春，但他正在實踐自己的諾言，不靠天吃飯，靠自己吃飯。緩緩地，心就平復了。

在羅家，不但有一頓豐富的晚餐，羅媽媽還會幫他打包明天的菜，所以他不但有家教費，而且有兩天的菜可以吃，「家教當天我就吃得很少，知道晚上有好吃的。」他回憶。後來羅國俊考上政治大學新聞系，又到美國留學，曾任台灣《聯合報》總編輯，聯經出版社總經理。儘管羅國俊職位有更迭，但看到陳燕木都叫他老師。

當時他總是趕最後一班公車回新莊，負責任的他必須把學生教會才能走，拖著疲憊的身影回到輔大，輔大規定十一點學生必須回校，校門警衛森嚴，陳燕木找到輔大巷弄裡有座矮牆，翻牆而入，宿舍門已關，怎麼辦？還好同房的鐵桿兄弟張志誠、洪成龍開了窗等他回來，陳燕木可以一躍而入。

張志誠也是苦學成功，在大學裡早上四點多就起來送報，工作勤奮認真，很快報社就派他管理新莊的送報生，生意才能很早就顯現，畢業後開發幼兒教育領域，開設育全教育集團，在新北和桃園地區有二十幾家幼兒園，三千多位學生。

他寒暑假都出去打工，寒假剛好遇到過年，字體俊秀卻剛硬的他揮筆寫下：

「普天開景運　大地轉新機」「花開春富貴　竹報歲平安」

「遠山含紫氣　芳樹發春暉」「輝光遍草木　芳氣滿山穿」

「財源廣進達三江　生意興隆通四海」

本來他用紙寫，在菜市場附近賣，但是後來他發現製作成塑膠春聯更好賣，而且還可以批發給雜貨店，等於又有一筆收入。就如今天的垂直整合及銷售管道多元化（小店及自己賣）。

暑假也得打工，那時台灣塑膠產業剛開始發達，王永慶的台塑企業高速生產出各種塑膠製品，供外銷，也供內銷。他從工廠批發來跟著大哥到全省各地夜市去賣塑膠鍋碗瓢盆、水桶等家庭塑膠五金製品。

除了開源，還得節流，最大的花費是吃。尤其年輕人，食量大，營養夠才能幹活。「輔仁三分之一都是台北市的有錢人家的孩子，一吃飯，哇噻，盤子裡都是肉啊菜啊，都挑雞腿、鴨蛋，一餐就要快二十元。」他至今回憶猶新「我只能買一個饅頭五毛錢，饅頭怎麼啃得下，餐廳的阿伯認得我，就舀給我一些肉湯，再送我酸菜，我再配一杯白開水就可吃飽了。」隨後，立即奔回忠孝宿舍值班賺錢。

除了打工賺錢外。課業也不能荒廢。尤其是英文，輔仁大學非常注重英文，有些課還全英文授課。但陳燕木從小在宜蘭長大，後來在補校，英文都是馬馬虎虎過關，發音不標準，不敢講。

大一、大二時的陳燕木，對英文課避之唯恐不及。英文會話課，全班都要講英文，不許講中文。陳燕木聽不懂英文，於是，希望被老師忽略的陳燕木和幾個同學，就跑到後面坐。老師盯上他們了，叫他們坐在前面第一排。

到了大三，他痛定思痛，立定志向，要學好英文，開始拚搏，一定要想辦法突破，進而克服。他用注音符號「ㄅ、ㄆ、ㄇ、ㄈ」給英文注音，幫助英文發音。比如APPLE（蘋果），注音之後再來讀英文，繞道回來。雖然發音還是怪怪的，但總是比較容易記。

後來，陳燕木靠著在大學打下的根基，在世界各地結盟、簽約、打市場、觀光、讀碩士、讀博士，證明當初的拼搏很是值得。

風，在綠茵場上輕撫過，奔跑的年輕臉龐，陽光透過樹影斑駁，追求知識更是值得。

知識就是力量，是徹底改變個人命運的第一推動力。拿破崙也曾說，「真正的征服，唯一不使人遺憾的征服，就是對無知的征服。」

2011年運時通集團大中華區CEO創新峰會。

第七章

恩人點亮生命路徑

二〇二三年中旬，陳燕木在溽暑中趕回台灣，再到宜蘭。公司正值建設華東淮安新廠，萬事待理，連媽媽都心疼他。

陳燕木是來參加小學同學林金樹母親的告別式，林金樹感激得流下眼淚，畢竟小學同學的感情不一般。而林媽媽更是對陳燕木情深義重，燕木為義子，並在靈前跪拜，以表感恩之情。

「小時候，家裡吃不飽，放學我就常去金樹家中，先到林媽媽家轉一圈，林媽媽就會給我吃的，」他陷入回憶：「我小時候不怕颱風，颱風來了，我回不了家，就住金樹家，有林媽媽好吃的東西，還能跟金樹擠一張床。」

林媽媽和陳媽媽同年齡，兩位媽媽經常見面，尤其是在他回宜蘭時，燕木還會帶著母親去看望林媽媽。他還想跟林媽媽說，他拿了博士，公司也做得很好，相信林媽媽地下有知，會很安慰，沒有白疼他。

兒時開始，很多貴人走入他的生命，如風無聲，卻改變了整片海。讓陳燕木雖然困窘，但不致怨天尤人，遭遇逆境，不會心懷仇恨。

陳燕木一直很感念志仁補校，這個學校讓他能擠進大學，而且校長王永高先生，對他日後的床墊事業助益甚大。

陳燕木剛開始他的床墊事業的時候，曾經到歐洲參觀家具展。他看展後的最大感受，就是希望給工廠添購自動化的生產設備，以增加床墊製造的效率和品質。當時，一整套這樣的自動化設備，售價是台幣六百萬，陳燕木手中只有一百萬，只是此套設備價錢的六分之一。陳燕木根本買不起。

夢想很豐滿，現實卻骨感。

有天，他回到志仁補校，找當時的王永高校長聊天，聊到這件事。王校長當場就說：「用自動化設備，是個好主意，錢不夠可以找銀行借。」燕木回答：「台灣的銀行貸款，須要資產抵押。可是，校長，我名下沒有任何的不動產或是資產可以作為貸款的抵押，銀行怎麼可能願意借錢給我呢？」

「沒關係，銀行不借，這五百萬，我直接借給你！」校長說。

陳燕木根本沒有想過要向王永高校長借錢。他沒有抵押品，如何能麻煩校長呢？

「你就是抵押品！你是目前志仁補校唯一一個考上大學的學生，我願意借給你這五百萬。」校長講出了原因，「不過，我要你答應我一個條件，每年學校開學的第一天，你必須回到學校，以校友的身分，給新入學的學弟妹們演講，激勵他們用功考取大學。」

陳燕木非常感動，眼淚奪眶而出，他立即答應了。信守承諾近五十年，直到今天。之後的每一年志仁母校開學第一天，他都會到母校所在大樓的六樓樓頂陽台，在探照燈的照射下，向所有剛進入志仁補校的學弟妹們演講，鼓勵他們努力讀書向學。自己就是演講的親身見證。

志仁高中補校王永高校長。

他指著自己一九八一年的行事曆上，九月一日晚上六點演講的約，還有一張便條紙，上面是演講的大綱，泛黃的紙，蒼老的活頁，字跡已模糊，但是對學弟學妹熱情永遠不變。當然，當公司逐漸獲利的時候，陳燕木也順利地將五百萬還給了王永高校長。

林武雄老師是礁溪小學五、六年級時期的恩師，一九四一年出生，農家子弟出身。教學認真名列甲等，曾任台北市衛生局副局長，南投縣衛生局局長等職。並前往美國南加州大學取得公共衛生碩士學位，後於國立台灣師範大學衛生教育系，取得衛生教育博士學位。

林老師省台北師專畢業後，志願回礁溪國小任教師。老師曾叮囑同學：「你們今天不讀書，

礁溪國小林武雄老師。

明天就要去放牛。」那時考上初中的學生約三成，老師利用課後及假日幫學生補強功課，未收分文；陳燕木才得以順利考上礁溪初級中學。這群學生也很可愛，利用週日到白雲村老師家中，打掃庭院，理整田地。

林武雄老師二〇二〇年在家跌倒，因年事已高，故不做無效搶救，與世長辭，享年八十歲。陳燕木得知消息後，極為不捨，在感傷中立即召集林老師的好友、學生、礁溪小學的同學，共同組織治喪委員會，由國立台灣師範大學衛生教育系名譽教授黃松元擔任主任委員，林金樹、黃浴期、邱宏俊、紀雪雲、張壁東、曾啓斌、周和泉等產業好友共同協辦。

陳燕木不僅出錢幫助此次的告別式花費，更是參與現場的流程規劃，製作「林武雄追思與懷念」紀念冊，在告別式當天送給老師的長官、親友、學生，共同緬懷老師，讓老師火化可以體面而莊嚴地離去。在追思文中，他這樣寫道：「一日為師，終身為父！我們將永遠銘記在心……他的點燈引路、關愛提攜、無私的奉獻精神，值得我們永德的懷念和追思！」

這些恩人如一座座燈塔，點亮了陳燕木的路徑。

創業之路

The Path of Entrepreneurship

第八章

創業三要

蔚藍的太平洋上，躺著一個面積占世界第一二七位，其中三分之二還是山地的小島，它沒有足以傲人的自然資源，每出口一元貨物，要花兩角錢買石油。西北面又有強大的對手對它虎視眈眈，四十％的中央預算必須用在國防上，無異用一隻手打世界經濟大戰。

一九七〇年代，這個獨臂戰士——寶島台灣，滿懷旺盛的生命力和進取心，快速攀登從無到有、從貧困到豐足的階梯，使得ＧＤＰ躍登世界第三十九位，輸出額高居世界第十四位。

陳燕木家當時是宜蘭非常普通的一個農村家庭，為了生活，更為了改變自身命運，搭上這列經濟發展的高速列車。所以創業的第一個啟示，是駕情勢而起，縱使是小生意，也是鍛煉的開始。

創業三要：一、順風而起，二、員工都是業務員，三、取個好名字

中國大陸在互聯網大盛時曾流行飛豬理論，小米創始人雷軍說：創業，就是要做一頭站在風口上的豬，風口站對了，豬也可以飛起來。就如現在的人工智慧，每個公司跟人工智慧有關，就像可以飛起的豬。

連擺攤子也可變成會飛的豬，大二暑期，陳燕木跟大哥燕飛兩個人到了台中市的中華路夜市，在人來人往的馬路邊擺地攤，專門賣塑膠五金用品。那時，塑膠大王王永慶設立的台塑集團，大量製造出塑膠產品，衣、食、住、行，鍋、碗、瓢、盆都離不開塑膠，兄弟倆從台北後火車站批發了一大堆貨，兩人各騎一輛山葉Yamaha 五十c.c.的機車，將貨品綁滿在車尾，沿路騎車到台中，在夜市擺地攤兜售，那時一個月就可賺到十幾萬台幣，把陳燕木一年學費加生活費全都賺回來了。二十三歲的他，拜王永慶和台灣經濟之賜，他不再是那個瑟縮在基隆港打工，只能賺九百元的男孩了，台灣在這段期間內，社會經濟迅速繁榮起來。

有天晚上約莫九點多，兄弟倆正在台中市中華路夜市吆喝叫賣得起勁時，一輛機車在兄弟倆的攤位前緩緩停下，一個熟悉的身影出現，原來是經營床墊的三弟燕標從台北騎機

車來到台中，說他要當兵了，而且分發到金門外島。

三弟燕標小學畢業後，十四歲便開始到外面工廠學習做床墊當學徒，十八歲出師當師傅就自己創業，開了間床墊工廠，自己帶了個徒弟，在工廠內設立了兩個工作台，一天大概可以做五張彈簧床墊，白天做完床墊後，晚上便用三輪車拉到位於三重市正義北路及台北市長沙街的家具店兜售。一天五張床墊，大概可以賺得台幣七五〇元。

三弟希望大哥、二哥可以接下他的床墊工廠，不要讓工廠關掉。但是大哥反對說，他賺的錢比工廠多一倍多。三弟將目光轉向二哥，燕木也趕緊拒絕他，說自己課業繁重：「我現在在讀輔大企管系，大二的課業最重，你現在要我接，我要怎麼兼顧學業？」這回，三弟卻巧答：「二哥你學企業管理？有現成工廠供二哥當實習工廠，何樂不為呢？」

兄弟情深，在三弟的「強逼」和大哥的支持下，陳燕木便答應暫時接下三弟的「協榮彈簧床製造廠」，幫他經營管理。很難想像，今天遍布中國、台灣、日本，甚至行銷到美國、東南亞的運時通，是一九七三年從台中夜市孕育出來的企業。

讀大二的陳燕木也從此一頭栽進了床墊家具產業，正式進入了床墊業的世界，從過去修理火車的大彈簧，轉變成專注床墊內的小彈簧。「沒想到一晃眼就是五十個年頭。」陳燕木點著冊子上「運時通五十週年」的LOGO，二〇二三年五月他們在東莞舉行了盛大的五十週年慶祝會，這半世紀，他最引以為傲的是他做的床墊，嘉惠兩岸人民的睡眠，畢竟人的三分之一時間是在睡眠，好的床墊促進良好睡眠，攸關自己的身心靈健康。

陳燕木趕鴨子上架，心裡著實沒底。小型的床墊廠是五十坪的簡陋作坊，只能擺放兩張並排的工作台；他運用企管系所教的人力資源管理，將就將就吧！把工廠裡唯一的師傅余基贊升起來作廠長，讓他再聘請兩位學徒進來，由他們負責生產；陳燕木自己負責業務，接單、開發、維持客戶及採購財務的工作。

年輕就是本錢，那是段騎山葉（Yamaha）摩托車衝來衝去的歲月，工廠、學校和客戶三點一線的生活，灰灰的天，朦朦的地，但是他的心清亮，唯有拼搏，才有出頭天。

不管寒風酷暑，大雨傾盆，騎著摩托車的陳燕木，走過以三重工業區為中心、方圓一百公里的範圍。當時台北的路多是柏油路，有時候要走到比較鄉下的地方，炎炎烈日下，陳燕木騎著它，經過柏油路、泥路，一天下來，車子都髒兮兮的，連自己的鼻子都不能倖免，鼻孔都是黑黑的（當時台灣汙染嚴重，出去後兩小時回來，鼻孔就是黑的）。

台灣中小企業就是這樣發展出來的，十幾歲來做徒弟，出師就做師傅，然後做廠長，接著就「寧為雞首，不為牛後」開業去，當起老闆，提著〇〇七手提箱，飛到美國、中東、日本去找生意。

不久「陳家床墊」從日產六張，到七張、八張、九張……到二十張，三十張，在北台灣闖下了一片天，但可惜這家的床墊沒有品牌，正如正值芳華的靚女，卻沒有名字。

問三弟，該取何名，他建議採用「狗標」，當時陳燕木把「狗標」床墊品牌當做自己的研究個案，拿到輔大教授行銷學的蕭鏡堂老師課堂上討論，同組同學們也都覺得這個名字夠Fashion，不錯！

但是蕭老師看了這個名字馬上便反問燕木：「行銷管理的第一步就是要了解你的目標顧客，從消費者角度來看問題。請問你們床墊的目標客戶是給誰睡的？」

陳燕木毫不猶豫地說：「當然是要給人睡的啊！」

蕭老師回答道：「那就對了，是給人睡的為什麼要叫狗標？又不是給狗睡的，取這樣的名字不雅，拿回去重想。」

被退件後，燕木行銷組的同學，日後都在社會上有一番發展，包括育全幼兒園集團董事長張志誠，儒鴻紡織美國公司總經理洪成龍、旅居美國的洪舜惠、馮中台等同學，便到學校的餐廳，繼續研究品牌命名的專題。有個同學忽然想到：「你們家三個兄弟不是叫作燕飛、燕木跟燕標嗎？這樣不就剛好是三隻燕子，那就叫做『三燕牌』如何？」

他們討論：三隻燕子，不就剛好是公燕和母燕結婚，生下一隻小燕子嗎？這和床墊所代表傳宗接代的意義正好一致，就和父親母親，生下一個小孩一樣，他們決定將品牌命名為「三燕牌彈簧床」，而這個名稱也獲得了蕭老師跟三弟的認同，持續在台灣市場使用至今。

取個好名字，對新創事業很重要，不單體現了品牌的獨特性，幫助企業在市場中脫穎而出，更能在消費者心中留下深刻印象。名字更蘊藏著行業、價值、願景、核心競爭力，一個能讓人留下深刻印象的名字，可以節省大量行銷費用，例如：小米、美團、淘寶、快手等品牌，它們的名字簡潔明瞭，易於消費者識別和記憶。

同時，這也證明年輕人有無限創意，也有創業精神，微軟創辦人比爾蓋茲、蘋果創辦人賈伯斯、臉書創辦人祖克柏都是在還未大學畢業前，就開始在家裡車庫裡開始高科技生涯，誰能說，嘴上無毛，辦事不牢？

大學二年級創業

一間床墊廠，串起了陳家三兄弟，從三弟、二哥再到大哥，之後變成三兄弟聯手經營，大哥燕飛擔任董事長，二哥燕木擔任總經理，三弟燕標擔任經理，四弟大幃擔任廠長，連爸爸也加入行列，在工廠裡擔任總管要職。可謂兄弟同心，其利斷金。

爸爸雖是送貨總管，但其實是偵探，他送貨到哪裡，幫忙經銷商把床墊擺好，一切都完妥後才離開，給予顧客最高的滿意度。

炎樹老先生隨身帶一包檳榔，逢人就請吃檳榔，很能跟人聊天，父親就問了很多關於市場的消息，客戶端的反應。回到工廠時，就把和客戶交流的訊息告訴兒子們，作為經營決策的參考。

陳家床墊廠在一九八三年取得美國蕾絲Restonic的亞太區授權總代理，曾把全台灣的總經銷權給國泰信託所屬的「金源閣家具」，三燕工廠負責生產。當時是直接拿美國的床墊技術回台灣市場銷售，結果，反響冷淡。

原來，是因為美國蕾絲的床墊太軟了。歐美人習慣睡軟床，軟床墊較能撐起重量，亞洲人原先睡木板，睡下去就覺得太軟了，不舒服，沒有達到因地制宜的市場策略。陳燕木針對床墊裡的彈簧進行了改造。彈簧口徑以及彈簧的強度都有所不同。

「美國床墊用的是大口徑的彈簧，所謂的大口徑，是直徑七十五公厘，也就是二點五寸。當時台灣方面的直徑是六十三公厘，也就是二點一寸。彈簧的直徑縮小以後，床墊會比較硬。」陳燕木一邊拿著彈簧，一邊比劃：「也就是說，線徑（Wire Gauge）還是那麼粗，但是外框縮小了，床就會變硬了。」

其次，他對彈簧進行二次熱處理，是陳燕木做的第二個改變，這個改變更區隔了陳家床墊與其他床墊廠的最大不同。

「一張這樣的床，」他在筆記本上快速地畫了一張簡易床墊架子，「彈簧粒（Coil）有熱處理，但是連接線（Helical Wire）、框邊線（Border Wire）是沒有人進行熱處理的，熱處理是在生產的時候，將彈簧墊三部分進行熱處理，用電加熱到二八〇度。加熱後，彈簧就會變成更有彈性，而且，韌性更高了。就會有很強的回彈力及支撐力。」

這個熱處理反應爐（Total Heat Treatment），聽起來好像很容易，但是，陳燕木為此做了將近兩年的研究。

為此，陳燕木試了多次，不同溫度來一次，不同時間長度又要來一次，三〇〇度，高了，二九〇度，還是高了，二六〇度，太低了……三十分鐘一次，四十分鐘一次，到一小時三十分鐘又一次……陳燕木將每一次試驗得出的數據分析一一記錄，比較樣本，就像烤麵包，什麼樣的溫度，要烤多久，更還要顧及做麵包的材質，才能又脆又好吃。都得自己去研究出來。

這是床墊產業全世界第一次的發明創作生產工藝——「彈簧塊整張熱處理反應爐」，它可使床墊的使用壽命增強五十％，是全球床墊的革命創舉。運時通床墊品質精良，平均可以讓消費者多增長三歲的壽命。

王永慶曾一再說：「天下沒有容易做的事，也沒有做不到的事。」

每一次試驗做出來的床墊，陳燕木都請客戶來試睡，並問客戶哪種床墊比較好。經過這樣的數據調查，最後，陳燕木端出了「二八〇度，一小時」這樣的數據做出來的床墊，是最佳品質的床墊。

獲知了做床墊的最佳溫度和時間後，將產品投入生產就較容易。陳燕木也在試驗的過程中，更研發出一套轉為床墊熱處理的設備。陳燕木對此感到自豪，因為自己的產品，自己專屬的設備做出來最好，「這套既不是大眾化、隨處可買到，也不是只要出價高就可以買到的設備」，聲調中的滿足再度顯現。這出自鐵路技工的研究，從「火車大彈簧」到「床墊小彈簧」的創新應用。

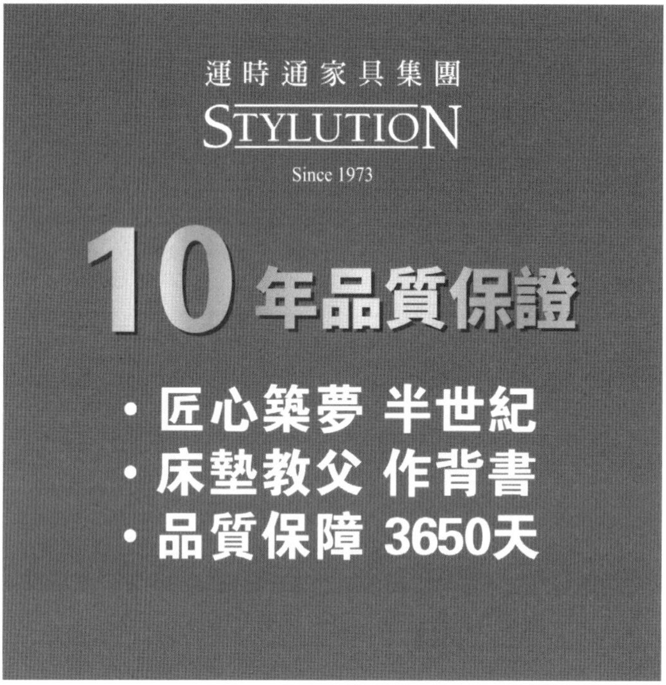

十年保證，品質背書。

火車大彈簧、床墊小彈簧之匠心工藝。

第九章

結縭：對的人更勝一千萬

黃喜貞一直記得，陳燕木和她婚後的第一次約會，他們乘坐的是輛舊灰色別克BUICK，是屬於大哥陳燕飛的，買的時候就是二手車，到他們結婚時，已經開十年了。

他們那天甜蜜地開著BUICK出門去旅遊。到目的地，下車後再上車，「嘭」，車門竟然掉了下來。他們很珍惜這個約會，剛好車子裡有一段繩子，就用繩子綁著車門，黃喜貞邊用手扶著車門，就一路去玩。

一九七三年，陳燕木在輔仁大學二年級，接手三弟的彈簧床工廠後，經濟開始好轉，「三燕牌」床墊市場越來越大了。陳燕木終於不用像以前一樣，吃一個五毛錢的饅頭加上一些肉湯，他可以和大學同學一樣，可以「吃上肉了」，吃雞腿、蛋類、魚類等葷菜，還能請同學吃吃飯，也融入同學群體裡。

當陳燕木騎著偉士牌Vespa在校園的林蔭裡左拐右彎時，女孩子開始向他行注目禮，畢竟一七六公分身材，雖然瘦了點，土了點，但有台摩托車，在當時很受女生青睞，不必擠公車，兩人有個小天地。

陳燕木服完憲兵役，二十九歲的他蛻變為講義氣、熱情又善於交際的青年，也結交了不少朋友，而且很多到現在還維繫良好關係。他們忙著介紹女性朋友給他。

當然，在這波著急陳燕木婚事的人中，媽媽莊秀鑾無疑是最急切的：兒子已經二十九歲了，可是還沒有女朋友。媽媽發話了：「阿木，你必須在三十歲的時候結婚。」

媽媽很慎重地說：「我們家沒有人念大學，你念大學時，我要你專心念書，從來不催你。當兵時，也不敢催你，怕你有壓力。你退伍了才開始催你，已經延誤好多年了，還不結婚怎麼行？」

孝順的陳燕木向媽媽保證，三十歲以前一定結婚，對自己的婚事居然胸有成竹。

新婚過後，從此公主王子？

陳燕木說到做到。別人都是交個女朋友，交往個三五年再結婚，陳燕木卻採取他的

「同步工程」，就像在志仁補校三年級時，他一面去大華補習班，一面讀志仁補校。一樣的同步工程，大學一面上課，一面創業一樣。「很早我就知道比別人窮，要同時做幾件事，才能出頭。」

「同步工程」是他同時和四個女朋友交往。他採用「科學選取法」：「今天跟你約會，後天跟她約會，然後每一次約會回來就會做報告，分析每個女孩的優劣長短。三個月後排除一個，半年後再排除一個，最後二選一，剩下最後一個。」他說。

「那時我們男女交友是純純的愛，連牽手都沒有，只是喝咖啡聊天，最多是看電影，坐在咖啡廳裡聊天或者是出去玩，在這個過程中，可以慢慢觀察，保持理性，不會為愛情沖昏頭。」

陳燕木當時同時和四個女生交往，有的是碩士生，有的是富家千金小姐，有位女方家長是台中一家百貨公司的老闆，非常喜歡阿木，願意給他一千萬作為嫁妝。

陳燕木很心動。但是，經過多方交往後，陳燕木發覺這位小姐嬌貴，對人頤指氣使，「我的太太必須能和爸媽相處，也要與哥哥弟弟相處得好」。

他想起媽媽爸爸垂老的眼神，步履蹣跚和粗糙的手腳，尤其母親四歲起邁入陳家，還沒享受兒孫滿堂，子孝媳賢的日子，更是不忍。「妻子可以選擇，爸媽卻不能選擇」，他暗下決心。

這是個一千萬都不能買來的決心。

最後，他選擇了黃喜貞，一個既非最高學歷，也非最有錢的女生。

「喜貞比一千萬更重要。今天證明是對的，她現在可以給我帶來一億，十億。」他舉著不同例子勸人，不要只看錢。白手起家，不到十歲就去做學徒，後來開創台灣第一大食品集團的統一企業董事長高清愿說：「錢有四腳，人有兩腳，人追錢很難，錢追人很容易，所以重要的是你如何讓錢追你。」

彼此的選擇

黃喜貞也是經《台灣新生報》同事劉小玲介紹，也是當初他的「同步工程」四個女友之一，為什麼選擇黃小姐作為自己的終身伴侶呢？

剛開始他們也是普普通通交往，只是談談心，喝喝咖啡，逐漸，黃喜貞諸多優點，在陳燕木眼中，逐漸浮現，她的脾氣好，很柔順，應該可以和家人相處得好，在大家庭裡需要多方包容，例如陳燕木為了工廠生產，安排送貨必需當天完成，約會常遲到，但黃喜貞並不會生氣，仍然繼續與他約會。

再一陣子，他發現當時是《新生報》工商記者的黃喜貞文筆不錯，可以幫他的床墊寫文案，寫宣傳稿，還會寫毛筆，會彈古箏呢！夫人黃喜貞非常感謝當時新生報社長石永貴的提攜，工商新聞部經理賴明佶老師的指導。

雖然台北花花世界，女強人崛起，時髦俏女郎滿街走，但是陳燕木心知肚明，自己必須娶個家庭型的女孩。

「我爸爸當時說，『你們兄弟五人結婚後，太太不要進公司來管事，否則就變成聯合國了，天下大亂，財務是你妹妹來管理，你們兄弟分工合作。你們老婆回到家裡帶孩子，把陳家第六代生好、養好、管好就可以了。』」

男選女，女選男，婚姻是雙方的。黃喜貞也出身不錯，爸爸是鐵路局公務員，媽媽是家庭主婦，雖然上面有兄姐，也算掌上明珠。因此她也同樣在觀察陳燕木，發現這個年輕人還不錯，商場的不良習氣還沒有沾染到，苦學出身很樸實，只是事業心太重，約會常常遲到，黃喜貞以為他有別的女朋友，特別還請大姐、二姐、四姐去查查看，沒有發現陳燕木有別的女友，當然也沒有發現他正在進行的「同步工程」。

這對年輕朋友也開始彼此適應，陳燕木急躁，黃喜貞就慢下來；陳燕木因送貨耽誤約會時間，他們就把約會地點都選在黃喜貞家裡附近的萬華台北護專；黃喜貞可在雅江街家裡等，他如果遲到了，就先打電話叫她不要出來，等他確定到達約會的時間，再打電話要她出來。如此解決諸多爭端。

借二十萬當結婚聘金

準備結婚了。這時，兩件事情最重要，一個是送聘金，一個是辦婚禮，都要錢。

沒錢哪，怎麼結婚？他爸爸的好朋友廖盛男（摩尼），是雲林斗南一品家具老闆，借了二十萬給他們做聘金。

在台灣傳統習俗裡，男方給女方的聘金，分為大聘、小聘，數目應為雙數，並且用紅紙包裝。大聘的目的是用來彰顯男方家的排場及家世；小聘則是男方答謝女方家生養女兒的禮金。因此女方都是收下小聘，將大聘退回給男方。

父親拿著借到的二十萬現金，拿去黃家當大聘。當然，陳家的情況，女方家父母也了解，也知道二十萬聘金是借來的，對此表示理解不收聘金。

一九八〇年一月三十一日（民國六十九年，農曆十二月十四日），陳燕木和黃小姐結婚了。

四十五年後，當陳燕木從一個破舊的印有「三燕牌」的牛皮紙袋中，拿出幾張嶄新的結婚請柬，請柬中寫道：「人生的舞台上，我倆找到了『喜與燕』的歸屬。」

風風光光的婚禮結束後，陳燕木仍然興沖沖地回去做床墊，但是黃喜貞面對的考驗重重，喜貞家人口簡單，是寶貝女兒，陳家是大家庭，必須一起住，婆婆、公公、叔伯，晨昏定省，妯娌間分攤家事，在在都考驗著她。這時，有基督徒帶她去教會，她很快信了主，生命有舵，靈命有屬，從此她成為陳燕木和兩個兒子的多方面支柱。

陳燕木醉心事業，她打理家庭，兩個兒子都是她在教養，讓陳燕木可以無後顧之憂地衝刺；陳燕木兄弟分家後，剛開始什麼都做，之後待公司成型，又做他的會計，財務、採購；二〇一六年陳燕木交棒後，她又當起了緩衝帶，陳燕木父子衝突，她擋在中間，這邊說理，那邊說情，讓衝突給家庭及企業最少的衝擊。

四十五年婚姻，哪能走得平順，天天天藍，黃喜貞多數溫婉圓融，也有其堅持處。

兩夫妻一起創業，公司家裡分不開，在公事上不同意見，有了爭執，帶回家去，黃喜貞不想跟他講話，兩人大打冷戰，如家裡有事，更使戰場擴大，戰事升高。第二天到了辦公室，兩人有公事往往必須交談，就派人去跟對方講（那時沒有line、Email、微信），「太多要講話的地方，想想後何必呢？冷戰總是撐不住三天。」

大多時候，黃喜貞還是站在幫助者角色，夫婿喜歡露臉出頭，她都甘居幕後，在她的基督教信仰裡，太多典範人物可以學習，做個幫助者對家庭、社會以及企業有多重要，夫妻，行船有高低，但到後來，其實是萬事互相效力。

喜燕訂婚。

黃喜貞的媽媽黃林份。

第十章

陳燕木寫給黃喜貞的一封情書

民國四十三年（一九五四年馬年）九月二日的夏末秋初，台灣的炎熱已慢慢消退，涼爽讓人心生喜悅。黃喜貞就在這份寧靜與美好中誕生於一個平凡而溫馨的家庭。父親黃天送是鐵路局公務員，母親黃林份勤儉持家，家中兄弟姐妹和睦相處，共同營造了一個充滿愛與溫暖的成長環境。

喜貞出生，宜室宜家

在喜貞的家裡，她是老么。上面有四位姐姐和三位兄長，都對她疼愛有加，關懷倍至。儘管如此，喜貞並沒有被寵壞。相反地，她敬愛姐姐，尊重兄長，與兄弟姐妹間互相關心、支持和愛護，展現出深厚的手足之情。

百善孝為先，喜貞常常陪父亲一起爬山，她一直認為：「我們孝敬父母，就是尊敬我們的源頭，這源頭至終乃是神自己。」

讀書于心，外化於形

從老松國小，到延平中學再到世新大學，在那個「女人無才便是德」的年代，喜貞的求學之路卻從未隨波逐流。她堅定地追求知識與夢想，展現出非凡的勇氣和智慧。

「喜貞是我最好的朋友，她溫婉如玉氣質如蘭。正因如此，我才放心讓兒子維志進入她公司工作，相信能在她的培養和教導下一定可以成長。」多年後，她在延平中學的同班同學黃美枝如是說。

大學畢業後，黃喜貞成為台灣《新生報》的一名工商記者。彼時，陳燕木因在《新生報》上刊登「三燕」的廣告，經由劉小玲介紹，與黃喜貞結識。

在台北青年服務社內，黃喜貞輕撥古箏，琴聲悠揚，令陳燕木為之傾倒。除此之外，他還十分欣賞喜貞的文筆，認為她能夠為自己的床墊撰寫文案和宣傳稿。「世上無難事，只怕有心人。」黃喜貞一邊認真地揮毫書寫毛筆字，一邊感慨萬千地說道。

喜燕結緣，天造地設

每個人都希望擁有一段刻骨銘心、轟轟烈烈的愛情。但有一種愛情，是性格互補，卻相得益彰。

一九八〇年一月三十一日（農曆十二月十四日），在台北市的悅賓樓餐廳，陳燕木給了黃喜貞一個風風光光的婚禮。陳燕木高大、帥氣，黃喜貞漂亮、溫婉，看上去就是郎才女貌，天造地設的一對。

有人覺得黃喜貞小姐是《聖經》箴言裡提到的「才德婦人」：第一她會持家，第二就是她會賺錢；而且她不會跟先生爭執。外表美，心靈更美！

「一粒麥子不落在地裡死了，仍舊是一粒麥子；若是死了，就可以結出許多子粒來。」至今陳燕木常常默念《聖經》裡的這段話，覺得這正是妻子的寫照。

冠軍宇宙，翰林知識

一九八〇年十一月十二日，長子冠宇 Alex 出生，屬猴，四一〇〇公克。原本預產期是十月三十一日，與蔣中正總統的生日同一天。不曾想，卻晚了一個多星期，到十一月十二日才順利自然產。這一天正好是孫中山先生的誕辰，因此，冠宇也有了「小國父」的美譽。

一九八二年九月九日，次子冠翰Ronald來到這個世界，屬狗，三五五〇公克。和哥哥一樣，冠翰小學也在八里聖心小學就讀。喜貞常常參加兒子們的家長會。陳燕木也因此擔任了家長會的會長。這些家長們來自各行各業，有醫生、律師、建築師等。會長夫人們彼此分享和學習育兒經驗，相互親切地稱呼為「聖心媽媽」。四十多年來，孩子們已經長大成人，而那些曾經的家長們，仍然時常聚會，她們之間的友誼也長存不衰。

為愛讀書，全家行動

黃喜貞雖不算是一位女強人，但她始終秉持着「嫁夫隨夫」的理念，為了在事業上能夠給予丈夫更多的支持，她毅然決然地決定繼續充電深造。二〇〇七年，她報考了清華大學與美國北維吉尼亞大學（University of Northern Virginia）聯合舉辦辦的管理學碩士MBA項目。經過兩年的刻苦學習，也於二〇〇九年七月十六日在香港順利畢業，取得碩士學位。

在追求個人成長的同時，她也積極鼓勵家人共同學習與進步。受她的影響，丈夫陳燕木成功獲得了美國天普大學（Temple University）的全球金融學博士學位，長子冠宇取得了長江商學院EMBA碩士學位，次子冠翰亦取得了中歐國際工商學院的EMBA碩士學位，真可謂「父子齊心，博碩同行」。

二〇二三年一月二十七日，在美國賓夕法尼亞州費城的天普大學體育館內，黃喜貞見證了丈夫的博士學位授予儀式。她深情地感慨道：「這是我最大的幸福。」

從美麗的邂逅到癡癡的相戀，從一見鍾情的浪漫到生死相許的約定，從一個鐵路窮小子的女朋友到跨國集團的董事長夫人，黃喜貞煮飯燒菜，操持家務，同甘共苦，相濡以沫。認識他們的朋友都說，只羨喜燕不羨仙。

燕木和喜貞的學士照。

冠宇冠翰兩兄弟。

愛的真諦，與神和好

《新約．哥林多前書》第十三章第四節中如此描述愛：「愛是恒久忍耐，又有恩慈；愛是不嫉妒，愛是不自誇，不張狂，不作害羞的事，不求自己的益處，不輕易發怒，不計算人的惡，不喜歡不義，只喜歡真理；凡事包容，凡事相信，凡事盼望，凡事忍耐；愛是永不止息。」

這句話道出了愛的真諦，也一直鞭策著喜貞要以耐心、善良和包容的心態去面對生活中的一切。

人類雖然知道有神，卻試驗並試探祂，至終定意不去認識祂。他們不以認識神為美。許多教授和專家不相信基督。你若問他們關於神的事，他們會說，「我們知道有神，但我們不喜歡相信祂」。這樣的人不以認識神為美。我們必須認識神，因為拒絕認識神是可怕的。

有人問愛因斯坦信不信神，他回答說，「你的問題對我是侮辱。像我這樣的科學家，怎能不相信神？」你若研究科學，科學會告訴你有神。

當今社會中太多不信的人，他們的心在遊蕩，他們對生活不滿意，對生活的未來充滿恐慌，是飢餓又乾渴的人！

《聖經》是神送給人類最好的禮物。《聖經》是一本生命的書，不是宗教；《聖經》有真理的啟示、屬靈的亮光、以及生命的供應；讀了對我們自己這個人會有更透徹的了解，從中知道我們從哪裡來，並且知道人死後要往哪裡去，更明白在生與死之間，我們該如何活，讓我們這一生有更明確的目標，不止有今生，還有來生，更有永生！這是信耶穌最大的盼望！感謝讚美主！

台灣
中華民國六十九年一月三十一日 星期四
景美四之一號道路 拓寬工程明日開始
市府公告受益範圍受益費徵收
城中區百餘公頃細部計畫公告
喚起市民「我愛臺北」 定期舉辦自強活動
公車業者將籌款兩百萬 設立研究發展小組 解決公車面臨問題
市議會今起開臨時大會
陳燕木黃喜貞舉行結婚典禮
百城建設公司 三人涉嫌詐欺 臺北地檢處昨日提公訴

《台灣新生報》刊登結婚啟事。

第十一章

分家的規矩：永遠是好兄弟

一九八九年，父親陳炎樹告訴幾個兒子「我們要分家了」，並著手將家產平均分配給五個兒子。分家！分家！古今中外，多少人因分家而兄弟鬩牆，家人怒目，終生成陌路人，也有多少人對簿公堂，遺憾終難彌補。

近兩千年前，曹操之子曹植作成七步詩，至今仍縈繞人心，「煮豆燃豆萁，豆在釜中泣。本是同根生，相煎何太急？」哀求哥哥曹丕，放他一條生路。

陳家分家要格外小心。陳家的同業就有前車可鑑。當時台南有一家德泰彈簧床廠，是台灣最老的床墊企業。德泰床墊廠是由顏姓兄弟打拼下來，兄弟齊心，德泰也發展得很好，是台灣當時首屈一指的彈簧床企業。但是後來分家的時候，顏氏兄弟鬧了很大的官司，在台灣幾乎家喻戶曉，很多業界人士都嗟嘆。直到現在台灣有兩家「德泰彈簧床」，一家說自己有五十來年的歷史，另一家稱自家有六十餘年的經驗。

三燕床墊正在興旺中，兄弟們也娶了太太，有了下一代，大家庭總有些齟齬。老董爸爸覺得應該未雨綢繆，希望他們能分家，大家各自打拼。

父親並沒有把床墊廠列為家產，因為他也不知道怎麼分——床墊廠並不是父親創下的產業，是三兒子燕標創立，後來到了二兒子燕木手中，大兒子燕飛接著進來，算是三個兒子一起打天下一起開創的三燕床墊廠，如何分呢？父親陳炎樹當時只說了一句話：「我什麼都沒有，你們都是四十幾歲的人了，你們想一起發展也可以，各自發展也可以。但有一點，你們要珍惜兄弟的情感。」

陳燕木非常孝順父母，他認為「子女當順就父母心意」。他更加珍惜兄弟間的感情，他是兄弟們當中受過最好教育的，希望大家一起打拼，使這個家族的企業能日益發揚壯大。當時陳家彈簧床墊廠有兩樣資產，一個是經營和發展都趨於成熟的「三燕牌」床墊，一個是從美國引進的品牌、剛開始由陳家企業全面代理和生產的美國蕾絲 Restonic 床墊。美國蕾絲是在一九八三年簽定，當時陳家企業只負責生產部分，由國泰信託集團的金原閣家具代理台灣區經銷商，直到一九八六年國泰信託破產，蕾絲的生產和銷售全部收回給陳家企業。與「三燕牌」床墊相比，美國蕾絲如同一個剛剛學著走路的小孩。

這時，大哥開口了：「我不懂英文吶，不能經營國外品牌！」

既然大哥說話了，陳燕木當即說：「既然大哥不懂英文，那三燕牌就給大哥了。」

「大哥對我有恩。」

浮起的記憶是，大哥小學畢業就去台中做麵包店學徒，每次回家都會從自己省吃儉用下來的錢袋裡，掏出些錢給他做零用錢。

那個小木書桌，記憶依舊深，那是他人生的第一張書桌。

陳燕木當時上初中，在農家父母很少會專門給小孩子買一張書桌，孩子們都在供奉祖先、神佛的桌子上念書、寫字。有一天大哥從台北回家，給了他台幣三百元，陳燕木用這筆「鉅款」，買了一張非常簡單的書桌。「那書桌有四隻腳，一個人的座位，用那個『美耐板』，就這麼寬，兩個抽屜。」陳燕木兩手比劃著。

看著小書桌上擺放得整整齊齊的國文、數學、歷史、地理等課本，陳燕木有了自己的小天地，更喜歡念書了。那是知識的草原，他希望藉此翻身，更改變整個家族命運。

所以，做二哥的陳燕木把三燕交給大哥，三弟、四弟也沒話好說，都表示贊同，就說：「好，那二哥你懂英文，你就去搞蕾絲。」

「那你們兩個做什麼？」陳燕木向三弟、四弟問道。

「我們自己想辦法。我們兩個師傅可以自己生根。」

三弟燕標是做床墊是從學徒開始的，後來成了師傅，又帶出了老四大幃這個「徒弟」。所以他們才有底氣放棄固有的資產，去做新的產品。後來三弟和四弟就合作代理生產製造了一家香港的床，叫做

陳家五兄弟年輕時一起唱歌。

「樂滿門」床墊。

如此，順利分家之後，兄弟姐妹各自都有了新的發展。大哥燕飛成為「床的世界」董事長，至今依舊是台灣重要且著名的床墊通路；而二哥燕木是「運時通家具集團」的董事長，一九九六年帶領集團進軍大陸；三弟燕標跟四弟大韓則退出了床墊業，各自打拼；小弟勇鎮在證券產業大有發展；陳家妹妹月霞也在南山人壽小有成就，可謂巾幗不讓鬚眉。

陳燕木兄弟雖然各自發展，但是分家時卻達成一致默契，一定要彼此待之以禮。因為兄弟間歲數相差也不大，他們之間一般是直呼「老大」或是「老二」，比較少叫「哥」。陳燕木就提議以後大家都以大哥、二哥、三哥、四哥、老弟相稱，加深彼此的尊重及情誼。這番情，甚至影響小輩對大家族的尊敬和眷戀。

「三燕」的老二

陳氏兄弟分家後，陳燕木在五股工業區現今的新北產業園區創辦了自己的企業「運時通家具集團」，開啟二次創業生涯。這次，得單打獨鬥。

陳燕木一再強調，不要靠家裡頭的財產給你多少，父母親給你生命、健康的身體，就夠了不用計較。「因為天底下有兩種『教』不可信：一是『比較』，一是『計較』。」沒有了比較與計較的陳燕木，在生意場上路越走越寬。儘管，這一路遇到過困難……

1999年，坐落在新北產業園區的運時通新廠工程。

第十二章

從土包子到國際品牌

分家後的陳燕木，手裡握著的是還沒學會走路的美國蕾絲Restonic床墊。家具床墊界只知道「三燕的老二」，而不是陳燕木，就如一個失去名字的人也失去身分認同，舊有的網絡派不上用場，新網絡還未拓建，要想擺脫「三燕的老二」這個稱呼，唯有讓自己的產品有知名度、企業發展起來。

但擺在陳燕木面前的是，是赤裸裸的難題：沒有通路，賣不出去。

當時的台灣，蕾絲可以說幾乎沒有知名度。之前國泰信託金原閣代理蕾絲，憑藉的是雄厚的資本和暢達的通路，卻也沒有讓蕾絲成為台灣知名的品牌。而陳燕木能憑藉什麼呢？更何況「初生兒」運時通？陳燕木找不到向經銷商推銷蕾絲的方法。他大學修的是企業管理，把行銷管理、促銷活動、打造品牌等方面的方法都用在了三燕，知道如何和媒體談廣告事宜，怎麼開經銷商會議，市場怎麼去布局，他在三燕遊刃有餘……

現在分家了，陳燕木不想也不會用三燕既有的通路，他覺得，既然三燕給大哥了，所有的包括品牌、通路，都是大哥的。而且，蕾絲和三燕的消費群體是不同的。當時三燕牌的床墊售價大概是一萬元左右一張，這個價位是中產家庭可以接受的，但蕾絲一張售價二萬元以上，是曲高和寡的中高階市場群體。

好產品賣不出去，普通產品熱銷，商戰詭譎風雲，不可測處，卻正是有趣處，蕾絲床墊挑戰了陳燕木的下半生。

分家的陳燕木剛安頓了兄弟分離的遺憾，又經歷事業開展的茫無頭緒，「當然會痛苦、會孤獨，甚至有時還會消沉，」多年後他回憶，不掩當時情緒。「一切都得重新開始，從頭開始拼搏事業。」

艱難，放棄嗎？不，不能。陳燕木沉思了，思緒回溯至一九八三年，他引進蕾絲的過程，體會出「痛苦並快樂著」的真諦。

不懂英文的「土包子」到美國

八十年代的台灣，經濟開始欣欣向榮，國外品牌如雨後春筍，紛紛冒出，提升台灣消費水平，其中最著名的是，引進麥當勞，台灣人看到了這個全球速食連鎖巨人，端出乾淨整潔的食物，在窗明几淨的店裡用餐，迫於競爭，台灣小吃店也紛紛開始整理環境，提供免洗碗筷（避免肝炎的傳染），提升台灣的飲食品質。同樣國外床墊進口，也開始改變台灣人的睡眠習慣，正如今天的中國大陸，跨國連鎖企業如麥當勞、肯德基改變中國人的飲食習慣。「美國蕾絲床墊也要改變國人的睡眠習慣」，陳燕木豪情萬丈。

正如一九八三年那個三十三歲的小伙子，獨自一人跨越太平洋來到美國，希望找到優良的美國床墊品牌來代理。

陳燕木的英文名字 **Jack**，是在大學時候取的。輔仁大學是一間天主教會學校，對外語尤其是英文非常重視，大一到大四，每學期都有英文課程。但是上課歸上課，很少出國門，在真實情境中練英文，陳燕木依然如土包子，帶著蹩腳的英文，來到了美國。

第一次到美國，陳燕木懵了。放眼都是講英文的金髮碧眼的人，聽不懂別人在說什麼，電話也不會打，路標也看不懂，只能一直呆在機場等當時在美國的親戚來接，當時通訊也沒有現在那麼便利，加之陳燕木沒有給親戚打電話，所以，直到兩三個小時過去後，陳燕木才等到親戚來接他。

接待陳燕木的二姐夫叫林邦彥，簡稱「PY」，是妻子黃小姐的二姐夫。早年在台灣的中華航空工作，中美斷交後，舉家移民到洛杉磯，從事國際貿易的事務，因此對美國比較熟悉。

陳燕木直接告訴姐夫，說「我們需要做一個國際床墊品牌，你幫我找找。」當時，林邦彥也不太懂要找誰，就帶著陳燕木到美國國際睡眠產品協會International Sleep Products Association（ISPA）的床墊展覽會，介紹當時知名的床墊商家，並全程做翻譯。

他們看到一些不錯的品牌，就去和對方談。陳燕木也漸漸能插進幾句英文，他得出經驗，「跟老外慢慢磨的時候，膽子就大了，英文也溜了。」

當時，陳燕木注意到一張床墊面布上有著兩條車線，後來才知道這就是著名的全球專利「中位護背線Marvelous Middle」。這一設計通過在床墊中央三分之一的位置提供比其他部位高出二十五％的支撐力，為使用者帶來了更好的睡眠體驗。對此深感認同的陳燕木毫不猶豫地與這家美國頂級床墊品牌——蕾絲床墊Restonic簽訂了亞太區授權總代理，並且這一合作長達二十年之久，開啟了陳氏家族與國際床墊企業合作的新篇章。

二〇一七年，陳燕木再次取得美國蕾絲在亞太地區的永久授權，標誌著雙方的合作關係進入了新的階段。運時通也成為美國蕾絲Restonic在全球的第一家永久授權公司。至今，這段合作關係已經將近半世紀，見證了雙方共同成長與發展的歷程。

到現在，陳燕木的英文算不上溜，但是他會用帶著濃厚台灣腔的英語，大膽和外國人交談，聽久了，自然對方就懂了，再加上後來全球化，企業不再只鍾情美國，也到世界各地找買主、賣主，每個人都不講正統英語，所以誰有膽說，誰就行。

美國蕾絲床墊總裁布雷夫婦訪台，參訪運時通集團。

看似土法煉鋼，但是台灣中小企業的國際化就是這樣練就的，當年很多中小企業主只有小學畢業（如王永慶）或高中畢業（如廖繼誠），就是操著台灣腔的英語，提著〇〇七手提箱，闖蕩世界各地：美國、歐洲，還有那時代的新起之星——中東，靠著機運，走著險路，握有幾張競爭優勢，成就了日後的企業大集團。

台灣經濟奇蹟就是靠著無數個陳燕木打造出來的。

第十三章

加點人情味談生意

分家後，陳燕木沒有通路了，也等於少了一隻手臂，獨臂戰士往往邂逅貴人。

「你目標清楚，世界每個人都會幫助你。」台北經營管理研究院院長陳明璋說。

在陳燕木看來，人的一生需要有很多的貴人，更要時時感恩這些貴人。做著美國蕾絲時，運時通也慢慢有了名氣，走上軌道。這時，陳燕木遇上了他奮鬥人生中很重要的一個貴人，香港歐化傢俬Ulferts的總經理凌明銳（Nicholas）。

歐化是香港知名的家具公司，專門從瑞典公司進口家具和床墊，凌總說一口流利的英文，國際貿易經驗也相當豐富。

運時通和歐化有合作，歐化從運時通購買床墊到香港銷售。凌明銳覺得運時通製造的床墊品質精良，隨著兩家企業合作，凌總和陳燕木有了私交。他將歐洲床墊資訊告訴陳燕木，陳燕木也樂意跟著他到處跑，「本來是美國土包子，現在成了歐洲土包子，跟著逛。」他調侃自己。

世界上三大家具展會，義大利米蘭家具展覽會Milan Fair、德國科隆國際家居展覽會IMM，以及美國高點國際家具博覽會High Point Show。義大利米蘭家具展覽會一向是全球家具流行趨勢的指南，德國科隆國際家具展覽會則是全球規模最大。

抵達歐洲，又是一次文化大震盪。當時歐元、歐洲聯盟還是很遙遠的名詞，每到一個國家就得換錢，「你身上帶的是各國鈔票，歐洲大陸是幾十個國家連在一起，過一個關卡，要換錢，要檢查。喝個水就要換鈔票，法郎換里拉，里拉又要換馬克，光換錢就搞死人了。」

人也分不出誰是哪個國家的，比如義大利人、英國人、法國人、德國人，有巨大差別，人家很容易能認得出來。但當時對已經眼花撩亂的燕木來說，外國人都長得一樣，搞錯了對方會很不高興。

不但人不一樣，歐洲很多人不講英語，對自己文化語言都有著傲慢，德國人不喜歡英國人，義大利人不喜歡法國人，法國人誰都不喜歡。

等到了家具展會現場的時候，乍看之下，只見數萬甚至數十萬平米的展會大廳，眼睛看到的是不認得的文字，耳裡聽到的也不是英文。偶爾有幾句英文，很多品牌都沒有在亞洲出現，只有靠凌明銳不時給陳燕木做些講解，幫他翻譯，才能夠了解國際品牌的歷史及精髓。

當介紹到德國美得麗Musterring的時候，商機來了，他們希望開拓亞洲市場，於是陳燕木簽下了運時通的第二個國外品牌。一九八八年運時通和德國Musterring簽定了亞洲授權代理。昔日貴人凌明銳已經是耄耋

德國美得麗Musterring簽約典禮。

之年，而陳燕木也過了古稀年紀。

Musterring創立於一九三八年，有近百年歷史，在東莞的運時通展館裡，陳列著美得麗三代掌門人的照片，誰說家族企業無法永續經營？

談生意總要來點人情味。在鋼筋水泥的城市中，商業世界似乎冷冰冰，數字和合約成了人們關注的焦點。人情味是一股潤物細無聲的力量，也是一股隱藏的暖流，然而在這繁忙的背後，默默地滋潤著每一份合作和每一次交易。

從兩隻狗牽成三代情

外表豪邁粗獷的陳燕木其實有著非常細膩的心，本來他和德國Musterring第二代董事長Bruno Höner的關係僅限於工作上，但是後來卻因為兩條博美狗，變成了好朋友。一九九二年Bruno Höner邀請陳燕木夫婦來到德國他家做客，這是給予最高重視的國際禮儀。

Höner夫人親自下廚，媳婦們幫忙當下手。Höner家讓陳燕木印象最深的是，一隻叫做Penny的博美狗，那條狗靈巧活潑，圍著陳燕木及黃喜貞打轉。

回到台灣，陳燕木和黃小姐也要養一條博美狗，取名時，陳燕木說，就叫Penny，於是德國有隻Penny，台灣也有一隻Penny了。

後來，德國Musterring董事長來到台北，陳燕木也是在家設宴招待。Bruno Höner看到陳燕木家也有一隻博美狗，甚至名字也是叫Penny，於是就問：「你們是不是故意叫Penny這個名字的？」

陳燕木解釋道：「我們沒有要攀關係，只覺得德國那隻狗的名字不錯，很可愛又好叫，我們的狗也這麼可愛。而且你的狗養得好，我們想跟你們學習。」

Bruno Höner覺得陳燕木一家很重情感，值得深交。他常常開玩笑：「我們跟你合作，不是錢的問題，是兩條狗的忠誠友誼。」自此，兩人的關係越來越好。

後來，德國的Penny，和台灣的Penny，兩隻狗互為結義，他們的照片由主人頻繁傳往於德國和台灣之間。多年來在運時通製作的美得麗型錄上，還有兩隻狗狗的照片。

美得麗Höner夫婦和可愛的博美狗Penny。

不只狗外交，也有車外交，人情味有各種方式表現。

德國Musterring總部公司有車，他們的車牌必有「ＭＭ」字號。陳燕木在代理了Musterring之後，專門買了一輛車牌帶有「ＭＭ」字號的車，希望德國總部的人到了台灣，也能有「賓至如歸」的感覺。陳燕木認為：商場也可以交到很好的朋友，並不是爾虞我詐，而是貴在真心。

現在美得麗Musterring是第三代在經營，由Bruno Höner的三個兒子在管理。當年陳燕木代理美得麗的時候，三個兒子僅二十歲多左右，Höner兄弟三人現在都五、六十幾歲了！維持了二代人的長期國際友誼關係。

二〇一三年一月，陳燕木帶著二兒子陳冠翰去參加美得麗Musterring七十五週年慶，而Bruno Höner的三兒子亞歷山大Alexander Höner也於兩個月之後來到中國東莞參加運時通的五十週年慶，友誼、夥伴、知己之情交織著三代。

困難是一塊頑石，對於弱者它是絆腳石，對於強者它是墊腳石。

第十四章

要讀書，就不能要派頭

冷戰結束，一九九一年十二月二十五日聖誕節，西方世界沉醉於歡樂中，戈巴契夫電告坐在壁爐邊與家人團聚的老布希，蘇聯正式走入歷史。廣場上印著鐮刀與鐵鎚的血色國旗，那面曾經讓世人顛沛流離，心驚膽跳的國旗，終於緩緩降下。冷戰結束，美國獨霸，世界一極化，造就了美國盛景，稱為「Pax America」，得自Pax Rome羅馬帝國，輝煌直到二〇〇八年金融海嘯。

台灣解除戒嚴，處處出現新商機，也震盪劇變，自己沒有路，就去找一條新的路。於是陳燕木投資了幾個小生意，最重要的是，覺得世界太震盪劇變。

他需要到一個能告訴他理論源頭、知識框架的地方，去潛心學習，找尋答案。他決定破釜沉舟，去正規的研究所讀ＭＢＡ，重新當一名學生，他就是如此不甘，做什麼都得徹底。這也促成他在六十八歲那年去清華大學與美國天普大學合辦的博士班，五年潛心學習，縱使時代淺薄、速成，但在知識汪洋裡，他寧可選擇潛水，要潛得深、安靜，才會有收穫；而不是騎乘水上摩托車，在知識的表層高速滑行。

台積電創辦人張忠謀也主張要有系統的吸收知識，他每天固定看書，看《華爾街日報》、聽古典音樂作為養生的基本動作，陳燕木則選擇重進研究所，作為系統吸收知識的方法。

重返校園念碩士

陳燕木於一九九三年，四十三歲考上了第九屆輔仁大學企業管理學研究所碩士班。這屆碩士班共有二十五名學生，其中按照常規考取碩士班的學生有二十名，十名文科畢業的，十名理科畢業的；像陳燕木這樣參加工作後再考研究所的在職研究生有五名，陳燕木是其中的老大——年齡最大，四十三歲，緊隨其後的是二哥黃培彥、三哥廖國興，以及四哥林嘉祥。

陳燕木讀研究所，不是想來玩玩，混個文憑就走人，而是想真正學習東西，研究所兩年半共修七十五個學分，是要認認真真，才能修完。

誰知道，在輔仁大學研究所開學第一天，陳燕木就出了件糗事。開學當天，他穿著整齊西裝，讓他公司的司機阿龍開賓士300載他到輔大上課。走進教室時，他赫然發現，大家都是穿著T-shirt跟布鞋，只有他一個人西裝筆挺，還拎著一個公事包，其他同學們還以為他就是上課的老師。

當老師進到教室，看到他這身打扮，馬上就叫他站起來，這時他的BB call響了，老師馬上向他問話：「你今天是來做什麼的？」

他回答道：「我是來上課的。」

老師拉下臉又問：「那你為什麼這樣子打扮？」

他說：「我在正式場合都是這樣穿的，以示尊重。」

老師又問，剛剛外面那輛賓士是不是他開來的。陳燕木只得承認。

「你這樣的穿著是什麼態度啊？有沒有搞清楚你是學生，是來學東西的。」老師大聲訓斥他一番：「開賓士是要來學校炫耀嗎？要來學習，就要有學生該有的態度。」

第一天就受挫，他事後檢討，校園追求的是知識，不是展示自己行頭的地方，不單很突兀，而且顯得有種格格不入的感覺。

做真正的研究生

此時陳燕木深刻體悟到學習態度的重要性：要學習，就要把舊思想丟掉，把西裝脫掉，穿上休閒服，就像把舊包袱丟掉，才能裝填新的知識。

當天課後，陳燕木跟來接他的司機阿龍溝通，請他不要來上班了。接著，請來一位台大化學系畢業的同班同學蔡兆哲，和他商量，住在阿木家中，供吃供住，唯一條件是上下學的時候，騎摩托車載他，當天陳燕木

輔仁大學管理學研究生的同班同學。

就去買輕便的 T-shirt、牛仔褲、布鞋，以及騎車時穿的雨衣，天天跟兆哲兩個人騎車上下課。把賓士停在家中，也放下大老闆身段，當一名真正的研究生。

腦力和體力的考驗

在輔大管研所的念書期間，陳燕木可以說沒有太多時間在管理運時通公司，陳燕木認為先進行自我充實，才最要緊。所以，他將公司的大部分事務授權給賴永祥副總經理處理。也由於他用心負責工廠運作及行銷事務，陳燕木才得以全身心投入念書。

輔仁大學企管碩一的時候，教學的內容都是基礎專業理論。居住在陳燕木家的蔡兆哲等於是他的學伴，每天都會跟陳燕木一起複習白天老師的授課內容。四十三歲的身體，腦力和體力畢竟不如以前。陳燕木在碩士班上的成績僅排在中後段。幸而到了碩二，教學的內容都是實務課程，經營過企業、管理過團隊的陳燕木，有著豐富的實際經營管理經驗。陳燕木華麗轉身，班上的成績排名也鯉躍龍門，跳到班級的中上段。

但碩二那年，他遭受大挫折，沒想到在「管理會計」被死當。管理會計是為強化企業內部經營管理，提高經濟效益，運用一系列專門的方式，藉以進行預測和決策，制定計劃。老師是台大商學博士吳桂燕教授，她以教學嚴謹著稱，每學年幾乎都會有同學被她當掉，同學封她為「玫瑰殺手」。

第一堂課，吳老師就說：「你們班上一共二十五個人，我現在就宣布，期末成績低於七十分不及格的，我要當掉三個人，小心不要成為最後三名，請大家認真學習。」「玫瑰殺手」的放話讓班級緊張了起來。整個學期，大家都拼命避免成為倒數三名，陳燕木也一直保持在大概倒數第十名。到了學期末，成績公布了。陳燕木這科只得了六十八分，排在班裡倒數第五位。吳老師毫不猶豫地當掉了五個不及格的學生，包括陳燕木。對此陳燕木相當不服氣，認為老師說話不算話，明明說了只當掉三名的，為什麼要當掉五名呢？

倒數第四位是廖國興，也是在職生。陳燕木約他一起去找吳老師理論。「老師，您不是說只當掉三人嗎？我六十八分啊，廖國興六十五分，我們只是排倒數第四、第五，老師為什麼把我們兩個也當掉？」陳燕木據理力爭道。

「那是因為你們品質水準不夠啊！」吳老師解釋道。

考試一共十道題，每題十分，滿分一〇〇分。陳燕木有一道題明明答案正確，卻一分沒得。

「這一題，老師，我的答案是對的，只是演算過程不周全，您只要給我兩分，我就得到七十分及格了，怎麼一分都不給我呢？」

「你的計算公式步驟不夠完整，少了幾步，我怎麼知道你的答案，是不是抄同學的？研究生就是要高標準細部到位！」

「老師，您不能說話不算話呀！」

「我是老師，我說的算！」吳老師斬釘截鐵地回答。

陳燕木和廖國興也只能悻悻然走出老師辦公室。於是，陳燕木私下向指導教授管理學院吳秉恩院長抱怨這件事。被當掉就要重修，可能延遲半年畢業。

吳秉恩回答陳燕木說，他可以去找吳老師溝通，吳老師說不定會同意，讓兩位學生過關，但陳燕木會留下一個靠關係畢業的汙點。

陳燕木回去想了兩天，選擇了不靠關係，因為要是吳秉恩院長被拒絕的話，是一件多不光彩的事，而且背負一個龐大的人情。盡管當時碩士論文已經完成，但他仍在企管碩士班三年級上學期時，與學弟妹們一起上課，專修了這門管理決策會計課程。最後終於熟練通透，以九十分的高分通過。因此，他花了兩年半的時間來念碩士班。

吳秉恩教授三十餘年後，仍然非常欣賞這位子弟兵，以四句話描述陳燕木的生平：「貧賤不移志未屈，少壯努力苦不拘；奮發踔勵日繼夜，發善施仁心不虛。」

他很感謝吳桂燕老師那時把他當掉，如果沒有當掉他，他可能到現在都對財務報表的數字迷迷糊糊。現在他對管理各個細節有著敏銳洞察力，以及他在公司內，也對員工們要求做事情「細部到位五米深」，無論是高階主管或是一名小小的職員。

第十五章

戴孝寫碩士論文

在陳燕木全心念書、給自己充電的時候，父親陳炎樹不幸逝世，猶如晴天霹靂。「我爸爸逝去的時間，是一九九五年四月二十二日上午十點零六分，享年七十歲。」那一刻，直到現在，仍然深深地刻在他腦海中。失去父親，不管年齡多大，社會地位高低，都有如心裡一角已經空缺，再也無法彌補。

父親逝世，無盡追思

前總統蔣經國在父親蔣介石一九七五年過世時，在慈湖守靈一月，著有〈守父靈一月記〉。裡面感人最深的一段，在蔣介石過世後五天，慈湖的陵寢上飛來一隻孤雁。此後一星期之久，那隻孤雁常常來訪，似乎安慰著蔣經國，直到有天不見了，他形容自己猶如孤雁，心中悵然不已。陳燕木的哀痛，也不下於任何人，身著孝服，重重地跪在父親的靈前，通紅的眼睛裡，有著對父親最深的思念。

也許在颱風洪水後，或是自語，或是問兒子陳燕木「他是不是不夠努力」的那個有些悲哀卻不曾絕望的背影；也許是頂著轟天的爆破聲，冒著面臨失聰的危險，想讓妻兒過得好一些的挺拔的身姿；或許是在六旬年紀，幫兒子們給客戶們送床墊時的樂呵、和兒子一起研發床墊彈簧時的一絲不苟；在為父親陳炎樹守靈的三個月，陳燕木覺得是和父親最心貼著心的時間。

編寫族譜，追本溯源

父親陳炎樹曾有一個願望，就是要寫一本陳氏族譜，以表對家族的一種責任和奉獻的觀念。然而直到他逝世，這個願望一直沒有得到實現。

十六年後二〇一一年的清明節，陳燕木決定，幫父親陳炎樹完成這個遺願，將陳氏家譜編寫好。經過多方走動、配合，還動員兄弟姐妹及其子女的力量，傾全力蒐集祖先的資料，這本圖文並茂，共印刷三五〇冊，上溯陳氏歷代祖先，還附上英文的《陳氏家譜》，終於在二〇一二年四月的清明節前順利完成。陳燕木一方面還了父親的遺願，另一方面在家譜的「編輯委員會」的發行人中也寫上了五個兄弟姐妹的姓名，以表達後輩對陳氏祖先的共同敬仰和微薄之力。大家雖然花了很多時間，但是都覺得非常值得。陳燕木說：「上溯祖先，讓他們覺得有根，有歸屬感，知道從何來，就知道往何處去。」

「陳氏天下，用心思源」是陳氏族譜的精神。「順愛新勤」是陳氏家族譜的家訓。編這本家譜，也讓陳氏家族成員感受到台灣精神。中國人重土安居，當初飄洋過海，不畏艱險，來台灣的人，就是尋求一個更美好的社會，這種心態深深影響台灣人。

父親逝世的時候，陳燕木還沒有寫完碩士論文。陳燕木一邊給父親守靈，一邊趕寫收拾畢業論文。當時習俗，親人過世的話，三個月要安置在家裡，於是，陳燕木就在晚上陪父親的時間，將碩士畢業論文完稿。

陳燕木忙於論文寫作時，心中對兩個兒子很有愧疚之情，但仍不忘鼓勵他們努力學習，於是在論文中寫道，「冠宇在作文上的一句話：『沒有滴下眉毛上的汗水，怎能含淚收穫』，咱們共勉之」。他也寫信給已經長大的冠宇（十六歲）和冠翰（十四歲），因管研所功課繁重，很少幫他們看功課，更很少帶他們旅遊，深感父親的歉意。

陳燕木達成父親遺願所編纂的《陳氏家族族譜》。

碩士論文獲獎，學有所成

這篇論文，題目為《組織內部利潤分享，外部資源分享與企業成長關係之研究——以人本網路觀點分析》，一九九五年，獲得優等論文獎，是中華民國管理科學學會「TOP 10」的最高榮譽。當年，共有二二六篇論文參加比賽，獲獎論文共四十篇。這篇論文，在人力資源及組織行為管理方面，獲得優勝獎，由中華民國管理科學學會理事長王建煊，頒發管科獎字第八四〇一四〇號證書，這是全台灣的管理碩士論文跨校比賽，當年輔仁大學的優勝獎只有陳燕木一人獨得，並且還獲得了三萬元獎學金。後來，陳燕木將這筆獎學金捐贈給學弟學妹們，作為勉勵。

論文得獎，不僅表示陳燕木已將所學的企管專業知識學通了，日後還成為了他的企業文化來源。

碩士論文光榮獲獎，與太太喜貞分享成果。

八十四年度全國管理碩士論文獎暨研討會得獎名單表

類別	獎別	得獎人	學校名稱	所別	指導教授	類別	獎別	得獎人	學校名稱	所別	指導教授
一般管理	優勝	羅國宏	中山大學	資管所	梁定澎	財務管理	佳作	王基昂	中興大學	企研所	劉維琪
	優勝	簡佩萍	政治大學	企研所	吳思華		佳作	游淑華	成功大學	會研所	李宏志
	優勝	夏其珂	政治大學	企研所	于卓民		佳作	張淑萍	台灣大學	商研所	李賢源
	佳作	邱雅萍	大同工學院	事經所	張延輝		佳作	李志偉	台灣大學	商研所	郭震坤
	佳作	江昭宋	元智工學院	管研所	尤克強		佳作	張錦榮	輔仁大學	管研所	顏錫銘
	佳作	游嘉鵑	中山大學	資管所	梁定澎 陳勁甫	人力資源與組織行爲管理	優勝	賴國茂	中正大學	企研所	徐聯恩
	佳作	皮世明	中央大學	資管所	林子銘		優勝	陳燕木	輔仁大學	管研所	吳秉恩
	佳作	陳信達	中正大學	企研所	徐聯恩		佳作	葉育堅	中山大學	企研所	葉匡時
	佳作	侯勝宗	政治大學	企研所	吳思華		佳作	王文泰	中央大學	資管所	范錚強
	佳作	陳素慧	政治大學	企研所	于卓民		佳作	何文魁	中央大學	企研所	林月雲
	佳作	林永富	雲林技術學院	企研所	方世榮		佳作	吳俊緯	東海大學	企研所	張火燦
	佳作	呂寶慶	雲林技術學院	企研所	陳志遠		佳作	胡安華	交通大學	工工所	唐麗英
行銷管理	優勝	邵明涵	大同工學院	事經所	潘明全	生產作業與研究發展管理	優勝	劉宗明	交通大學	工工所	唐麗英 李威儀
	佳作	向淑暖	大同工學院	事經所	潘明全		佳作	林明郎	元智工學院	管研所	湯玲郎
	佳作	黄國華	中央大學	資管所	范錚強 林建煌		佳作	周繼文	交通大學	工工所	唐麗英
	佳作	石文仁	中央大學	企研所	林建煌		佳作	陳穎川	成功大學	工管所	王泰裕
	佳作	林俊毅	中原大學	企研所	林建煌		佳作	劉定衢	靜宜大學	管科所	林文源
	佳作	李達章	高雄工學院	管科所	徐村和 張炳騰	非營利機構管理	優勝	丘金勝	國防管理學院	資管所	鍾克雄
財務管理	優勝	傳英芬	政治大學	財金所	林炯垚		佳作	高淑鑾	中興大學	公策所	葉堂宇
	優勝	薛如琪	台灣大學	國研所	郭震坤		佳作	陳進誠	國防管理學院	資管所	藍筱蘋

資料來源：中華民國管理科學學會・會務簡訊・第廿二卷第四期。

八十四年度各校暨各類別管理碩士論文發表篇數統計表（學校依筆劃順序）

學校＼類別	一般管理	行銷管理	財務管理	人力資源與組織行為管理	生產作業與研究發展管理	非營利機構管理	總計
大同工學院	2	2	0	2	3	0	9
大葉工學院	5	2	2	2	1	0	12
中山大學	8	1	2	3	0	2	10
中正大學	1	2	2	3	2	0	10
中央大學	3	10	2	4	1	0	20
中原大學	3	1	0	0	0	0	4
中興大學	1	1	3	0	0	1	6
文化大學	6	5	3	6	0	1	21
元智工學院	8	2	2	0	1	0	13
台灣大學	3	0	5	2	0	0	10
台灣工業技術學院	1	3	3	0	2	0	9
成功大學	2	1	4	0	1	1	9
交通大學	0	0	0	3	5	0	8
東海大學	1	1	1	4	0	0	7
政治大學	10	2	2	0	1	1	16
高雄工學院	2	1	3	3	5	1	15
海洋大學	0	0	0	1	0	0	1
淡江大學	0	0	0	1	0	0	1
雲林技術學院	3	0	2	0	0	0	5
國防管理學院	4	0	0	0	2	8	14
輔仁大學	5	0	1	5	0	0	11
銘傳管理學院	1	2	0	0	1	0	4
靜宜大學	0	1	1	1	1	1	5
總計	69	37	38	40	26	16	226

資料來源：中華民國管理科學學會・會務簡訊・第廿二卷第四期。

八十四年度全國管理碩士論文各類別優勝獎佳作獎分配表

獎別＼類別	一般管理	行銷管理	財務管理	人力資源與組織行為管理	生產作業與研究發展管理	非營利機構管理	總計
論文發表篇數	69	37	38	40	26	16	226
初選入圍篇數	12	6	7	7	5	3	40
初選佳作篇數	佳 9	佳 5	佳 5	佳 5	佳 4	佳 2	佳 30
決選優勝篇數	優 3	優 1	優 2	優 2	優 1	優 1	優 10

資料來源：中華民國管理科學學會・會務簡訊・第廿二卷第四期。

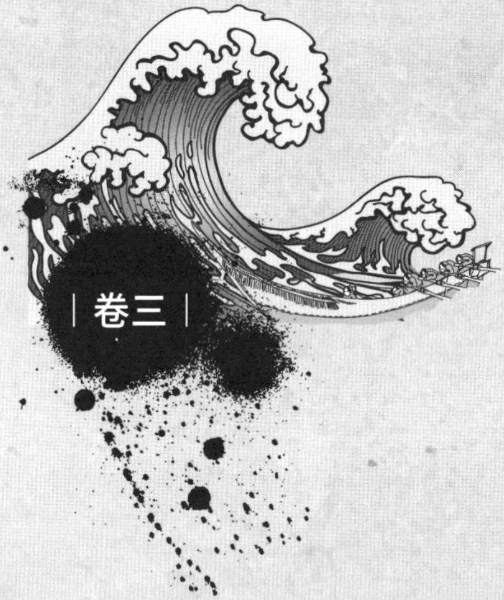

渡海神州

Crossing the Strait: Into China

第十六章

TO GO OR NOT TO GO

成功者面目各有不同。但絕大部分敢於面對挑戰，不願為既有條件所困。

一九九〇年代初期，台灣傳統產業面臨重大危機，土地價格飆漲，新台幣對美金從四十比一升值成二十四比一，升值幅度四十％，等於報價就貴了四十％。那時，還沒有工廠作業標準的5S或6S，流程管理等，如果有，台灣老闆一定會去學。

當然也可以有限地降低成本，最難的是，經過台灣經濟狂飆後，幾乎沒有人再願意進工廠生產線。進去後，也很難安於其位，遇到要加班，一位企業家回憶，幾乎要下跪，員工都不要加班。

此時的中國大陸正在迅速崛起，尤其在鄧小平一九九二年的南巡談話後，確立市場經濟，他直白地說每個人都懂的語言，「革命是解放生產力，改革也是解放生產力，改革開放膽子要大一些，敢於試驗，不能像小腳女人一樣。」看準了的，就大膽地試，大膽地闖。深圳的重要經驗就是敢闖。沒有一點闖的精神，沒有一點冒的精神，沒有一股氣呀、勁呀，就走不出一條好路，走不出一條新路。

中國這艘大船轉向，顯示人類的創造力往往在盡頭一躍而出。

李登輝縱使宣布戒急用忍（企業不要一窩蜂去大陸），南進政策（鼓勵企業投資東南亞），但都不如西進對企業的吸引力。台灣企業加大、加廣、加深投資中國大陸力道，統一集團開始在每個省都至少設個廠，甚至在新疆，因為新疆盛產番茄。台塑、南亞因為是台灣政府關注特有產業，投資動見觀瞻，只有分散投資，化為一百多家小公司投資，同樣地，鴻海董事長郭台銘從蛇口上岸，到深圳投資，他在一片光溜溜的水泥地，電燈時滅時亮，對著最先招到的六百名工人說，「我要把這裡建成世界最大工廠。」底下響起了一陣笑聲，覺得這個從台灣來的老闆很愛、也很會吹牛。

在中國投資，已是擋不住的趨勢。

抉擇的岔路口

陳燕木完成了碩士學業，看著來來往往的台商，站在未來的岔路口，心中波濤不止。留在台灣，繼續發展床墊業，但市場狹小，勢必影響哥哥弟弟的生意。他精明善變，若選擇大陸內銷，定能在當時已漸蓬勃的中國大陸消費市場中有番作為。

母親年紀大了，父親剛過世，他希望能夠晨昏定省，陪伴母親左右。兩個兒子正值高中就學階段，急需父親的教誨和關愛。在哲學家佛洛姆書中所言，母親供給的愛是溫暖，不求回饋的，但是帶著孩子認識世界——思想、法律、旅行、冒險，卻是父親。

另一方面，大陸面積、人口，比台灣大，機會無垠無邊界，風華正茂的他，何不再闖番事業，畢竟他才四十六歲。俗話說「男人四十歲時是精品」，這個精品應該發揮些作用。

TO GO OR NOT TO GO，如莎士比亞筆下的丹麥王子哈姆雷特所號啕的 TO BE OR NOT TO BE，他在熟悉的溫暖與未知的冒險之間反復掙扎，內心的天秤無數次地傾斜又恢復，夫人黃喜貞起初也有猶豫，但是後來終於同意了，幫他盡孝道，母代父職，輔導並管教兩個兒子。

「我很感謝太太，她讓我飛。愛人不要把人掐死，應該各留空間，這也是我一向想要宣揚的哲學：『七分飽，八分醉，九分愛，就十分完美』。」意思是凡事不要都做滿。

於是他向西走，踏上征途。

問起，當時是否會怕失敗，淪為「台流」（因為做生意失敗，又不願意回台灣，只有在大陸流浪），「怎麼可能？去做，就不會成為台流。」他斬釘截鐵地說。

第十七章

出去是找死，不出去是等死

「出去是找死，不出去是等死。」一從台灣一九八〇年代末期，企業界就悄悄響起耳語，政府三令五申，不鼓勵、不干預去中國大陸投資，但是兩頭比較，大陸實在有利太多了。陳燕木加入了「找死」的大軍。

在啟德機場降落，到東莞的巴士很簡陋，道路更簡陋，顛顛簸簸，總算到了，但是他已破釜沉舟，再回頭已是百年身了。

到了大陸，他拼搏更甚往日，第一就是選擇與人合資、或獨資，在大陸成功的台商都是獨資，與人合資，不管台灣人大陸人，民營或國營都不好，合夥人學會了，很快就會被吃掉了。

接著選地點，最重要必須有產業聚落，別看一個小小床墊，卻也要上百個零件，東莞和順德都有家具產業聚落，上下游供應鏈體系完整。

　　東莞是陳燕木的選擇，因為台商多，人面熟。東莞在台灣形象不太好，似乎總被描繪成充滿色情，台商動輒被殺害，街上有小偷、扒手、搶劫叢生。一方面的確如此，但東莞面積如北台灣，人口八二五萬，二四六五平方公里，是台灣的十二分之一，人口是廣東省僅次於深圳及廣州的城市。難免良莠不齊，的確要注意安全。

　　陳燕木將工廠選在東莞市大嶺山鎮，群山環繞，是家具業的群聚地。陳燕木代理國外品牌，多年努力，闖出一片天，大嶺山鎮在家具界的聲譽日益提升。中國家具協會又授予大嶺山鎮「中國家具出口第一鎮 The No.1 Furniture Export Town in China」的稱號。

　　平地高樓起，當然困難，一磚一瓦建立成今天的局面，陳燕木認為，經營任何事業都不要急功近利，尤其

運時通家具集團東莞總廠。

中小企業融資不易，更要小心謹慎，陳燕木說「我有一筆錢，我往往要想，先求投資住房，還是先投資工廠？」

他將王永慶的勤勞樸實，發揮得淋漓盡致。例如運時通廠房，後半部先蓋好，可以生產，三年後，才開始蓋前面總部展廳、行政中心等等。

從無到有步步深耕

「剛開始我連車都沒有，參加同業聚會時，我坐摩托車去，兩元人民幣在聚會場所附近就下車，別人問我怎麼來的，我說司機送我到附近，走時同樣是這樣，我跟別人說，司機先去接人，他在街口等我，我的司機就是摩托車司機。」他回憶著。

他是有車，是工廠的豐田客貨兩用車，是供業務拜訪客戶、看廠房、辦手續、載原料、送成品用的，後來開了八十幾萬公里才報廢的白色九人座客貨兩用車。

每兩個星期，他回台灣，看準星期五晚上七點從東莞開的大巴，到深圳羅湖通關後，他捨不得三十塊港幣從新界坐到啟德機場，算準時間搭四十九路公車到啟德機場（當時赤鱲角機場還在興建中），可以趕上從香港飛往台灣的晚班機，深夜一點到台灣，回家兩點多，等洗漱完畢上床睡覺已經是凌晨三點。

第二天一早他又出現在台灣五股的公司裡，精氣抖擻處理事情，叮囑員工，規劃制度。顯然，他不僅要省錢，也要省時間，時間不能奢侈地用。

即使是十多年前，他與夫人黃喜貞及兒子，還是住在工廠宿舍。兩個房間，一間做客廳，一間做寢室，常駐大陸的小兒子冠翰住另外一間，大兒子冠宇擔任國際事業部經理，但到大陸出差仍然與員工一樣住在宿舍裡。

住的簡單，吃的更簡單，除了應酬外，他們都是在員工餐廳吃飯。阿姨做什麼，他們就吃什麼，頂多因為公事耽擱了，就加個炒蛋之類。

剛開始，原料缺乏，客戶缺乏，員工不能懂得台灣雇主的殷切之心。例如床墊的心臟是彈簧，而運時通的床墊，特色就是他們獨家研發出來的彈簧，而這種彈簧必須用高級鋼線做成，但當時不論是貴州鋼廠，還是湘潭鋼廠都製造不出這種鋼材，只有從台灣中鋼進口，成本就增加三十%。

當然陳燕木也可選擇用次等鋼線，做出來的品質與中國大陸相似，「但是我們既已開始做歐美式的床墊，就不應該為了找不到原料而放棄。」他下定決心，堅持品質絕不妥協的信念。

機器也是從台灣運來，有故障，本地師傅不能修，等台灣的技師來，縱使本地師傅會修，但是找不到零件，也得等，生產線空置在那裡。

克服萬難不輕言放棄

那時運時通處處困難，內銷市場還沒有布局，外銷市場也只有香港歐化及日本市場，他不願意將運時通淪為代工廠，對這個正在學步的稚童，他有著無限的期待。

但找來的員工，必須派上用場，才能對得起付出的薪水。初期老闆做講師，講授大量課程，因此很多老員工還記得他們常常在職訓練。注重員工學習的陳燕木，認為不管學什麼都會對員工有利，從生產線配置、領導及現場管理實務皆須專心投入。

另外因為沒有足夠的工作做，員工只有拔草、整理環境，那時運時通的草坪真漂亮。工廠還養著馬，兩匹從香港賽馬場退役的馬兒在草坪上悠閒踱步，這在不少台商中頗有名氣。還有帶領員工跑步，在大嶺山周圍跑，周圍有很多工廠，裡面有女作業員，從亞美磁帶廠宿舍樓上看到這群雄赳赳氣昂昂的團隊，女生記下屬意的人選在第幾排，左邊、右邊，然後問工廠警衛那人的姓名，再遞一張條子，闡明想要彼此認識之意，這樣竟也造就幾對姻緣。

一度，最困難時，他有關廠，不如歸去之感，畢竟回台灣還是會有發展。媽媽、妻子、兒子，在夜晚一烱孤燈下，尤其是他心頭的最念，《詩經》裡的「蒹葭蒼蒼，白露為霜。所謂伊人，在水一方。」所說的，不止指愛人而已。

一日，東莞下著濛濛細雨，陳燕木如往常繞著工廠慢跑，遇到當時的警衛隊長，隊長興沖沖地喊著「董事長好，加油！」他看到廠裡的工人，辦公室裡的行政人員，經理也在孜孜不倦，各守崗位。「不行，」他暗自決定，「有那麼多人靠運時通的工作生活，還有他們的家屬，我如何能一走了之？」

眼中有光，心中有愛，對事業就會永遠熱辣滾燙。

第十八章

說Yes比說No容易得多

筆者遠在一九九六年為寫一書訪問張忠謀時，印象最深的一句話是「說Yes比說NO，容易很多」。這是在台積電走上繁榮之路時，各產業專家、老闆都邀請台積電去投資，而且那時流行多角化，讓企業互補，產生綜效，張忠謀一律說不，守著他的晶圓代工。

陳燕木是追隨者之一。

這些年陳燕木專注而不分散，把時間、金錢、精力都重重壓注在床墊業上，不左顧右盼，投身其他行業，在九〇年代，很多台灣企業一窩蜂鑽入高科技、資訊業，但是他守著他的低科技，仍然孜孜矻矻做著大大小小的床墊，大大小小的桌子、椅子，看似瑣碎，他做得起勁，「我不懂的，也不會投資」，陳燕木直言不諱。

要說Yes容易，NO卻困難。人情、成就感、好奇、引誘到處都讓他們難以說「NO」。

陳燕木始終守著他的床墊，守著他的連鎖店，守著他的東莞工廠。哈佛商業評論說，企業不要急著搶進新興的熱門產業，而應該把焦點放在自己的核心強項上，在此領域成為不敗的贏家。

做精做專、做穩做賺

哈佛企管作者伊萬．赫什分析了美國世界六十五種產業的六一三八家公司，從二〇〇一到二〇一一年代業績排在所屬產業前面的四分之一的公司報酬率，每個產業至少有一家股東報酬率達到十七％，有的產業還有幾家。這就表示，沒有夕陽產業或朝陽產業，每個行業都有明星，這些企業的領導人根本不必去別的地方找生意。「另一邊的草不一定比較綠，」他斬釘截鐵，「冒進不如精進」。

他也不希望擴張太快，「這是個小店」。他常常跟部屬說，提醒他們要有危機意識。小就是美，大就是美，都不對，賺錢的企業才是美，穩健的成長才是美。他侃侃而談，「過去，做大、做強；現在，做精、做專；未來，做穩、做賺。」

過去，台灣的床墊製作主要依靠手工。陳燕木率先從瑞士Spühl引進了520 Plus Foam的瑞士泡沫床墊設備。通過將床墊的邊緣灌入模具中，製成的床墊不僅擁有可折疊的特性，還具備出色的彈性，這一創新在當時是前所未有的突破。

陳燕木的第二項發明是「整台彈簧熱處理反應爐Total Heat Treatment」。該技術將連接線Helical Wire、框邊線Border Wire和彈簧粒Coil整體進行長達一小時的二八五度熱處理，從而實現專業化和精細化生產，正是「做專」的體現。此後，中國大陸許多床墊廠家紛紛效仿這一創新做法，運時通不愧為床墊業的黃埔軍校。

以鐵路彈簧為靈感，陳燕木又創新設計了「簧中簧Coil in Coil」雙層彈簧結構——外徑和內徑兩層彈簧結合，包括回彈力、支撐性、透氣性都比同業好。陳燕木主張把產品「做精」，回頭客越來越

運時通床墊的核心在於彈簧。

多，口碑相傳，也讓他們贏得了更多的市場認可，自然也就「做賺」了。

優質的產品不僅讓經銷商滿意，也讓工廠獲得回報，顧客滿意度高，三贏才是真正的「做賺」。

開闢一條適合自己的路

很多人都以他為師，東莞市台商協會會長——驊國電子董事長陳宏欽，剛忙完了人工智能的建置，趕來接受訪問，他來東莞投資，時間和陳燕木差不多，但「木哥在商場比我資深很多，他各方面都可以教我，而他也願意教。」他說：「我還沒就任前，就告訴我做會長的眉眉角角。」

和他同時間創業的另一家具大老，台升國際家具集團董事長郭山輝，大陸台企聯榮譽總會長說，佩服陳燕木的鬥志、精力、對事業和對同業協會都是赴湯蹈火，在所不辭。

這樣的人也許有，但是他千辛萬苦，到六十八歲，還去讀個博士，在商界就應該是鳳毛麟角了。

雖然早期就踏入商界，但他更有自知之明，覺得自己適合帶精兵，陳燕木說道：「帶幾千名海軍陸戰隊，迅速攻城掠地，我在行，但是要指揮大軍，十萬、百萬人，橫掃歐亞，打世界大戰，我不在行。」

他不能做郭台銘，富士康在深圳龍華園區二十五萬人，處處就要表現出富士康的獨門絕活，例如每天解決食和行就得想出很多創新辦法。富士康每天要宰兩百多頭豬，殺幾萬隻雞，煮四十噸米，備置三十萬顆以上的雞蛋（早餐每個員工一定有顆蛋），能夠找到這麼多食材，已經不容易了。

富士康要保證二十五萬員工兩小時內準時吃到飯。興建了全中國最大的中央廚房，切菜、洗菜都自動化，也有米飯、麵條等多條生產線，自動化烹煮設備，前面是雞肉，出來後，就已成為炸雞，前面還是生魚片，後面已經變成炸魚了。

第十九章 大將求去時

生意漸上軌道，擴廠、找人、建新廠，但花無百日紅，人無千日好，就在百花洞新廠即將完工之際，陳燕木在大陸最好的得力助手陳副總經理，請辭要到外面自己開廠，並帶走了運時通集團中層幹部以及技術人員共計逾四十人！「我請他們等蓋廠之後再走，他們都不願意。」陳燕木回憶。

對陳燕木來說，這簡直是晴天霹靂，陳燕木授權徹底，那位台灣來的陳副總就等於運時通在中國的最高指揮官，他也姓陳，很多人都以為他是老闆，陳副總是「三燕牌」床墊廠還在發展、運時通還沒有創立的時候，就已經跟著陳燕木，甚至連找妻子都是工廠的員工。從一個基層幹部做起，一路升到廠長、副總。出於對陳副總的信任以及能力的肯定，陳燕木將其派到東莞運時通作為最高領導者，自己則每個月到東莞運時通看下情況，每次大概會停留一個星期。

漸漸地，權力全權下放給下屬的弊端開始顯現。大陸家具行業的大多數人以為運時通的老闆是陳副總，甚至員工也以為他是老闆，不管是在公司內外開會的時候，大家都尊稱他為陳老闆，陳副總也沒有否認。一些了解實情的中國朋友，有點打抱不平地問陳燕木：「陳會長，你怎麼這麼搞？大家都有正副主管的組織架構，你怎麼只有一個正官而已？」

陳燕木當時還沒有覺得這是一個大問題，甚至幫陳副總解釋說：「我們台灣人就死心塌地一個官。」

「這怎麼行？！你被賣了你都不知道！」

陳燕木一笑置之。

但很快，陳燕木笑不出來了。

在孤島上力挽狂瀾

二〇〇〇年，陳副總請辭。陳副總羽翼已豐，他手下有幾個台灣人和香港人，都是業務和財務部門的骨幹。

陳燕木非常震驚，因為陳副總已經跟了他十六年。他曾一度以為會和陳副總繼續打拼事業。他開口挽留陳副總，甚至只請求他「先不要離開那麼快」，畢竟，當時陳燕木沒有怎麼插手管理東莞運時通。但是陳副總拒絕了，迅速在東莞牛山建廠開工，同樣是床墊廠。運時通可說是遇到了建廠以來最大的危機，這也是陳燕木創業以來的最大打擊：「很多事情變得很突然，就好像一個椅子三隻腳，業務、生產、財務都斷掉了。最重要的生產、業務、財務三角的人都被抽走，你要如何馬上讓人來銜接運營管理？」

剛上大學的陳冠翰，也不知道如何幫助父親，陳燕木覺得自己立於孤島，所有的事情都脫離了軌道。在公司處理事情，「回來也常常和我媽媽吵架，他印堂發黑，看起來很累，沒有活力，沒有生氣，我就不敢講話，」陳冠翰說：「本來在客廳看電視，看到他回來，就趕快回房間。因為不想再打擾他，更怕說錯話。」

陳副總連運時通原本的客戶一併挖走。其生產的產品九成，類似運時通，但價格比運時通便宜三成。因此，有些客戶就這樣被陳副總挖走了。

「但是，最後，他熬過來了。」陳冠翰為父親感到驕傲。

陳燕木下定決心，將工作重心從台灣移到大陸東莞。很快地，人生伴侶黃喜貞也跟著過來陪伴他。自此，燕木和喜貞長期定居東莞，以廠為家；大兒子、小兒子研究所畢業後，也相繼來東莞運時通「練兵」，慢慢地開始獨當一面。

組織調整，低谷重生

這件事情，也讓陳燕木開始意識到每個位置應該有「正副主管（AB制）」，為了不讓幹部拿翹，每個位置都有另一人可以取代，「我睡覺很安心，哪怕明天豬羊變色了，也不會有問題的。」

但是更多時候，他在自省，有天他翻到自己的碩士論文是有關人力資源與組織行為管理的研究。危機就是轉機，他氣得敲起自己頭來，這篇碩士論文，人家說，有博士論文的水準，但是他沒有好好實踐，頭號幹部才會出走。

陳燕木不能理解，他給了高階主管豐厚待遇，充分授權，為什麼高階主管還要冒險去當老闆。接著他醒悟了，套用馬斯洛需求理論，當一切生理需求滿足後，最後剩下的是追求自我實現。對有些人來說，做老闆就是自我實現，何況中國人講究寧為雞首，不為牛後，他們不喜歡被管，所以他要「創造很多小老闆。」

從那以後，陳燕木致力於建立直營店制度，直營店與經銷商同時並行，運時通資深員工經過嚴格考核後，可以派出去開店，而且給予優惠條件，「七三股、五五分」之分享激勵制度，即公司出七十%股份，幹部出三十%，但是年終利潤，公司與個人各半分，等於公司犧牲二十%的利潤，而且直營店總經理還可以支薪。「他們在外，就是諸侯，負責開疆闢土，也要守住既得領域，大事才向總公司報告，平常不必報告，可以滿足他們做老闆的成就感。」

後來他的直營店，遍布中國各大城市，像廣州、北京、上海、西安、深圳都設有直營店。他也學到教訓，就是公司裡沒有人是不可以取代的，直到現在，運時通每個部門都有正、副主管，可以互相遞補，還可以互相監督，不怕主管拿翹。保持企業的正常企運作，不因人事的變動造成企業經營的危機。

第二十章

不怕輸，才會贏

開直營店的想法，來自陳燕木對昔日最信任的高階主管求去，而且帶走很多部屬，他警覺到開直營店是留住資深員工的方法之一。

這也是雙贏做法，運時通可以賺兩道錢，一是工廠生產賣到直營店，二是直營店賣給終端顧客，總部也完全信任直營店，直營店報多少營業額和利潤，總部都相信，他們等於是為運時通開疆闢土的大將軍，將在外，軍命有所不受。

失敗經驗的啟發

運時通的直營店採用「七三股、五五分」的機制。即公司持有七十%的股份，幹部持有三十%的股份，但年終利潤則是公司和個人各占一半。這意味著公司實際上讓出了二十％的利潤，此外，直營店的總經理還能領取薪資。

起初，總部給予完全的信任，認為既然選擇了他們，就應該充分信任。然而，隨著時間的推移，運時通總部發現許多直營店出現了虧損或盈利微薄的情況，這與當時中國大陸家具市場的火熱形成了鮮明對比。明明市場一片繁榮，為何財務報表給公司的卻是虧損？經過深入調查後，總部發現了一些直營店在暗中賺取高額利潤，但由於當時沒有實現會計作業軟體資訊ＰＯＳ系統連線，導致各直營店向總部上報的營業額並不真實。更甚的是，這些直營店的老闆私下從經銷商處進貨，並給予經銷商五％的利潤分成，卻依然享受著公司的資源支持。幾年後，運時通調整了策略，決定不再設立直營店。

這也表示人非萬能，老闆也有失策的時候。率領百萬大軍，橫掃世界代工版圖的郭台銘曾說：所謂失敗是成功之母，沒有連續而且重大的失敗就成功，必然是曇花一現，是偶然的。

另幾次失敗的事件，陳燕木也從其中得到教訓。

每一個決斷都不簡單

二〇〇〇年左右，中國家具業大發，國外買主前攜後擁來中國訂貨，原來做床墊的陳燕木也認為應該青睞家具製造，剛開始生意還好，但是太多人投資，市場供過於求，又因為負責人長於製造，短於行銷，因此打不開市場，產量始終達不到規模，陳燕木當時任台灣區家具公會理事長，礙於面子，也不想關閉家具生產線，一直延宕下去，虧損不少。

直到陳冠宇上任總經理後，評估再三，跟爸爸說：「老爸，不賺錢，一直拗下去，沒意思。」父子倆下定決心，關閉家具生產線，才一勞永逸。

談起這個木製臥房家具生產線業務，他認為自己最大的問題是愛面子，他並坦誠說，愛面子，常讓他損失不少，不單是財務損失，也因為愛面子，很多邀約他一定參加，其實也不能從中獲得益處，也損失了很多寶貴時間。

自己一定要「看回自己」，就是看清自己，如果不適合的投資，就要決心止血，不要因愛面子，工廠關了，在同業間沒有面子，就躊躇不前。

另一愛面子的損失，是二〇〇〇年左右，他在台北縣五股工業區五工路上開了一家運時通家具生活館。土地是租的，七層樓是自己蓋的，希望展示自己公司和公會會員的產品，生意平淡，租約是十年，租約滿期，地主想把土地賣給他。

剛開始地主出價一億八千萬，陳燕木認為自己已花五千萬，賣價應該少五千萬，所以出價一億三千萬，一下就砍掉人家近三分之一，最後交易當然破裂。

台北土地總是飆漲，過幾年，陳燕木又再起買地念頭，現在地主要以二億三千萬出售，陳燕木仍然堅持要扣掉自己已花下的五千萬，只願以一億八千萬成交，地主仍然不肯，後來陳燕木願意付二億三千萬時，地主已漲到三億，陳燕木再也付不起了。

陳燕木承認，地主其實並沒有漫天要價，但是他自己沒有站在地主立場想，只有認為自己花費五千萬蓋生活館，應該扣除，因此出價一直少於市價，當然地主不願意賣。

但生命是不斷流轉，往往在這方捨的，那方卻得了。當時他只有一筆錢，買五工這塊地，就買不起現在中國運時通的廠址，他也只能擇一，他選擇後者，後來證明他的選擇是對的。

以史為鑒，以人為鏡，路是個人的足跡，每個人的人生道路皆是自己的足跡。

第二十一章

戰略、戰術一把抓

中國大陸提出第十四個五年（二〇二一至二〇二五年）規劃和二〇三五年遠景目標，任何組織，不管國家、社團、企業均朗朗上口戰略、戰術。戰略是總體計劃和方向，而戰術是實現這些計劃和方向的具體手段和操作。戰略提供了行動的總體藍圖，而戰術則是實現這一藍圖的具體步驟。

戰略通常是中長期的，可能涉及幾年的計劃。包括企業的願景、使命、核心價值觀，以及如何在市場中定位自己，例如進入新市場、開發新產品或尋求合併和收購等。戰術通常是短期的，可能涉及幾週或幾個月的計劃。包括市場推廣策略、銷售方法、產品定位、成本控制等具體措施，旨在支持和實施戰略目標。

很多企業有戰略長，戰術長，最近企業重永續經營，又有永續長，或ESG長，大企業才可能有力量支撐如此多的分工。中小企業在還未壯大時，陳燕木是董事長兼各職能別主管，這有好處，企業更具有彈性。

趨勢大師約翰．奈斯比在一九九五年就出版的《亞洲大趨勢》裡寫道：「中國成為超級新興國家已經不是『會不會』，而是『什麼時候』的問題。中國的經濟復興，伴隨著政治力擴增和潛在的軍事實力，是二十一世紀必須正視的現實。」

遇到高牆，別浪費時間推倒高牆，試著把它轉化成一道門。

二五二六成功密碼

中國經濟發展後，接踵而來是龐大消費力。所以陳燕木的戰略就是要打全中國，運時通當時目標消費者是每月所得五千元人民幣以上的客戶，在中國就是六點三億城市人口，台灣有二三五〇萬人口，美國是三點三億，日本一點二六億人口。這個人口數字就是等於兩個美國人口，五個日本人口，二十六個台灣人口。「因此，到大陸打市場，你就要有六十加一（指台灣）的雄心，就像東協十加一。」陳燕木指著辦公桌旁邊的中國大地圖說著。地圖上面密密地插著紅針，表示運時通已有的基地（經銷商及直營店），近至東莞，遠至內蒙、新疆，「但還有大半的市場我們還沒有攻下。」在二〇一四年他舉出，如今未竟之業由他兩個兒子接手。

這也是陳燕木之後，在多次演講中和博士論文中都會提到的「二五二六大陸成功密碼」。

中國大陸中高階市場是二十六個台灣市場，夠誘惑人了，但這個市場卻是需要踏踏實實耕耘，每年根據戰略，訂定戰術，陳燕木通過調研以及分析的結果，將目光盯住了市場的管道以及如何讓產品當地化。

雖然中國大，陳燕木堅持直接由工廠到經銷商這個直線通道，不要省級總經銷商、市級代理商，取消中間商制度，免得等到最後，公司都賺不到錢。

剛開始，戰略第一要物就是找經銷商，談何容易？經銷商不熟悉你的品牌，就不可能代理。中國家具業零售點都集中在家居中心，如紅星美凱龍、居然之家、月星家居、歐亞達、富森美、金馬凱旋、第六空間、華美立家、香江、簡愛、喜盈門、廣西富安居、雲南得勝、山東富爾瑪、銀座、廣東博皇等，這些地方都富麗堂皇，由大型家居商場物業集團運營。好處是家具經銷商不必費心找店址，大品牌一定要選在那裡，才可能存活，對消費者來說，集群模式，一線品牌集中展示，顧客要何種風格？哪種價位？什麼家具床墊？走一遍商場就能一站採購齊全。

但短處是這些地點租金貴，還要高貴的裝潢，因此不熟悉的家具床墊品牌，零售商不可能代理，又因為運時通在代理商開業時，會提供三十％裝潢費用，因此運時通要求經銷商必須獨家代理該公司產品，甚至各個品牌間也不能交叉代理，例如代理德國美得麗Musterring的經銷商，就不能代理美國蕾絲Restonic，又更增加找經銷商的難度。各代理商都謹慎選擇，一定要有把握的產品，他們才肯代理。

從一九九〇年代末期開始，陳燕木到大陸次數增加，時間拉長，坐著他那最後跑了近百萬公里的客貨兩用車，拜訪客戶、找代理、和銀行接洽、看家居中心、提供裝潢意見、邀請代理商去看自家工廠，過程冗長而艱辛。

「你要有好的產品，工廠也要有實力，讓他們看見，你是長期而且有心經營，床墊品牌有國際知名度，他才願意與你做生意。」

要消費者及經銷商熟悉品牌，戰略最重要是採取市場區隔，運時通因為有歐美品牌加持，因此定位在中產階級及中上階級，例如，陳燕木經常強調，他的目標顧客是月收入五千元人民幣以上，低於此的顧客群，「我不必搶，讓給別人做。」

當時運時通床墊的價格比中國大陸的貴五倍，但是運時通給顧客的承諾，是可以睡到十年，在五年以前如果毀損，可以拿來換一個新的床墊，這又是一個市場區隔。

運時通戰略要採取，產品有區隔，所以行銷有焦點，例如二〇一三年蕾絲行銷主題就是「美國夢的實現」，針對嚮往歐美生活的中國人，印著美國總統山的圖像，把本是生活必須品的床墊，包裝成一個綺麗的夢想，一個「今日行銷人不再將人視為單純消費者，而將之視為有思想，情感與精神的完整人類。」行銷大師科特勒在《行銷3.0》書中指出。

多品牌多方挑戰

他發現床墊，不只是睡覺而已，可以在床上做很多事，因此運時通推出了一系列廣告，「可以在床上做的二十五件事」包括看書、看電視、玩手機、吃零食等林林總總。「床墊不再是床墊，是風格產品，我們在賣文化、賣風格、賣品味、賣健康」。

做廣告的地點也有區隔，他的產品區隔化，所以做廣告的地方大部分是機場，給經常搭飛機來往的客人。例如深圳及廣州機場就有蕾絲床墊的廣告，目前新媒體盛行，他們又把主要渠道，移往新媒體。

運時通品牌很多，「我們是在經營多品牌策略」，陳燕木一面說，一面擺出個丟迴力球模樣，表示兩隻手可以同時玩四、五個球。

多品牌策略是指企業根據各目標市場，分別使用不同品牌。打入細化市場，強調各品牌不同特點，這種策略適合處於成長期，尚未被幾大品牌壟斷的消費品行業，諸如服裝、化妝品、餐飲或者家具等行業。

Pg. 8 The Reporter, Escondido, Calif., Wednesday, Jan. 4, 1984

Business News

Staff Photo by George Cordry

1984年*Business News*對美國Wickline Bedding的專題報導。

能使用多品牌策略，端賴陳燕木很早就簽下美國蕾絲Restonic以及德國美得麗Musterring的亞洲總代理權。在亞洲，運時通已把它經營成美國蕾絲Restonic最強勢品牌，蕾絲沿襲美式古典風格，重視舒適感，床墊較軟；美得麗Musterring則代表歐洲現代風格，品質嚴格、技術精湛，如德國的賓士（Benz）、BMW；二〇〇九年發生國際金融海嘯，他到美國併購威克萊床墊廠Wickline Bedding，旗下擁有「艾綠Sleep Therapy」、「美國席樂頓SleepTrain」、「貝克思麗Back Therapy」、「思卡爾Sleep Care」等品牌，為企業全球化（Globalization）做競爭戰略布局。

正如陳燕木常說：「睡得飽是『身』，睡得好是『心』，睡得健康快樂是『靈』」。服務好經銷商和顧客也是他的戰略兼戰術。

第二十二章 一張床墊之旅

穿過明亮的廠房，一台台機器靜靜地站立著，如果沒人上班，會讓人想起來有關機器人的笑話，未來整座工廠都是機器人，只要一個人和一隻狗即可，狗照管機器人，人負責餵狗，狗比人的價值還高。

陳冠宇，陳燕木長子，運時通總經理，帶著訪客參觀，沒有人的工廠，更能夠聽得清楚他的解說。在撰寫《床墊教父》之前，筆者不知道製造床墊工序如此繁複，用料如此講究，才能做出一張好床墊，一個小細節就決定床墊可以只用二年、五年、十年、十五年……

一進廠房，擺在角落的是堆成丘陵狀的鋼線，偌大的烘烤機器，乍看以為是專幹粗活的普通工廠，但是二樓雅緻印花布，紅、黃、藍、綠、白線，才知道這是個既要精巧工藝，又要大量生產，既要客製化，又要標準化的產業，在這個產業要活得可長可久委實不容易，運時通已經存活了半世紀，而且邁向更堅穩的未來。

堅持品質之所在

一張床墊之旅，起點從一圈圈的鋼線，一捲二百公斤，是做彈簧的材料。彈簧是床墊的心臟，由鋼線做成，所以鋼線品質最重要，鋼線是以含碳量百分比來計算，以號碼來編，從六十五號，七十號，到七十二號，運時通堅持用高碳鋼，也就是七十二號，含碳量在七十二％，這樣床墊彈簧較耐用。早期，大陸還沒發展出高品質的鋼，運時通必須從台灣進口中鋼、志聯或佳大，台灣大陸間沒有直航，再加上運費，成本增加，而且船期不固定，生產線空著，但是老闆陳燕木仍然堅持用七十二號的鋼材。

同樣的堅持也用在各個工序上，例如獨立筒袋裝彈簧Pocket Coil，包彈簧的布有長纖維和短纖維之分，如果用短纖維，兩三年後，布包不住彈簧，彈簧就會裸露出來，刺到人體很不舒服，長纖維較耐用，當然成本較高，貴二十％左右。「我們堅持材料，顯示嚴謹的態度。」陳冠宇說。

運時通還有一門獨活，大部分工廠做成彈簧塊，就算成品，但運時通會多個工序，必須把彈簧塊送進「彈簧塊整張熱處理反應爐」，設定二八五度，烤六十分鐘，而且要燒柴油，烤過的彈簧塊更Q，更持久。

看到這個龐大的機器，想起陳燕木年輕時，在五股工廠，與兄弟一起試驗這項烘烤工序。陳燕木得益於之前在鐵路技工養成所的學習，於是將做火車彈簧的技術轉移到對床墊彈簧的研究。所以他想要創新，把彈簧拿來烤一烤，與兄弟一起試了很多次，不同溫度來一次，不同時長又要來一次，他們將每一次試驗得出的資料一一記錄。

今天運時通用大數據，來統計顧客喜好，生產預測、市場預測等，陳燕木這個實驗大概是運時通最早的大數據吧！

表裡兼備力求完美

運時通工廠裡，做完床墊內部後，就要開始做外觀。在美國、台灣，消費者不會太注意外觀，但是中國消費習慣不同，因為床墊通常在一個龐大的家具商場售賣，顧客有很多選擇。所以商家首先要以床墊外表來吸睛。陳冠宇說，中國客人選床墊分三個步驟，首先看這外觀我喜不喜歡，第二步就是觸摸，摸面布，喜歡觸感之後，第三步才會坐上去試試看軟硬度，外觀使用上不重要，但是零售過程中很重要。

所以運時通的產品還必須表裡兼備，才賣得動。中國雖然紡織業發達，高級面布還是得靠國外進口，如比利時、美國等，外表上的電腦繡花也有講究，各人都有喜好，尤其床墊都是女性購買者，更要有各式各樣的花色，還要立體、3D等。

床墊外表不但要漂亮，還要有利健康的床布處理過程。

現在床墊業強打表布含負離子，就是你在睡覺時，也呼吸負離子，住家負離子兩三百，森林五千左右，運時通床墊大概有兩三千，要買負離子顆粒，比如織布時把負離子纖維織進去，從面布到泡棉都有加負離子顆粒進去，這是他們的專利。

所有床墊生產完後，該是送上車的時候了，且慢，還有一道工序，就是檢查裡面是否有瑕疵，尤其要用金屬探測器，是否有掉漏車針。不只一面檢查，更要翻面。有針的狀況很少，幾萬張都遇不到一張，用於保護消費者，很多工廠都沒有，但遇到一次，睡覺時會刺到身體，客戶要打官司，要求巨額賠償，而且商譽損失慘重。

傳統產業仍要接軌AI科技

近來，運時通還開發了智慧系列的AI自我調整智慧系統Alphabed，讓床墊適應人，摒棄傳統人選床，氣塞自我調整模式自動調節軟硬，睡感隨心搭配，心率監測帶無穿戴時實監測，守護家人健康，時實數據分析報告，讓客戶睡得安心用得放心，增加電動功能，在家也能院線級觀影體驗，手機AAP一鍵操作，客戶起床不再困難，為健康的睡眠生活更增添幸福感。

電動床融合AI科技，更智慧順心。

第二十三章

品質絕不妥協

二〇〇七年，隨著運時通業務的展開，訂單紛至沓來，但產品品質管制卻未能同步跟進。不少客戶向公司抱怨了各種問題，遺憾的是，這些聲音並未被業務團隊及時傳達給高層。因此，產品的品質問題遲遲未得到妥善處理。

寧可回收也要確保品質

一次陳燕木出差到日本，專程拜訪了公司在日本的最大的客戶——大塚家具（OTSUKA）。會談中，客戶方代表直言不諱「陳社長，你們的床墊有下陷問題」。

「不可能啊，我的床墊品質都很好」，陳燕木不禁面露詫異之色。

為了徹底查清事實真相，日本客人就帶著陳燕木逐一到消費者的家中去看。結果事實就擺在眼前。拆開後的床墊真有下陷問題。

客人問道：「那麼，現在該怎麼辦？」

「請您退回這三個貨櫃，我會重新製作三個新的貨櫃給您，就像市面上有問題的汽車會被召回一樣。」陳燕木堅定地回答。

這三條貨櫃一回到東莞廠，他立刻召集了一千名員工到廣場，擺放出這三條櫃的產品。拆開一一檢查，不是工廠生產的問題，是採購原料中泡棉的問題。為了提高泡沫材料的密度，供應商竟然選擇在中密度泡棉中添加了石灰粉，以便增加重量，通過進料檢驗ＩＱＣ的數據。陳燕木一查，公司有向Ａ、Ｂ、Ｃ三家泡棉供應商採購，立刻把他們都叫來，結果沒有一家承認是自己的泡棉。

「不管你們怎麼說，我都會負責到底，你們不承擔責任，我來承擔。」陳燕木語氣堅決而果斷地說道。

情緒越來越激動，他甚至用刀劃破了有品質問題的床墊，又堅定地說：「這樣的東西，這樣的品質絕對不能接受。對於品質的堅持，就是責任。」

二十分鐘後，廣場上燃起了熊熊烈火，場面震撼，甚至引起了當地消防隊的關注。原來，陳燕木決定將所有存在品質問題的床墊一併焚燒。

「客戶就是上帝，對於品質，我們要追求完美、細部到位，絕不妥協，寧願銷毀，也不願讓不合格的產品存在於市場上。」

不止是火燒不良品，而後不久，運時通便成立了自己的泡棉廠。垂直生產，不僅得以一〇〇％掌握品質，創造出最優質的產品，更可以密切掌控原物料需求，有效提高生產效率、降低用料成本。

六十二歲驚天一跪

二〇一二年下半年，大部分經銷商在集團舉辦的經銷商會議上，反映運時通產品存在品質問題，有好些經銷商就是因為品質問題，將本應拿在手上的錢給「丟掉」，經銷商非常不滿。

經銷商問：「陳會長，您懂得這種心情嗎？」

運時通集團的產品價位在中產階級或以上，每一件產品都不便宜。顧客付出高價格，就必須拿出高品質的商品。陳燕木能理解經銷商和顧客的心情。經銷商將產品送到顧客家，將它安裝好，如果滿意的話，才將尾款付清。結果發現產品有瑕疵，顧客當然不高興了，向經銷商提出退貨，經銷商也只能退貨，到手的錢都飛了。久了，經銷商也不願意做了。

陳燕木還沒答話，集團內部就有人說：「產品有瑕疵是在所難免的。」運時通集團生產產品時，在可控制的時候，公差千分之零點五個瑕疵品，一萬件產品中，最多只能出現五個瑕疵品。機率其實算低，但是對於經銷商來說，這個機率不是平攤的。

於是，經銷商態度也非常強硬：「你這是什麼概念，你們應該盡百分百的責任！你千分之零點五的瑕疵，是對工廠產品的總數來說，但是對我們經銷商來說，我收到二十件產品，就必須是百分之百的合格，你這千分之零點五的機率，一件都不可以落到我家。哪怕有小瑕疵也不可以！」

那時還是賣方市場，製造為王，員工覺得千分之零點五的公差很合理，但是，陳燕木堅信這個公差只能出現在工廠；有瑕疵的產品應該在工廠裡就檢測出來，改善品質。產品出去後，一定要百分百的合格！

「一百減一就是零，就算本來品質一百分，有些許瑕疵，減掉一分，不是九十九分，而是零分，前面做得再好，也是前功盡棄。」他斬釘截鐵地說。

陳燕木召集工廠的生產主管出來，問：「我們生產的品質確實有問題，各位說應該怎麼辦？」大家都不吭聲。

這時，讓現場員工和經銷商震驚的一幕出現了：穿得西裝革履的陳燕木董事長，對著場下所有經銷商下跪。六十二歲的他，頭上斑斑白髮明顯可見。

男兒膝下有黃金。陳燕木清楚地記得，他上一次下跪，是在四十五歲的時候，老父親逝世，作為兒子的他給父親下跪，是理所當然。這十七來，他從沒有再給任何人下跪。但是，十七年後，在他已是六十二歲的時候，他下跪了，下跪的對象是經銷商，有些經

100-1=0，100分減掉1分就是0分。

銷商的年齡只有自己兒子般大小。

在場的生產幹部見此，顧不得震驚，也趕緊跟著下跪。本來坐著的經銷商，都急忙站起來，扶起陳燕木。爭執不休的現場安靜下來，經銷商也沒有話講——老闆都下跪了，承認錯誤了，我們還講什麼？

也有關係比較好的經銷商說：「老闆你怎麼跪呢？這不是你做的啊，這是你們廠做的啊。品質不好改良就好了，抓個幹部罵一罵就好了。」

陳燕木對此很認真地說：「我工廠的人做的，也是我做的。我是老闆，他們做不好，就是我的事。我們品質不能做到百分百，就是我的責任。」

陳燕木帶頭的這一跪，跪出經銷商、客戶對運時通的信心，經銷商們覺得非常感動，也很踏實。一家工廠的老闆，能夠為小小的品質不良而下跪，有這樣的胸襟，他更值得信賴，更值得一起拼搏。經銷商們紛紛表示，一定要更為公司賣力。

親自走訪現場務求改善

但事情不能就此了斷，後來，陳燕木選擇中國的十一個城市，派生產、品管幹部兩人一組，十一組，共二十二人，全國一個月，到各個城市看經銷商、競爭對手，同類公司的品質怎樣，如何去改進。到不同類型的城市採集樣本，把問題解決，光講是沒用的。前陣子不是有「家電下鄉」嗎？他們產品的品質是很不錯，但是還有改進的空間。他說：「執行力，說十遍百遍，不如親自到現場做一遍。工廠品質不行，反映到業務、後勤去檢討，我認為這樣是不行的。要『品質下鄉』，讓工廠的幹部直接下鄉去看，因為你不知道人家的痛點在哪裡。」

這兩次是陳燕木經營運時通五十年，「行為最失控」的兩次，都是為了「品質」。

很多人認為打品牌，不外是行銷、策略、聚焦，但是追根究底，有了品質，才能有品牌。

第二十四章
品牌本土化

運時通的另一特點，是產品「本土化Localization」。就是根據當地市場消費者偏好，把產品加以改良、改造、改裝，甚或發展全新產品，以適應當地市場，並發掘潛在的商業機會。

「品牌在地化」在兩岸必須、必要，而且回收很大。

每個地區都有獨特的文化、風俗和價值觀。品牌在地化能夠使產品和服務更符合當地消費者的需求和偏好，從而提高接受度和認同感。

從語言開始就必須調整，這不僅包括翻譯文字，還涉及到使用當地的俚語、習慣用語和文化背景，讓品牌更接地氣。通過在地化，品牌能更有效地與本地競爭者抗衡。而且了解當地市場動態和消費者行為，使品牌能夠快速調整策略，抓住市場機遇，成功的在地化能提升品牌形象，消費者會覺得這個品牌不是外來者，而是融入了本地生活。

品牌在地化更容易建立信任感。表示品牌對他們的文化和需求有著一份尊重和理解，消費者才會成為忠實顧客。尤其現在及未來，經濟風雲變幻，在地化可以靈活應對，制定更加精準的行銷策略和產品方案。

外商來中國，食衣住行產品，沒有在地化，幾乎不可能成功，尤其是消費品。例如肯德基的速食符合中國人口味的產品，仰頭看菜單，乍見熟悉食品老北京雞肉捲、豆漿、油條等。中國人素有早餐喝粥的習慣，據此，肯德基特別為中國消費者量身定製了「皮蛋瘦肉粥」、「香菇雞肉粥」等多款花式早餐粥。麥當勞在中國推出了諸如米飯漢堡、粥等本地化產品。

寶潔是在中國最著名的外商消費品牌（P&G，台灣稱「寶僑」），寶潔一進中國，就設立研發中心，專注於研究中國人的膚質和髮質，再輔以市場調查和精準的品牌推廣，設計出符合中國人的肥皂、洗髮精如飄柔、潘婷，現在已成為家喻戶曉的品牌。

「全球化」和「本土化」是當今世界的發展潮流與必然趨勢。上至國家治理、下到企業經營，唯有將這看似矛盾的「兩化策略」融合統一，才會促進國家和企業的向前發展。

「本土化」L是內方，「全球化」G為外圓。內方指的是作業標準，產品尺寸規格，ISO認證標準；外圓，為溝通、協調、涉外關係等。

細心觀察打造各地特色

陳燕木奔波於中國各地去研究當地人喜歡的床墊品牌、躺感，在原有國外品牌DNA的基礎上融合台灣鐵路技工彈簧製造的經驗，國外的床偏軟，中國的床偏硬，運時通要的就是軟硬適中。坐下去不會陷進去，也不會硬梆梆，是適合華人、亞洲人的「QQ床」，必須睡下去有彈性，而且會彈回來的床。

深耕一個市場，就要了解這個市場，例如中國大陸賣高級床墊，要將床墊的外觀露出來，因此床墊的面布要很講究，品質也要和床單的布料相似，表明是個高級床墊。有些人家為了給客人看那是高級床墊，還故意不鋪床單。

雖然說大陸大，市場潛力無窮，但如果把大陸視為一個市場來進攻，必定潰不成軍。各地差異化大，運時通必須依據不同區域及省分，更改床墊設計、材質、外觀，例如東北人比較高大，氣候寒冷，床墊要做得睡起來比較溫暖，要含棉成分高；因應身材高大，彈簧就要粗一點。

廣東地區炎熱，人瘦小，要睡較涼稍薄的床墊。不單要顧及冷熱，也要顧及當地人性格。溫度高的地方，人脾氣容易暴躁，需要較涼爽的床，溫度低的地方，人的脾氣比較溫和，可以供給比較暖的床。

床墊要這樣，來中國更要入境隨俗，根據陳燕木觀察，還有很多習俗，台灣來的人要注意。在大陸請客，一定是十道菜一起上，這才叫圓滿，叫豐盛，叫十全十美，你自己選哪道菜吃都可以，才能顯示主人的誠意。如果一開始，主人讓你吃第一道菜，十五分鐘後，再上第二道菜，客人認為主人有所保留，不夠誠意。同樣地，倒酒，一定要滿杯，而且要快溢出來，才能表示主人的慷慨。乾杯，也是顯示大陸兄弟的豪爽。

其實，「我們想一想，台灣早期也是一樣，大家喝酒就要乾杯，菜也是全部一起來，等到他們達到台灣的程度，自然也會改變，不要動輒表現台灣人的優越感」，陳燕木分析起這些年的心得，滔滔不絕。

跟上時代變革同步轉型

台灣人早期務農時，在購買床墊的決策上是以生活基本需求為主，且當時的時空背景下，床墊並非是家中重要的家具，與歐美的生活觀念相差甚遠，因此，在台灣市場上，我們將美國蕾絲 Restonic、德國美得麗 Musterring 床墊的軟硬度，進行了因地制宜的改良，好讓國人能夠接受新型態的睡眠體驗。時空轉變至今，人們生活水準與健康觀念日漸提升，良好的睡眠感受成為現代人追求的目標。因此，運時通從原本的家具賣場經銷模式，開始轉型成專業的床墊專賣店型態。

台灣現在家庭裝修以全屋訂製為主，系統櫃等相關儲物功能家具，解決的純粹是人們的視覺感受，而床墊、沙發屬於軟體家具，與我們的身體息息相關，必須跟人體工學有關係，它承載著我們最重要的健康。近年來，運時通在台灣北中南地區成立專賣店，與時俱進的開發多種不同功能的床墊，也能依顧客不同的身高、體重與需求，提供專屬客製化服務，運時通賣的不只是床墊的軟硬度，更多是解決顧客睡眠的痛點，來滿足每一人的需求。

床墊教父關心您的肩・腰・臀

Take Care Of Your Sholder, Waist & Buttock

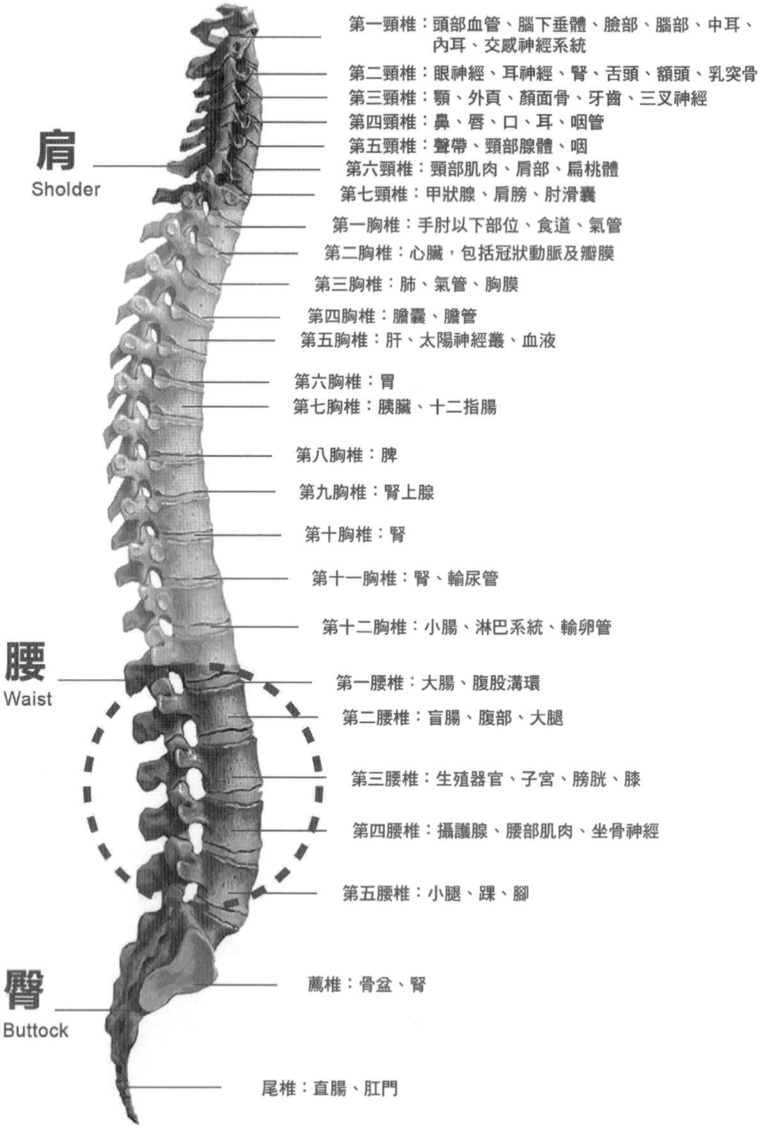

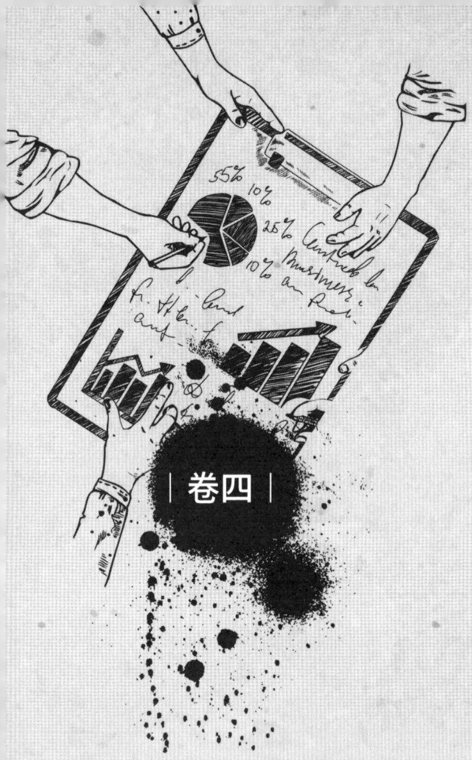

卷四

管理哲學

Management Philosophy

第二十五章

情緒領導力

月亮在我窗前徜徉透進了愛的光芒
我低頭靜靜地想一想猜不透你心腸
好像今晚月亮一樣忽明忽暗又忽亮
啊……到底是愛還是心慌
啊……月光
啊……到底是愛還是心慌
啊……月光

蔡琴歌聲，溫婉低磁。每當夜深人靜之時，陳燕木總會輕聲哼唱起那首〈月光小夜曲〉。這首歌寄託了他對寶島台灣親朋好友的深深懷念。在海峽兩岸共沐同一片月光之下，他為了事業的發展而背井離鄉，那份思鄉之情尤為濃烈。

歲月遞嬗，陳燕木投資大陸東莞已經近三十年了，他習慣聽的還是台灣那幾個歌星，鄧麗君、洪一峰、江惠、費玉清等人的歌聲。

窗外望去，近二十五萬平方公尺的廠房土地廣袤平整，上面天空湛藍潔淨，深呼吸帶來舒適感，和台灣對東莞的刻板印象大不同。

窗內則是一個差不多二〇〇平方公尺的辦公室，裡面擺放的沙發桌椅簡單大氣。運時通集團董事長陳燕木一邊進入辦公室，一邊輕快地喊著，常常人未到，聲先到。身著花格子襯衣、牛仔褲，走起路來總要比一般人快上幾步。

充滿活力引導組織發展

陳燕木從來沒喊過累，總是興致盎然，精力無窮，他會發脾氣，也會大聲疾呼，但是從來沒有萎靡困頓過。「影響公司工作表現的最大因素是什麼？」《哈佛商業評論》（Harvard Business Review）裡面有篇文章，名為〈情緒領導力〉，答案讓你意外：「領導人的心情」。

暢銷書《EQ》作者高曼撰文，領導人的情緒風格（Emotional style），會透過心情傳染（Mood contagion），影響成員間的心情和行為。憂鬱、殘暴的老闆，會造成組織不健康，裡面充斥著蓄滿負面能量的庸才。生性樂天、不懼困難的領導人，團隊成員會充滿正面能量，願意接受艱巨挑戰。

陳燕木總是雄心勃勃。屬虎的他，與郭台銘、馬英九同年。他的辦公室牆上掛了一隻老虎圖像的布織，那隻老虎永遠都是四目炯炯，似乎抖一抖，就又精神百倍。

前一刻他還在抱怨從台灣回來，感冒、喉嚨痛，感覺有點萎靡不振，但下一刻，講起自己的奮鬥史，又生龍活虎起來。這樣的陳董持續至今，二〇二四年的東莞家具展，是家具界一年一度的三大展覽之一，經銷商雲集，運時通有美國蕾絲 Restonic、德國美得麗 Musterring、美國席樂頓 Sleep Train、美國艾綠 SleepTherapy 四個品牌在展會招商。

兒子接手後，招商、運營、新產品發布他已不管，但是仍然要出席午宴、晚宴，開幕兩天之後，他就因腹瀉不支，家人都認為他不應再參加宴會，但他還是照常出席，沒有遲到早退，只是要特別準備稀飯和醬瓜，在晚餐前或後照常演講，鼓勵經銷商，不屈不撓，他已經成為運時通的精神領袖。

情緒不一定都是正面的，遇有部屬做不好，或者他認為部屬沒做好，完美主義的他會大吼大叫，追究責任。但是根據《哈佛商業評論》的研究，這並不代表這種領導人不稱職，有時我們需要令人畏懼的領導人驅策，例如蘋果的賈伯斯、英特爾的葛洛夫（Andy Grove），惠普的卡莉．菲奧莉娜（Carly Fiorina），都以強勢、罵人出名。名單上還有迪士尼的麥可．艾斯納（Michael Eisner），電影公司Miramax的哈維．溫斯坦（Harvey Weinstein）等，尤其當企業或產業死板僵化、雜亂無章、死氣沉沉或隨波逐流，更需要強勢領導人大刀闊斧改革，重新設定方向。

日後，很多部屬反而感激此類領導人。

每週二清晨七點，全廠員工大早會已經持續三十年的時光，也是他調節團隊士氣的關鍵時刻。無論有多忙，只要身處東莞，他都會積極參加大早會，認真旁聽並發言。即使是前一夜才從剛從外地出差趕回工廠，他也不吝早起一定參加。

在全體員工集合後，第一項活動便是跑步。陳燕木始終堅持要求員工必須運動，並常常強調：「有計劃就不忙；有預算就不窮；有運動就不病。」跑步結束後，大家還需再次集合，一起做廣播體操，預防和緩解頸椎病及腰椎間盤突出等職業疾病。

接下來是各部門「口號大比拼」的企業文化，如有部門會高喊「好！很好！非常好！運時通最好……YA！」。身穿不同顏色制服的員工們依次高聲呼喊口號，是為了集體榮譽感和貫徹拼搏的精神。

會議正式開始，各部門幹部會站出來給大家公布公司的最近工作，比如訂單情況、生產進度、品質問題、人員配置以及設施建設等等。陳燕木坐在前排，手裡總是拿著筆和紙，觀察大家反應，規劃自己發言，最後是董事長總結。

陳燕木並不預設自己的發言稿，他更喜歡及時發言，因為那才是團隊需要聽到的。他經常說：「團隊需鼓舞激勵，從會議中帶著力量和目標回到崗位上。」

陳董事長善於將道理轉化為一個個生動有趣的小故事，講給員工聽。員工聽懂了，自然記住了，悟到了這兩則故事：

西伯利亞小魚的故事

故事核心是關於一九八〇年代末，他代工的兩個床墊品牌外銷到日本。一天，他到日本做客，社長主人請他吃生魚片，水族箱內養的帶著一至三十號標籤的活魚；他選了一條八號魚，入口後，甜香嫩滑，新鮮度前所未有，上桌時魚眼還盯著他們。社長告訴陳燕木，這些小魚都源自西伯利亞，第一次從那裡進口到日本時九十％都死了。進口商老闆召開緊急會議，幹部們都沉默不語，後來有位幹部舉手說：「是不是可以把兩隻螃蟹放進裝魚的籠子裡，送上飛機前往東京？」大家不以為然，認為螃蟹會吃了小魚，但那位幹部解釋道：「小魚看到螃蟹，就會紛紛尋找地方躲避，有的游到牠們的背上，有的躲在牠們的腹下，螃蟹反而吃不到牠們。其他小魚為了躲避螃蟹不停地活動，這樣就不會因過冷而死亡。」後來，小魚進口商採取了這種運送方法，結果到達東京後，只有五％的小魚死了。這說明我們必須生存在一種拼搏、動蕩的環境中，才能勇於生存。這就是「西伯利亞小魚的故事」。

賣梳子給和尚的故事

他也常勉勵業務人員，發掘客戶各種需要。最常講這樣一則故事。

有一天，老闆給幾個業務員，不可達成的任務（Mission Impossible）——賣梳子給和尚，第一個業務員去一家廟宇，問住持，是不是能買他的梳子，因為又好用又方便。住持就說：「小兄弟啊，你找錯了對象，我是光頭，哪需要梳子啊！」

第一個業務員垂頭喪氣回去了。

第二個業務員第二天去同樣廟宇，和住持說，來貴廟上香前後都得整理儀容，梳子很有用啊！住持聽著有理，就向他買了十支梳子，放在洗手整容的地方。

老闆還是覺得太少，第三天又派另一個業務員去，這位業務員說，「大師，我們可以把你的廟宇名字刻上去，這樣香客拿回去，就會記起你的廟。」於是住持買了一〇〇支。

第四天，老闆又派第四個業務去那間廟宇，第四個業務說，「大師，我可以把你的名字和廟宇的名字都刻上去，這樣香客記得你，也記得這間廟宇。」大師於是買了一〇〇〇支，老闆這才滿意了。賣梳子給和尚的故事：代表這個是利他開始，從用途轉換到價值，再到品牌塑造的過程，做差異化行銷的創造過程！

所以世間沒有賣不出去的產品，只是你要如何賣而已。看似不可能完成的任務（Mission Impossible），經過我能（I am Possible），你能我能（I am OK, You are OK），變成最終的大家都能（Yes, We Can）。

運時通能夠凝聚資深員工，五十週年慶典上，有資深員工上台接受榮譽表揚的環節，籌備組被迫一次次的拉升「門檻」，邀請十年以上年資的員工？人太多站不下；十五年以上的？還是人太多擺不開；最後只邀請了二十年以上，且父子、夫妻，甚至全家都在公司的員工上台，並由三十年以上的員工做代表發言。這些資深的員工，在各自的崗位上，為公司多年來的穩步發展立下了汗馬功勞，還如此有凝聚力，放到任何企業都是彌足珍貴的資產。

運時通五十週年慶典上，榮獲「卓越貢獻獎」的員工們接受公司表揚。

第二十六章

從墨西哥來的雕像

二〇〇八年全球金融海嘯，大陸外銷產業進入了寒冬。步入運時通的大門，寬敞明亮的行政中心辦公室，這裡是集團董事長陳燕木的工作天地。布置優雅的董事長辦公室裡，最吸引視線的莫過於辦公桌左側懸掛的中國地圖，地圖上用五彩斑斕的標記詳細描繪了運時通產品的銷售版圖。當時大陸面臨的是「三把刀」懸在企業的脖頸上，分別是：人民幣升值、薪資增加成本大幅上升、原材料不斷飆升產品利潤率嚴重下滑。

東莞很多企業都在討論著越南、泰國、東南亞等國產業轉移的另一條路線圖。周邊一些家具廠也悄然關廠倒閉。而正在和員工開會的陳燕木卻在白板上大大地寫下一個「活」字。他正絞盡腦汁，為一千多名員工尋找著出路與活路。

作家梁子曾說過：「只為成功找方法，不為失敗找藉口。」

此時的陳燕木決心死守中國，但也開始思考一些深層次的問題：

——爲什麼台灣加工企業在本土無法生存？

——爲什麼大家要遷移到大陸？

——發生在台灣的情景會不會在大陸重演？如果再次發生，大家還能夠往哪裡跑？

「我不想二十年後，又被逼著離開。轉移到哪裡，最終也免不了噩夢輪迴。」

不久後他到墨西哥出差，室外雲霧氤氳，夜幕飄渺，在日航Nikko酒店的大廳裡踱步，忽然他看見旅館大廳在展售銅雕藝術品，有三尊雕塑品，恰好可以當作管理哲學教材，解決懸在他公司頭頂上方的三把刀。

三尊雕像的啟發

第一個雕像是人頭形狀的雕像，一個眼睛稍微突出，另一個則是內凹，意義是「看」——要發現問題（Problem Foreseeing），而且我們在看問題的時候，除了看到表層的問題之外，還要預見潛在的問題。當我們審視問題時，不僅要關注表層現象，更要深入探究其背後的深層原因，比如心理動機與意識形態等。這座雕像高達一點五公尺，象徵當我們在看問題的時候，應該要從更高的視角出發，以更加寬廣的視野去審視問題，這樣才能真正觸及問題的核心。

第二個雕像是一個站立且雙手抱頭的墨綠色雕像，總高為五十公分，相較於第一座雕像顯得更為低矮，象徵「想」——解決方案，它提醒我們，在面對問題時，不僅要從宏觀角度審視，更要俯下身來，雙手抱頭代表進行頭腦風暴，深入探究問題的本質，探索A、B、C、D各種可能的解決途徑。針對環境的不確定性因素，我們需要由內而外地制定應對策略，並以所有的管理模式結合SWOT分析，提煉出最佳解決方案（Total Solution）。

第三個雕像是由三人演奏不同樂器的雕像，代表「做」，不要空談。「做」最重要的是團隊合作（Team Work）：企業搭建平台，讓不同專長的人分工合作、發揮所長，正如樂隊中的每位樂手，有的彈奏琴鍵，有的吹響樂器，共同演繹出優美的交響樂章一般。也許你的團隊並不完美，團隊的成員素質也參差不齊，但只要具備合作精神，就能走向成功。

儘管這三尊銅雕塑品重達二二〇公斤，從墨西哥運回東莞，所費不貲，但陳燕木認為這一切都是值得的。一方面，將它們置於行政中心的大廳作為裝飾，顯得格外氣派；另一方面，他將這些雕塑融入管理理念之中，作為公司企業文化——「看、想、做」的實物象徵；長此以往，員工們總會耳濡目染，受到潛移默化的影響。

用創新思維發現問題，更要用智慧思維解決問題。解決問題之前，首先要分析問題原因。這「三把刀」，讓出口型加工企業很難生存，卻也將陳燕木的思維推向了轉型升級，那是個痛苦、辛酸但伴隨著愉悅的旅程。後來，運時通的產品由最早的OEM，提升為ODM，到現在轉成自主品牌。而銷售分布也從一九九六年的內外銷三七分，調整成二〇一三年的六四分，二〇二四年更是八二分，內銷占百分之八十，以求永續經營。

帶給陳燕木管理啟發的三尊從墨西哥來的雕像。

「生意就是生生不息的創意。」──陳董事長常古字新解。

運、時、通的新詮解

從這三尊雕像，他進而把取名十餘年的運時通，賦予了新的詮釋。

「運」是一個軍團一起作戰，而公司全體恰是一個國際化的大軍團。「軍」字代表軍事化管理，要獎懲分明，要解決問題，要講究速度和效率。「運」字也代表好運當頭，同仁來到了最好的公司，公司找到最好的夥伴、最好的供貨商、最好的客戶。

「時」是時間點、機會點，表示與運時通合作為開展事業之機會，須把握時機，洞燭先機，開創事業版圖，及時展現個人能力，發揮出工作績效、貢獻。

「通」是理順作業，通順達成，有問題時要及時溝通解決，達到通暢；更是將一個木桶整桶拿走的意思，也就是責任與任務要百分之百地達成。亦為通路掌控與市場布局，提升顧客對品質與交期之滿意度。

遠從墨西哥到大陸，從雕像到報表，陳燕木喜歡側面出擊，啟發管理。

第二十七章

X 還是 Y，獎懲要有度

對員工的態度，到底是胡蘿蔔還是棍子，X 理論還是 Y 理論好，X 理論和 Y 理論是兩種不同的員工管理方式，讓我用簡單的話來解釋它們吧！

X 理論就像媽媽覺得小朋友如果沒有人管，就不會乖乖做事。她會說：「如果我不看著你，你就會偷懶、不聽話！」所以，X 理論的老闆會很嚴格，時時刻刻盯著員工，確保他們在工作，不會偷懶。

Y 理論則像爸爸相信小朋友是很聰明、很有責任感的。他會說：「你們很棒，我相信你們會自己做好事情！」所以，Y 理論的老闆會給員工更多自由，信任他們能自動自發地完成工作，不需要一直盯著。

簡單來說，X 理論的老闆覺得員工需要嚴格管教，Y 理論的老闆則相信員工會自律地做好工作。就像有些父母會很嚴格，而有些父母則會相信孩子的自律能力一樣！

很多專家認為，經營企業必須 X、Y 兼備，例如運時通訂定各種獎金辦法，鼓勵員工在各個崗位上能夠竭盡所能，依據馬斯洛的人類需求理論，層次如下：（一）生理需求，（二）安全需求，（三）社交需求（愛與隸屬），（四）尊嚴需求（尊重需求、自尊需求），（五）自我實現需求，（六）超自我實現需求。

例如薪水獎金都符合前兩項需求。生理需求、安全需求，運時通也辦各種活動，給員工機會滿足社交及尊嚴需求。

自我實現需求是人民在滿足衣食住行後，另一項追尋的需要，陳燕木認為是給員工授權，這其中的訣竅，才是領導人需要的。

帶人才就像放風箏

經營企業五十年的他，認為不管帶員工、帶接班人，都必須鬆緊適當，不能管得太緊，比如說有一條魚，你抓得緊緊的，它就死翹翹，你把手放開，魚放到水裡頭就活蹦亂跳。但完全放開，也不行。對待員工，他主張要像放風箏，你拉上二公尺時就要放五公尺，第二次再拉上三公尺，再放七公尺，所以第一個階段可以升高五公尺，第二個階段又再升高七公尺。新進員工在開始時，要拉；資深後，就必須放，讓他獨立作業。中間過程幹部自己做主。很多資深幹部更向外放，做經銷商，「人才一直出去，到處開花，你才有種子，才有部隊。」他一面說，一面揮著手。

陳燕木在大陸的特助徐維志剛來運時通時，蓄著咖啡色的捲髮，看起來是台灣典型「只要我喜歡，有什麼不可以」青年，一些人預測他怎麼會老老實實跟著陳燕木做特助，幾個月就會走了。

但是幾個月後，他佩服陳燕木，一是他肯教人，只要你肯學，他就願意教。在運時通工作近十年，陳燕木對公司經營、策略、談判技巧甚至財務操作都願意教他，他也勤於吸收，有次徐維志在陳燕木辦公室裡，陳燕木把兩位兒子叫進來，說：「維志把我當寶，拼命挖，我也會拼命教，你們把我當草，有什麼問題，都不來問。」

徐維志說，董事長教了後，也給你機會運用，這十年來，他不只是跟在董事長旁邊的助理，而是代表陳燕木出席各種研討會、協會、討論會等，最近更指定他參與很多淮安廠興建土地等事宜，「兩億元的專案，我深度參與，這真是我的歷練機會。」

甚至運時通會注意到員工的心靈需求，他指著以前廠區後面的土地廟，他保存得很好，員工有信仰，對工作更有奉獻精神，這是馬斯洛所說，人生的第六種需求——超自我實現需求。

但是另一方面，運時通執行X也徹底，預期X和Y都能兼具，遇到員工重大失職，大過、小過、革職都有，淘汰最後三%。

落實現場主義

最嚴厲的懲罰莫過於與經銷商一起串貨，就是把運時通出的貨私下扣下來，代以劣品取代，等於賣假貨，這樣嚴重影響商譽；採購時拿回扣，做「陰陽合約」，也就是只有採購四十萬的合約，給公司看的合約卻是六十萬，其中二十萬中飽私囊，這種行為一經發現，就必須開除，不能容忍。

運時通因為工改工，加大廠房面積必須出清零料和存貨總價約一二〇萬人民幣，負責倉庫的楊姓主管請人收購，三家比價後，竟然只以六萬人民幣出清。適逢陳燕木巡視工廠物流中心，看打包出清的存貨檢查後，大為訝異，立刻派人去檢查估價，陳燕木逐層追究下來，才發現主管沒有到現場核實，公文來只是照簽，而這位倉庫主管已和外面人講好，以低價收購，再轉賣一起分享利潤。後來那位倉庫楊姓主管立刻被開除。

他是現場主義的堅信者，行銷部門要到經銷商那裡，才能了解經銷商的需求；做後勤管理的，去拜訪經銷商時才能知道，在經銷商等貨時的望穿秋水；品管人員也要去經銷商那裡，才會體會顧客買了要退貨的心情。

昔日，郭台銘要求工廠廠長的辦公室，必須在離生產線二十公尺以內的地方。甚至連一百多年前的曾國藩在寫給弟弟曾國荃的家書中，經常強調「親歷其境」，尤其在處理複雜事務或面對困難情境時，建議弟弟務必親自到場察看情況。他認為，僅依賴書信或報告難以了解全貌，許多細節只有身臨其境才能充分掌握。

部屬很多疏失，就是沒有到現場去看的結果。

第二十八章

龜毛無罪

一九八〇到二〇〇〇年到大陸投資的台商，往往都有一籮筐的恐怖故事，三天三夜都說不完，合夥人趁著台商回台灣時，把工廠機器全部偷走；或者趁此空窗期，把公司所有人的名字，替換為自己人。

工人更難管，都是農民工，農家日出而作，但是時間有彈性，早半小時，晚半小時無妨，但生產線不能等。派去收帳的，拿了錢後就不回公司，讓老闆痴痴地等。

這些事，陳燕木大部分都經歷過。難怪陳燕木一開始在大陸創業，就很龜毛，沒有訂單，就要員工上課，老闆做老師，要不然拔草，要不然跑步，都在訓練員工守紀律、勤奮、吃苦。

龜毛無罪，改革有理

很多國際知名大企業家都以龜毛態度處事，龜毛的後身是卓越，達到卓越的地步，就必須龜毛。蘋果創辦人賈伯斯（Steve Jobs）是公認的完美主義者，對於產品設計和用戶體驗要求極高，對每一個細節都親自過問，會花大量時間討論產品外觀的顏色、形狀和材料。還嚴格要求供應商，玻璃蓋板的完美光滑度，達到他理想中的效果。

廠商爭著做蘋果的代工，因為通過蘋果，等於拿到高科技的榮譽寶座，也能敦促自己員工主動追求完美的工作精神。就像二〇〇六年富士康，「做蘋果電腦G5，賈伯斯的設計一定講究極簡及完美，手拿的地方像玻璃的一面是直角，一定要用手去測試才知道會不會割傷。郭台銘自己拿手去試，手割到就一痕、鮮血汩汩流出，那個銳角，員工看到你第一個去做測試，他們就發現這樣會割手，非改不行，很快就改好了。」

鴻海富士康發展以來，一直都尋找最挑剔的客戶不斷挑戰自己，才能成長至今天，在全世界有一百萬位員工。

看似吹毛求疵，但是他有他的道理，尤其多年經驗，在行銷廣告上，陳燕木絲毫不放鬆，「這個不行，這個也不行」。拿著型錄，對著製作精美的冊子，手握一支紅色筆，幾乎在每頁上都打上叉叉做記號，不是文字有問題，就是照片有問題，要不然就是版面有問題。這個型錄畫冊已拿給各個幹部看了五六遍以上。

企劃經理馮宇鋒在一旁老老實實，一聲不吭，他也知道董事長的作風，連最細小的問題都不會放過，「如果一次通過，那才是有問題，我們還覺得不安。」一位高層員工笑笑說。

老闆追求細節，員工自然跟隨，而且成為終生習慣，日本分公司陳保州總經理永遠記得，多少個夜晚，陳燕木陪著他加班，一點一滴修改型錄，從文稿到設計到印刷，當時大陸還是粗枝大葉的時候，就讓他知道魔鬼都在細節裡，要改到盡善盡美，才能送到客戶手中。

徐維志特助說，跟了陳燕木這麼多年，他也養成仔細的習慣，跟他報告事情時，都要方方面面考慮到，「因為他想的問題比我們深入，你準備得不充分，通常會被問倒。」

耐得了煩才成得了大器

做龜毛老闆的得力部屬，還要耐得了煩，很多部屬認為老闆常常吹毛求疵，不止朝令夕改，有時五分鐘後就改口，部屬都得接受，才有出頭天。

所謂耐煩之必成大器，連一百多年前的曾國藩都早已預知，曾國藩接受重臣李鴻章推薦三個人，當那三人前來拜見時，曾國藩沒有立即接見他，而是站在暗處悄悄的觀察。

半個時辰過去後，曾國藩發現那三人當中，已有兩人等得不耐煩了，其中一個東張西望觀看屋內的擺設，另一個雖規矩的站在庭院裡，但神色焦急，只有一人神態自若，背著手仰著頭看天，曾國藩對李鴻章說：「只有一個人才堪大用。」

曾國藩接著解釋：「做大事，最重要的是耐煩，這三人當中只有一人耐得了煩，必成大器。」後來事實證明，曾國藩的判斷非常準確，被他看中的那個人，就是日後的淮軍名將，中法戰爭中的大功臣劉銘傳。

運時通的主管都得耐煩陳燕木的龜毛，也在運時通成了大器。

陳燕木的直式座右銘「追求完美、忠勤任事」，這是他在當憲兵時受訓練養成的務實精神，如何將此精神落實在企業？這八字代表意義為：凡事都要細部到位五米深的反芻思維，盡忠勤勞有責任的擔當處事態度。

橫式座右銘也各有其釋意如下：

追忠：追求忠誠心態
求勤：要求自己勤勞
完任：完全承擔責任
美事：美好事務達陣

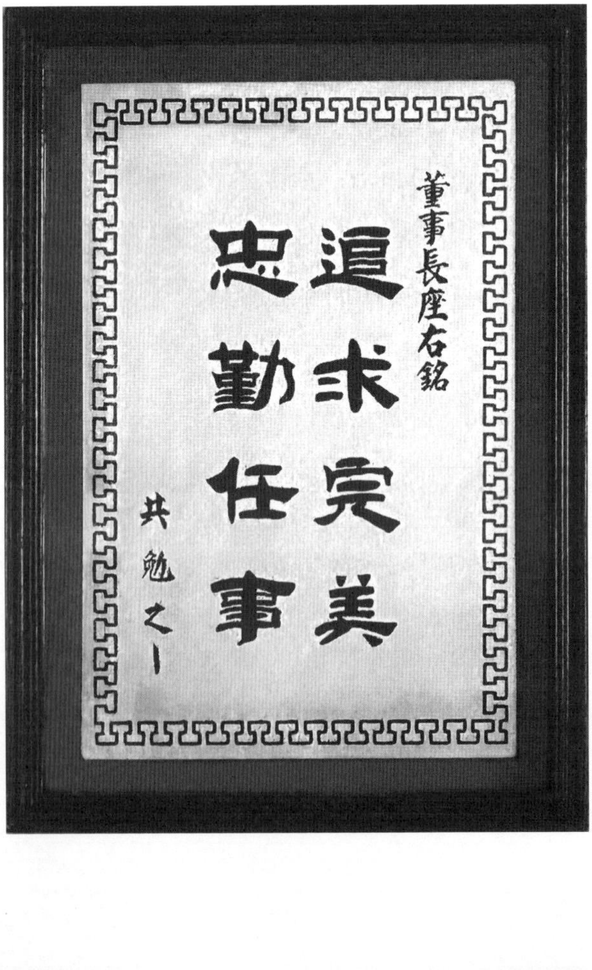

第二十九章

成功不必在我

即使已屆古稀，陳燕木依然保持著對運動的熱情，尤其熱衷於籃球，每週打二次籃球。自十七歲加入「鐵路局」並成為第二十一期「鐵鷹籃球隊」的一員以來，這份激情從未減退。身高一七六公分的陳燕木，手腳靈活，腿長手長，慣於打前鋒，也是隊中的代表性人物——「鐵鷹九號」。

考入輔仁大學之後，陳燕木也成為輔大企管系籃球隊的一員。在輔大，他住在輔仁大學的忠孝宿舍。課餘時間，他常與室友相約一起打球，打到太陽下山才去吃飯。那些年一起打球的室友名字至今仍深深烙印在他的記憶裡：洪成龍（前儒鴻紡織美國公司總經理）、張夢良（現旅居美國）、王騏（現旅居加拿大）、劉冠宏、林再得……，因為他們給了他人生的經驗和企管經驗。當時的輔大企管系，每個年級有三個班，從大一到大四，共十二班六〇〇個人，即便如此，陳燕木脫穎而出，本來只是班級籃球隊，後來晉升到企管系籃球代表隊，巡迴南北，和其他大學籃球隊比賽。

打籃球的啟示

在東莞設廠之後，陳燕木仍堅持在百花洞廠區前的室外籃球場打球。每當雨天，球場濕滑導致他屢次跌倒，兩個兒子十分心疼，於是花了四〇〇萬元人民幣，為老爸建造了一個一五〇〇平方公尺的室內籃球場，這份孝心讓他十分感動。這座籃球場被命名為「運時通活動中心」，不僅擁有高標準的籃球設施，還能用於舉辦大型活動、會議、培訓及宴會等多功能用途。該中心於二〇一七年七月在集團總經理陳冠宇、陳冠翰的主導下順利完成建設，並因其完善的配套服務，一躍成為東莞地區排名前三的室內籃球場之一。

活動中心的設立是為了持續不斷地優化集團環境，也提升了集團整體實力，同時為台商協會、政府、社團做公益活動提供場所，以球會友、敦親睦鄰、回饋社會。廣東省台商籃球錦標賽、東莞市公務員籃球錦標賽都在這裡舉辦。運時通的籃球場上奔跑著的不僅有運時通人，還有當地政府的領導、朋友，甚至明星。

「運時通名字的含義，是運來時轉萬事通，更是『運』動要『時』常，才會筋絡『通』順。」陳燕木說。

在籃球場上，他打前鋒的位置，一場球，他最多可得五十分，最少也得十五分。隊員中很多隊友幫他擋人，給他空出位置，他才能夠投二分線得分。

籃球是一項由五人組成的團隊運動——兩個前鋒、兩個後衛加上一個中鋒。一場籃球比賽中，場上奮戰的看似是五位球員，而場下隨時待命的替補隊員還有七人，整個球隊有十二位球員，場上一旦有人受傷或體力不支，場下的隊員立刻上場補位。

游泳、舉重或高爾夫，必須凸顯個人技巧，但籃球打的不是個人英雄主義，籃球更看重的是團隊精神與合作，只有通過默契配合，才能贏得比賽。

工作中，同樣需要有人協助鋪設道路，後勤管理和前線作戰的雙方要並行，才能確保業績穩步增長。在運時通的許多部門和崗位，都實行每兩年輪崗的制度，就像打籃球一樣，員工可以在不同的位置上輪換，從而獲得多方面的歷練。

有陳燕木比賽籃球的時候，陳燕木總是高聲引領團隊，一起吶喊道：「成功不必在我！」久了，隊員自然記得了，自己得分不重要，每一次助攻、擋人或是精妙傳球都能為隊伍加分。

在籃球場上，也唯有時刻保持警惕、洞察四周，方能把握最佳傳球時機，實現助攻。這與企業經營如出一轍——籃球場好比商戰的舞台，商家必須洞悉市場動態，緊跟市場趨勢，隨環境變化靈活調整策略。

面對競爭者不斷挑戰，他們如同球場上的選手一般，必須敏銳捕捉對手的每一個動作，並據此制定應對之策。最終，團隊的得分就如同企業的核心競爭力。

團隊是集合眾人之力

團隊合作說起來容易，但是面對錯綜複雜的組織，部屬文化、背景、性格各異，尤其在強調個人化的今天，團隊合作做起來卻困難。團隊合作要不斷在各種場合，以各種方式強調，使員工耳濡目染，而且在制度上落實。「主管就是主動管理」，以確保團隊能夠發揮最大效能。根據陳燕木的經驗，他如此強調。

運時通累積五十年的經驗，確保團隊合作，可以有下列做法：

一、主管不能有私心，例如主管把自己的獎金提得很高，結果部屬賣命，是為了主管，他們當然不願意好好做。主管不單領導部屬方向，有為部屬服務的心態，提供他們打仗的武器、彈藥、糧食，缺一不可。

二、力行輪調制，現代企業員工，尤其是年輕人，喜歡換工作，企業內輪調不失為好辦法，可以使員工保持新鮮感，進而產生動力，並且心生警惕，最重要是可以了解彼此崗位差異，實際了解團隊合作的重要，例如將業務等第一線員工，調到後勤支援，或者生產專家調到研發部門，例如運時通的床墊製造專家、副總經理陳明星，幾年前陳燕木把他調到研究發展，等於從前線調到後勤，讓他更能有效改進及創新公司產品。

從直線調到幕僚，更是公司主要幹部應該磨練的歷程。尤其業務人員和後勤人員更應該互相輪調，一個是武將負責打仗衝刺，一個是文將幕僚後勤，做過武將後，知道在前線衝鋒，去危解急，打下灘頭堡，多麼不容易。會了解江山不是你一個人打下的，要靠後勤支援，減少個人英雄主義。

這樣的輪調，也讓員工知道，你不是一天到晚都是做老大，也學會謙虛和合作。

但是文官、武將仍然各有專長，陳燕木認為，能夠文武全能的人不多，有的人就是做不來幕僚，喜歡出頭，也能出頭，可以派他做短時間幕僚，讓他體驗後勤人員的價值，有的人不擅出頭，也不擅帶兵打仗，做了短期武將後，也知難而退，領導人就不必勉強他。

他認為每位成員都有自己獨特的性格，無需也不應改變。團隊協作的藝術在於如何發掘並利用每一位成員的優勢與不足，根據其個性和專長合理分配任務，從而實現互補共贏。

陳燕木的籃球從十六歲打到七十五歲，公司經營也逾半世紀，企業管理就是管理人類的活動，能夠從各種人類活動演繹出管理精髓，會使領導人牢記不忘。

透過打籃球，體悟團隊合作與經營管理之道。

第三十章

力行ＤＥＩ，放空台灣經驗

ＤＥＩ（Diversity, Equity, Inclusion，意即多元、平等、共融），正是台灣企業正在苦苦補修的一門課。就是表示要招人，績效標準、升遷都要不分種族，不分文化，不分性別，一視同仁，企業要出海，要留人，甚至要盈利，都要靠ＤＥＩ。

ＤＥＩ起源於二〇二〇年「黑人的命也是命」（Black Lives Matter）示威期間及過後，六十六%的消費者期待、甚至要求企業必須對此表態立場；超過二二〇〇位企業CEO公開宣示要致力於打造更加共融的職場。

甚至如Google、迪士尼、Nike、沃爾瑪等大型企業都設置了多元長（CDO, Chief Diversity Officer），過半《財富》（Fortune）五〇〇大企業亦有負責推動多元共融的高階主管，確保公司在人事各個環節中，都能落實DEI。

多元人才，多元價值

運時通現在能夠成為全球最大台灣床墊集團，五十年前就定睛在DEI上。

台商一九九〇年代大舉西移時，眾台商只看到工資低，招人易，但是沒想到大陸農民工要從頭訓練，工作技能、工作倫理、出勤都得教，和台籍幹部必須大磨合，才能有所成。小小運時通，也必須是全球化企業，才能生存。因此在這裡，你會遇到來自各國的人才。不分國籍、不分地域、不分民族地任用人才。人才需要國際化，用人為才應不分膚色、不分國籍、不分家庭和社會背景。

DEI要從老闆開始做，「我會做台灣的老闆，但不會做大陸老闆，不會做美國老闆，更不會做日本老闆。」陳燕木坦承，「你必須把台灣經驗放空」，來到大陸三十年後他仍然認為自己要不斷學習。

雖然在大陸床墊界，普遍認為陳燕木是床墊業黃埔軍校的校長，很多中國大家具廠商主管都是運時通出去的，但是陳燕木仍然積極向同業請益，例如他與慕思寢具董事長王炳坤（近年中國成長最快的家具商，已位居第一位）不斷交流，才知道慕思在經銷商及消費者身上所花下的大功夫。

當時運時通只認真做產品，然後賣給經銷商，就完成任務，經銷商賣不賣得出去，運時通不過問，但慕思卻大不相同，他們把產銷各個環節視為行銷鏈，產品出廠後，首要任務是服務經銷商，賣給消費者，到了終端，才算完成行銷鏈的系統服務。

例如製造商得塑造品牌形象，附近有新樓盤，要幫助經銷店掃樓盤，辦各種活動，明星演唱會等，傾公司全力幫經銷商把產品賣出去。「慕思做十分，我們做七、八分也可以贏。」

今天運時通的行銷仍然遵循這些原則。

台幹、陸幹、日幹、美幹、德幹，大家一起幹

運時通流行的一句話是，「台幹、陸幹、日幹、美幹、德幹，大家一起幹。」

陳燕木說，重要是將其培養訓練成為懂得公司文化、講公司語言、執行公司目標、創造企業價值的人，不管是何種國籍、何種文化。

陳燕木主張，聘請日本人管理日本分公司、美國人進攻美國市場、中國人管理大陸公司。位在東莞的運時通，百分之九十都是大陸幹部，它又比中國企業國際化，薪水福利都超過市場水平二十%，所以人才很容易取得。

台商在一九九〇年代來大陸時，台幹懂管理、懂製造，也懂行銷（台灣式），但是大陸幹部愛學習，有經驗後也會急起直追。

例如陳燕木有位得力大陸助手朱廠長，有次和陳燕木反應，自己能力、經歷、忠誠度，都和另一位台籍副總經理相當，為什麼只有這位副總三分之一的薪水，陳燕木思考了一晚上，覺得這是自己的偏見，就把朱廠長薪水大幅提高，比同業高二十%，留住了朱廠長。

他也重新審查陸幹的薪水，要比同業多二十%，運時通大陸幹部，只要有業績，公司發獎金都是一視同仁，絕無差別待遇。

他常謹記郭台銘到日本買了夏普，只派了戴正吾做總裁，而戴正吾也只帶了幾位幹部來整頓，同樣地，在日本、在美國，運時通派出的人很少，一個地方頂多三個人。

世界各國國情各異，文化相異，所以一定要授權當地人管理團隊，例如二〇〇九年他們買了美國廠，陳燕木用了他多年熟稔的床墊專業人士史考特 Ed Scott，只派了一位賀瓊

June去，其他就靠管國際市場的大陳總陳冠宇Alex居中協調了。

當地不合理的規定，陳燕木往往經詳細思考後，大膽改革，例如在美國聖地亞哥的威克萊床墊公司，製造技術員本來是採時薪制，一小時不管做多做少，都是一樣薪水。陳燕木、陳冠宇召集史考特，一起商議，改成計件制，和原公司傳統大不同，可說是劃公司歷史的改革。但是高階主管已經有共識，就容易多了，只是執行細節待商討，威克萊床墊穩定經營至今。

「台灣的老闆不可能做世界老闆」陳燕木總結DEI的經驗。

運時通國際團隊經營會議。

第三十一章

經銷商：從小職員到老闆之路

他們來自天南地北，各有不同背景，也各有不同性格，但他們都因為運時通，多多少少改變了自己的命運。他們都是運時通分布在中國各地的經銷商，負責為五大世界品牌打下中國江山。他們是幸運的一群，四十歲上下，正是精力最旺盛，智慧、經驗邁向顛峰的時候，前面那代被文化大革命、知識青年下鄉耽誤了，沒有足夠的競爭本錢，而他們邁入職場時，又值中國經濟大起飛，機會無窮的時代。

每個人都可講出一個與運時通結緣的故事。

與運時通攜手同行

在廣州，代理美得麗床墊的吳衛洪，當運時通剛成立時，他在深圳做報關員，過著典型朝九晚五上班族的生活，老闆林文基、林鴻城從台灣來，是陳燕木的好朋友，吳衛洪常常跟著老闆來運時通玩，久了，看上看下，希望能為陳燕木代理產品，因為深圳已有人代理，他毅然到廣州打天下，時機準，又會帶部屬，激勵導購，業績越做越好，現在擁有八家代理美得麗的專賣店，都在最頂尖時尚的家居賣場中，十幾年來，更買了六套房子，家產估計數千萬人民幣。

位在兵馬俑所在地——西安的經銷商張萍，十幾年來一家人都成運時通的代理商，張萍的舅舅原來在國營企業做事，後來出來創辦恒泰家俬。舅甥女一起打點，銷售木製家具、沙發。張萍有個機會認識陳燕木的部屬，幾次來東莞參觀，回去報告給舅舅盧存志，運時通對品質的堅持，以及國外品牌的加持，舅舅決定當美得麗的代理，生意漸興隆後，結束其他家具品牌代理，丈夫支鐵偉辭去了穩當的公務員工作，也來一起打拼。全家都靠代理這個品牌，創造大筆財富。

「我們機會很好，從九〇年代起，家具床墊產業一飛沖天，到二〇〇八年金融危機開始，一路興旺。」吳衛洪承認大趨勢比「人」更重要。

當時床墊在中國屬奢侈品，比美國和台灣貴，但是中國人計算床墊的價錢，是跟著房價走。例如廣州的房價通常一平方公尺二至三萬元人民幣，因此花上三萬元買床墊，等於一平方公尺的房價，大家覺得很合理，一套房至少三張床，有的人有多套房，需求量就高漲。經銷商也因此大發，錢滾錢，造就了許多小富豪。

而「人」的工作是看準機會，必須一躍而上（常常機會只敲一次門），當時的中國床墊市場才剛剛起步，對睡眠產品沒有概念，更沒有國外品牌的入駐，就連現在賣床墊最不可少的步驟——「試躺」，都沒有人知道。「你要有慧眼識英雄的本領，才能掌握機會。」

但是機會來了，更要付出，這些人十幾年來，篳路藍縷，孜孜矻矻，一面擴展店裡生意，一面要想辦法如何擴充。例如，現在武漢的代理商李哲，從陝西到東莞運時通工作，升到業務經理後，想出去創業，選擇人生地不熟的武漢開始做美得麗的代理，初時的艱辛，不在話下，只因為那裡有機會。

在深圳負責打響運時通自家品牌——席樂頓SleepTrain的李世華，當初出來創業時，因為運時通其他兩個品牌在深圳都有人代理，沒有機會了，他毅然選擇了席樂頓，因為他知道自己人單力薄，必須有大公司品牌，「運時通有長遠做法，把席樂頓定位為集團裡最豪華的品牌，因此絕對會支持這個品牌。」李世華信心滿滿地說，「你孤身出海，波濤洶湧，要投靠小漁船還是航空母艦，答案很明顯。」

運時通全力給他支持，財力、物力，以前沒有賣過床墊，只賣過音響、電器（都是低成本）的他，從頭學習健康知識，人體脊柱、床墊構造，甚至鋼材、彈簧，陳燕木還告訴他如何向顧客講故事，化故事為賣點，陳燕木告訴他：「當我還是一名火車技工時，曾經研究過火車的彈簧，使用十年都沒有下陷，覺得這個彈簧真是好。我要把這麼好的彈簧技術用在床墊的彈簧上。這就是我們床墊技術的靈魂，也是賣點！」

就這樣李世華憑藉他十幾年的行銷經驗，研精探奧，悉心戮力，逐漸打出席樂頓名號，這幾年在深圳紅星美凱龍家具商場，四十五家軟床中，成為銷售冠軍，在商場三百多個品牌裡被評為「五星商戶」。「當初的別無選擇，現在卻變成最佳選擇！」李世華一面高興，一面感慨地說。

現在李世華和吳衛洪都變成了陳燕木的合夥人，共同創立廣東唯宇華家具公司，經營美國艾綠 SleepTherapy 床墊品牌，同樣也是奔波於全國各地，小職員變成總裁並非奇蹟，而是靠一點一滴的汗水打出來的。

最有說服力的親身示範

拼搏一生的陳燕木是他們最好的榜樣，「七十幾歲的人，還拼成這樣，我們還有什麼話說？」每個經銷商都如此說。

已經二十幾年了，陳燕木說的話還清晰印在他們心裡。「你們資深員工要到外面創業，公司一定支持你！」

「沒有賣不出去的產品，只有不會賣的人。」

「歡迎回娘家，隨便看，有什麼需要跟我講。」

陳燕木不單單說，更做到，始終信守承諾。二十年前李哲做到了業務經理，想要去武漢開店，店裡最初擺放的貨品，是工廠免費提供的。裝修費用，公司也補貼支持。使李哲免了很多後顧之憂，很快，李哲在武漢開了第二家店、第三家店……現在已經有十家店了。陳燕木還不時問他需要什麼支援，有年五月一日勞動節（中國大假期，往往一放八天，也是購物黃金期），派出美國公司總裁史考特到武漢，去幫他們現場展示，如何選擇好床墊，原廠總裁人在現場，顧客會更加信服。

「從過去經驗看，他身體力行，要求我們做的事，他一定比我們做得多，這就是人格魅力。」李哲說。

陳燕木不單幫助他創業，天冷時還為他加衣。二〇一三年陳燕木帶領經銷商，到德國參加美得麗七十五週年慶典，參觀德國美得麗總部時，白雪皚皚，寒霜徹骨。陳燕木看到李哲薄薄的外套，便拉著他到德國百貨商場買了一件皮衣禦寒。李哲感動地說：「我以後，每年都會穿這件皮衣，想起董事長的溫暖與貼心。」

在西安的張萍覺得陳燕木像她一起創業的舅舅，每次到東莞，真的覺得像回娘家一樣。陳燕木深諳與經銷商打交道要博感情，常要採用軟硬兼施的方法。硬為幫他們打廣告，辦經銷商老闆訓練營及銷售導購訓練班；軟則是設定各種獎勵活動，經銷商業績成績優良者，獎勵他們旅遊，例如到日本、到台灣。尤其到台灣不容易，經銷商為了到台灣一遊，常常全力以赴，希望達成最好業績。

博感情，更要交心，講究軟中帶硬，硬中帶軟的技巧。凡是經銷商來東莞，陳燕木不管多忙，都會晤見他們，拍拍肩膀，喝個酒，交換一些市場情報以及家具業最新趨勢，陳燕木可以了解地方消費趨勢，經銷商可以了解國際潮流資訊，可謂知己知彼。

張萍還記得，二〇〇八年陳燕木帶領優秀經銷商去台灣，一路上從衣食住行都給予他們無微不至的體貼與關心。帶他們逛台北夜市，了解台北文化，「還教我們如何向攤販砍價。」

她也記得，二〇一三年去德國美得麗總部參加他們的七十五週年慶典，在飛機上，陳燕木不坐頭等艙，跟經銷商一起坐著普通的經濟艙，十幾個小時的時間裡，不是在閱讀書報，就是和他們探討未來企業發展的新模式。「要記得，有飯大家一起吃，有錢大家一起賺，你才能做大。」他不時說。

帶領經銷商遠赴德國參觀美得麗總部。

第三十二章

跨文化，共打拼

一九七九年，鄧小平在中國南部沿海勾勒出了「一個圈」，深圳、珠海、汕頭和廈門四個經濟特區應運而生。自此，中國開啟了改革開放的歷史新篇章，並迎來了南下務工的大潮。大多數台灣人在大陸創業時，由於人生地不熟，起初最信任的往往是台灣籍的幹部，陳燕木也不例外。在東莞建廠初期，他從台灣帶來了資深的幹部擔任東莞廠的高層領導，而中層管理人員與基層員工則在當地進行招募。

知人善任拉拔人才

在台灣企業中，「台幹」與「陸幹」是最常見的簡稱。運時通最著名的「台幹」非陳明星生產總經理莫屬，同事們都親切地稱呼他為「星哥」。一九九三年他加入運時通的生產製造部門時，冠宇僅有十三歲，冠翰也只有十一歲。誰也沒想到星哥一做就是三十二年。

星哥由衷地感慨道：「董事長創立了運時通這個平台，讓我們得以更好地學習與展示自我，進而實現個人價值。沒有這個平台，一切都無從談起。因此，我真心感謝董事長和公司為我們提供的寶貴機會，並懷著一顆感恩的心，盡心盡力做好每一件事，以此回報公司及董事長的知遇之恩。」

三十多年的車間歷練，星哥已成為一名實至名歸的生產專家。無論是在台北母廠、東莞總廠、美國原廠，或是現在的江蘇淮安新廠，運時通的每一次生產線布局與調整皆由他親自操刀。

在陳燕木的百條語錄中，「七要行動」中的三條——「肩要硬，責任擔當；腳要動，現場主義；手要做，親力親為」，都可詮釋陳明星的工作態度。

台商一九九〇年代大舉西移時，眾台商只看到工資低，招人易，但是沒想到大陸農民工要從頭訓練，工作技能，工作倫理、出勤都得教，和台籍幹部也有不同的磨合方式。

一九九八年的一個早晨，運時通東莞老廠招聘人才，陳燕木巡視現場。看到大門口擠了很多人在認真排隊，要跟警衛拿號碼。大門是關著的，大門後面唯一一個穿西裝、打領帶的人，一直排不上號。

這份與眾不同的態度讓陳燕木決定錄用他。這個人就是王治文Michael，他在運時通一做就是二十七年。從最初的倉管做起，王治文憑藉著不懈的努力和卓越的能力，逐步晉升為業務經理，再到深圳直營店的總監，現在擔任了酒店事業部的總監。為了更好地與國際接軌，他從零開始學習英語，最終能夠自如地與公司的美國及歐洲高層進行交流。

挑戰開拓國際市場

一九九〇年代末在日本出差期間，陳燕木結識了日本優良家具組合有限公司（JEFSA）的骨幹平塚裕章（Aki Hiratsuka）。後來，在德國舉辦的美得麗年會上，兩人再度巧遇。原來平塚的妹妹嫁到了德國。平塚不僅精通英語和日語，還略懂中文，陳燕木隨即希望和平塚合作，共同進攻日本協會。

在他做亞太家具協會（CAPFA）會長任內，邀請平塚擔任協會秘書長，負責處理協會在日本的相關事務，平塚在日本將業務發展得非常出色，成功開拓了二十多家客戶。為運時通貢獻三十多年，八十二歲時退休，與日本天皇的退休年齡相同。

多年來與平塚並肩作戰的經歷，讓陳燕木深刻體會到日本商社企業文化的精髓，以及日本人待人接物的態度、心態與方法。這些都與「七要行動」中的兩點——「腰要軟，態度謙虛（Attitude）」與「口要笑，溝通協調（Communication）」不謀而合。特別是他們對於品質近乎苛求的堅持，令人印象深刻。

國際化歷程裡，美國不可或缺。自一九八三年陳燕木與美國蕾絲Restonic簽訂了為期二十年的亞洲代理權後，在續約期間於美國芝加哥結識了時任蕾絲總裁的史考特Edward Scott。他是一位擁有超過四十年床墊行業經驗

日本公司社長平塚裕章與德國美得麗Höner研討如何拓展日本市場。

的專業人士，曾在美國舒達Serta、美國席伊麗Sealy等多個知名床墊品牌擔任過總裁及副總裁等要職。

史考特先生從美國蕾絲退休後，陳燕木邀請他出任美國席樂頓的總裁。二〇〇九年全球金融危機期間，史考特了解到位於美國聖地牙哥的威克萊（Wickline Bedding）公司即將出售，便向陳燕木提出了併購建議。陳燕木認為這個建議很有前景，迅速收購了這家擁有六十多年歷史的床墊製造廠，並派遣史考特前往聖地牙哥擔任總經理，負責工廠的日常運營。

二〇一七年，陳燕木想要爭取蕾絲永久代理權，把蕾絲品牌這個「洋兒子」變成真正的「親兒子」，因此，史考特與對美國人生地不熟的陳燕木，一起一家家地拜訪了美國蕾絲公司各州的股東們。對於土生土長的史考特來說是如魚得水，與陳冠宇總經理經過三人的不懈努力，他們最終成功簽署了美國蕾絲品牌在亞洲的永久代理權。

此外，史考特也愛好打籃球，每次前往東莞時，還組成籃球隊相互比賽，有時同隊合作，有時異隊競爭，知此知彼以球會友，達到融合工作的情趣。

異國籍的他，符合「七要行動」中的最後兩點——「心要正，忠勤任事（Loyalty）」

與「頭要敏，系統思考（Smart Thinking）」便應運而生。

用實做證明一切

與美國人風趣幽默的特點不同，陳燕木同樣欣賞歐洲人那種嚴謹認真的處事態度。

二〇〇八年，陳燕木在參加德國科隆展期間，了解到一個創立於一八八八年的荷蘭皇家品牌——歐品（Auping），該品牌擁有超過一三〇年的悠久歷史。陳燕木對此深感興趣，並借此機會結識了歐品亞洲出口部的總經理亞普Jaap先生。陳燕木開始從荷蘭的歐品公司，引進高級電動鋼網調節床及其配套床墊進行中國總代理。

然而，理想很豐滿，現實卻很骨感，歐品的床價格昂貴，加上進口成本，每張床售價高達人民幣十萬元至數十萬元不等。可以買一輛車，或是在三四線城市購置一棟公寓了。

陳燕木想到，從荷蘭進口鋼網床，然後在中國本土生產床墊，這樣的組合不僅可以降低成本，還可使產品品質更上一層樓。然而，亞普對此持懷疑態度，因為歐品一直只出口不找人代工。

「那我們就Play the game（拭目以待）吧！」當時陳燕木微笑回應道。

陳燕木從荷蘭進口了兩張床墊到中國，並讓運時通公司仿照，製作了另外兩張。隨後，亞普帶領著一支由廠長、品管人員及市場運營組成的五人團隊前來檢驗這些床墊。在運時通的展廳中，四張床墊都被白布蓋著，它們的尺寸相同，分別標有A、B、C、D的標籤。荷蘭人仔細檢查每一張床墊，不僅反覆觀察、試躺，甚至還拆開了床墊進行檢查。最終，他們挑選出了兩張床墊，認為那是來自荷蘭歐品的原裝進口床墊。

令人驚訝的是，這兩張床墊實際上是運時通自行生產的。基於多年來的愉快合作，當亞普從荷蘭歐品退休後，陳燕木邀請他擔任運時通歐洲公司的顧問，負責歐洲市場的巡迴與開發工作。亞普不僅精通荷蘭語和英語，還能夠流利地使用德語、瑞士德語、瑞典語等。

陳燕木深信古語所云：「用徒者亡，用友者強，用師者霸。」不管什麼國籍，能力第一，而且能力要比自己高強。

陳燕木取得荷蘭皇家歐品Rayal Auping中國總代理權，與Jaap亞普總裁共創輝煌。

第三十三章

台灣囝仔，走向世界

二〇〇六年西班牙，一家國際大旅館內氣氛活潑樂觀，因為與會三大家具協會。歐盟家具協會、北美家具協會、亞洲家具協會，各會長都同意成立世界家具協會。接著隔年二〇〇七年，近五十個國家家具協會、正式通過成立世界家具協會World Furniture Confederation（WFC），於當年九月在中國上海召開第一次大會，當時中國家具業還沒有如此發達，就選在上海開會，表示世界認可了中國這個理想的合作夥伴。

世界家具協會的會長由歐盟家具協會的會長Mr.Calixto Valenti擔任，而亞洲家具協會會長陳燕木則擔任副會長，當時世界家具協會載明會長只能任一屆三年，下屆則由副會長擔任會長，因此陳燕木原應理所當然擔任下屆世界家協會長，卻因當時台灣的政治因素，而無法擔任世界家協會長。

但是Calixto Valenti和很多人說，各國家具業能成立世界性的組織，相互合作交流是何等困難，Jack Chen貢獻非比尋常，我們都應該感謝燕木會長。這個在台灣、中國大陸、亞太乃至世界家具協會都占有一席之地的企業家，卻不簡單。

寶島根、亞太心、世界情

一九八四年，正值三十四歲，雄心勃勃的陳燕木，加入了台灣區家具工業同業公會，先從理事開始做起。一九九〇年，到了第六屆擔任常任理事。隨著中國改革開放台灣區家具公會也組織了赴大陸的考察活動。謝貞德William理事長特別委派陳燕木擔任此次考察團團長，也打下日後進軍大陸的基礎。他更為家具公會，向國貿局爭取補助台灣家具產業出口專案，每年近兩千萬台幣專款補助，使得台灣家具出口業蓬勃發展帶動公會業務興隆，更買下公會辦公室作為永久服務會員的場所。

十幾年來，為公會竭盡心智的同時，不誇耀自己成果，更虛心請教前輩。歷屆理事長也傳授給他很多家具業潛規則。明規則易學，潛規則只有有心人士才會教給你。

一九九七年他擔任台灣區家具公會第九屆理事長、那時他剛進軍大陸，蠟燭兩頭燒，絲毫沒有懈怠會務。次年，陳燕木便成功舉辦了「買主之夜」（Buyer’s Night）頒獎典禮。時任中華民國副總統連戰的出席，更標誌著台灣家具外銷出口巔峰。

阿木理事長時常帶著比他年長、年輕的公會成員參加德國科隆、義大利米蘭、美國高點、美國拉斯維加斯、日本東京、新加坡等全球各大家具展覽會，全心全力將台灣家具業推向更廣、更深的國際競技舞台。

編印《台灣家具通鑑》獲正副總統賀電

在公會成立二十五週年之際，他更做了一個空前的工作。他組織編印了厚達六二八頁的《台灣家具通鑑》，該書由陳燕木理事長擔任發行人、台灣大學教授王松永博士出任總編輯，邀稿、寫稿、編排，甚至校對都由運時通企劃團隊在做。得到李登輝總統賀電（如圖）、連戰副總統賀電（如圖），於一九九九年三月一日精裝出版五千冊，裡面的文章，一家家大小公司故事，承載著家具業者含辛茹苦、篳路藍縷的三十年旅程，也塑造出「一日家具人，終身家具人Be furniture man one day, be furniture man all life time」，執著拼搏的產業精神。

翌年又繼續出版了《台灣家具通鑑》英文版《The General Guidance Taiwan Furniture》。兩本書皆為非賣品，陳水扁總統特別接見，而且鼓勵家具公會完成此項艱難任務。對華人世界而言是難得一見的英文家具教科書。

看著桌上六二八頁厚厚的一本，他只敢說空前不敢說絕後，但是二十幾年來都沒有更新過，面對家具業白雲蒼狗，他多麼期待後面有會長繼起，再續前篇。

對公共事務的熱心，他從來沒有停止。

二〇一一年燕木結合兩岸四地二〇〇多優質家具商成立「中國家居品牌聯盟」，結合大陸台灣澳門香港的家具商，成立時，他不急著做會長，先禮讓香港敏華控股黃敏利先生擔任創會主席，然後是廣州的康升集團劉永康先生擔任第二屆主席，二〇一五年第三屆才輪到他，但一開始組織這個聯盟，他就將協會力量化為同業助力，每個會員必須交一〇〇萬人民幣，等於是押金，宣誓大家同進退，當時商場需求火熱，每年都提高租金，讓製造商和經銷商吃不消，於是諸多家具品牌，藉著這個品牌，和家具商場，如紅星美凱龍、居然之家談租賃條件，往往能把租金壓低二十%左右，還可以選到好位置，對家具生產商及代理商可以節省成本，而大家一起聯盟，商場也要給予更好的條件。

他當主席期間，認為中國家居品牌聯盟既然都是業界佼佼者，理應有個會館，大家可以有個聚會場所，而且對外聯誼、談判都有個根據地，燕木率領主席團募集一三八〇萬人民幣募集捐贈購買品牌聯盟大樓，他本人就認捐一二五萬元人民幣，約新台幣六〇〇萬元。至今這棟建築物仍然矗立在東莞，集家居產業圖書館、企業形象展館、秘書處辦公室、主席團交流等於一體的永久會館。

他對當年沒有做成世界家具協會理事長，當然遺憾，但是這個經驗讓他學到不必事事居第一，做老二可以淡然些，是不錯的選擇。

公益是無疆界，講究的是否漣漪萬千、悠遠流長。

總統府電報用紙

總統賀電

【臺北市忠孝東路二段一〇〇號九樓九〇五室】
臺灣區家具工業同業公會陳理事長燕木暨全體與會人士公鑒：欣悉 貴會訂於本（八十八）年三月四日至八日舉行二十五週年慶及「臺灣家具通鑑」新書發表會，特電申賀，並祝活動圓滿成功。李登輝中華民國八十八年二月一日

副總統用牋

台灣區家具工業同業公會二十五週年慶暨「台灣家具通鑑」新書發表誌慶

協融同業
追求卓越

連戰

第三十四章

台青！台青！Go Go Go

二〇一〇年底，陳燕木一家人與全國台企聯總會長郭山輝的家庭，在東莞凱悅酒店相聚。郭會長的兒子郭全量從澳洲留學歸來，對這位燕木叔叔心服口服，而陳燕木的小兒子陳冠翰則極為尊敬郭山輝會長的專業及管理能力。

「我們何不來一個『異子而教』呢？」兩位會長多年交情，相視一笑。

當時改革開放三十餘年，鄧小平南巡深圳後二十年，第一代打拼的台商也邁入該退休的年齡，卻發現後繼無人，子女赴歐美留學後，都不願意接棒，老爸、老媽頗有江山賦予何人的徬徨，而且這些台商子女之間更無聯繫，平白失去了很多上好資源。

二〇一一年四月二十三日在青島舉辦的全國台企聯，第二屆會員代表大會第二次會議上，正式通過並成立了台企聯的新世代新青年功能委員會（青委會），就是希望把台商第二代捆紮在一起，團結力量大。

郭會長鑒於陳燕木在台灣輔仁大學的教學經驗，委任他為青委會的主任委員。陳燕木從台企聯的副秘書長到副會長再到常務副會長，和所有公益組織一樣，他出人、出錢、出力，無私奉獻著自己的時間和精力。

交流、學習、成長、傳承

每年舉行一次的台青年團領袖特訓營，參加者除了台商第二代外，還有對大陸有興趣的台灣青年，特訓營非常嚴格，六天五夜課程緊湊，一刻都休息不了，晚間節目到十一點。第一期學員還要當場做仰臥起坐，主辦人包括陳燕木在內，是希望訓練學員在高壓力下如何因應，如哈佛商學院訓練學生，每天要讀二〇〇多頁資料及寫報告一樣，在學校就要學會如何在壓力下做決策。

第一期二十五位學員結業後，大呼受不了，而且陳燕木在會中演講女性應該聽從男性，信守男尊女卑，有些女生當場抗議。原來以為第二期很少人會來，沒想到來了四十五名參加者，後來參加的台青越來越多，到現在已經舉辦十五屆，有近千名學員了。其中也有很多女性，「他第二年就改口，不再那麼大男人主義。」在廣東佛山做珠寶設計的鐘莉葳說，陳燕木雖然很有主見，但也不是聽不下別人建議。

鐘莉葳還在陳燕木邀請下，擔任營媽媽，與營爸爸合作，相輔相成，成為青委會的副主委。因為學員裡很多都是女性，需求不同，而且特訓會也希望有陰柔氣質。

在廣西南寧做文創企業的楊政諭記得，陳燕木是能屈能伸的長輩。有一次兩人在特訓營活動內容起了衝突，而且蠻嚴重的，最後楊政諭因為陳燕木是主委，不甘心地屈服了，但心情還是不好，到第二天晚上，陳燕木為了表達領導人是僕人，可以如基督為門徒洗腳，他竟然親身示範，要楊政諭到前面來，「我抵死不肯，他抵死要，我只得聽從，這是他對我表示歉意的方式，之後我心裡坦然，不再介意了。」

陳燕木為了不辜負台企聯第二、三屆郭山輝會長、第四屆王屏生會長、第五屆李政宏會長的信任，他特別投入一二〇個小時學習人生教練課程，親自體驗，每年都會有新內容，他一共做了九年青委會主委，主辦了九次特訓營，每年主題不同，如競爭力，包括個人、公司及國家競爭力；如何創業，如何創新，舉辦座談會、研討會、工作坊等，還特別邀請海基會董事長江丙坤和海協會副會長葉克東前來，與台灣青年座談指導溝通與勉勵。

很驚訝地，除了堅持、拼搏外，陳燕木最想講的是孝道。有一年，剛好在父親節前夕，他特別安排了一個晚上，講自己父親的故事，而且也請來幾對父母，和在場的學員對話，彼此了解心聲，父母講出對子女的期許，子女講出不被父母了解的寂寞，他更安排子女為父母洗腳的節目，父母與兒女相擁而泣，消除隔閡。有些年輕人說這是很特別的體驗，也許這一生都不會有。

很多第二代參加都是被父母逼去的。去了、聽了，有的題目覺得很受用，有的不怎麼樣，但是隨著年歲漸長，人生經驗豐富，特訓會的主題和陳燕木的叮囑如細水長流，點點滴滴，進入了這些年輕人心中。

在廣西南寧從事混凝土製造的周代祥，曾任南寧台商協會會長，自青委會第十期至今接任了新主委工作。他的父親一九九〇年代從台灣來南寧發展水泥業，不單廣西營建業發達，而且可以和越南、泰國做生意。

二〇一〇年周代祥才從加拿大留學回來，沒有打定主意，要不要接父親生意。但是想到高中時，父親才創業，他來看爸爸時，爸爸住在附近簡陋的房子，燈光昏暗，好不容易父親做出個局面，應該讓父親休息，於是他進公司，開始和前輩學習，自己進實驗室，調出客人適用的混凝土，現在已正式接班，父母親回台灣養老了。

二〇一二年他參加特訓營，雖然沒有直接決定要接班，但裡面討論的主題，讓他覺得經營事業也是很好的選擇，自己不能坐享其成。陳燕木在教書、演講時，時常會誇張，渲染，甚至有點濫情，年輕人喜歡酷，當場不以為然，「日後才了解，陳會長為了強調內容的重要性，絞盡腦汁，怎麼在學員心中留下印象，時間久了，才懂得他的用心。」周代祥說。

互相砥礪、共同成長

負責了九年特訓營，陳燕木最後承認，這些孩子帶給他的，比他帶給他們的還多，例如，他讀博士也是在這個特訓營逼出來的，當時有位湖南大學博士台青來特訓營，他講完課後，大概台青覺得陳燕木太狂，看不順眼他，那位台青就問陳主委「你的學歷如何？」陳燕木回答：「我是輔仁大學管理學碩士ＭＢＡ，我有實務經驗，夠資格做你們的老師。」

台青！台青！
GO！GO！GO！
第九期
商二代菁英特訓營
E 9TH YGC TRAINING CAMP
邕城蛻變
青委騰飛
5

青委會四大宗旨：「交流 COMMUNICATION、學習 LEARNING、成長 DEVELOPMENT、傳承 CONTINUUM 」。

那位博士台青就說「你不是博士，怎麼教我呢？」陳燕木也曾經遇到過其他很自大的博士，因此激發了他「你能我也能」的好強心，而發心必須念博士。他將台青主委交給周代祥，二〇一八年帶著愛知識愛學習的心，想繼續擔任台青的老師，因此踏入了清華大學，做個老學生活到老學到老。

陳燕木自二〇一一年起擔任青委會主委九年，其後每年仍放下繁忙公務，連續十四年到特訓營授課。對他而言，一千名學員猶如他的一千個孩子，他見證著他們在「交流（Communication）、學習（Learning）、成長（Development）、傳承（Continuum）」的道路上不斷前進。如今，這些學員們已在各地台協擔任會長，其中三分之一已完成接班重任。

看著一朵朵生命之花逐漸綻放，他被學員親切地稱為「台青人生導師木哥」。為了鼓勵台灣青年男女相互結婚，他還特別贈送新婚夫妻一張，由運時通生產的愛的蕾絲床墊作為賀禮，期盼他們早生貴子、家庭美滿。

至今每一次青委會特訓營活動上，仍然能聽見陳燕木喊著：「台青！台青！Go Go Go！」、「台青！台青！Go Go Go！」餘音繚繞，也迴響著他們這一代對年輕人的期待。

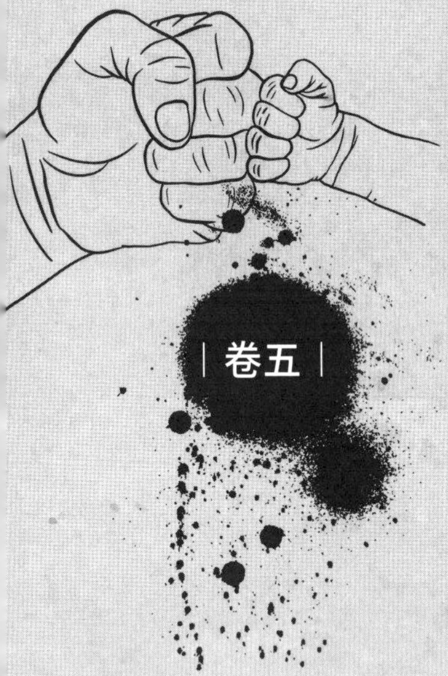

卷五

傳承變革

Inheritance and Transformation

第三十五章

交棒這麼難嗎？

接班在世界都有問題，而我國又更嚴重，根據普華永道（PWC）在二〇二一年發布的《台灣家族企業調查報告》，約有四十三％的台灣家族企業沒有明確的繼承計劃。而在這些家族企業中，僅有二十三％的企業有正式的書面繼承計劃，大部分的家族企業僅有口頭的或非正式的繼承安排。台灣經濟研究院在二〇一九年進行的一項調查顯示，超過五十％的中小企業存在接班問題。

專業經理人主掌的公司是否好些？也沒有好到哪裡，一九九七年筆者寫《半導體教父——張忠謀傳奇》時，當時張忠謀才六十五歲，他說七十五歲一定退休，這十年培養年輕人接班；二〇〇〇年後，似乎選定當時總經理蔡力行為接班人，但不久蔡力行被調到新創事業部門，老驥伏櫪，張忠謀董事長兼總經理，到了八十五歲，記者問起張忠謀是否退休，台積電發言人即駁斥「八字還沒一撇」。

前幾年選定魏哲家和劉德音為共同董事兼CEO，員工有三頭馬車之嘆，去年魏哲家勝出，劉德音退休。總算台積電完成了交接，張忠謀這時已九十二歲了。

企業交班是一個重要且複雜的過程，會面臨許多問題和挑戰，現任領導者的心理準備第一重要。

接班人是培養出來的

在台灣面臨或已交棒的絕大多數是創業家，他們的血脈和企業密不可分：交棒，是多麼困難。他們也不願意講給別人聽，講也是講得吉光片羽，淡抹一番，這種深層需求旁人都很難體會。

筆者曾經多次訪問過王永慶，自從台塑七人小組成立，台塑研擬交班後，他有著明顯的失落感，每次談到退休，他就岔開話題，他說晚上不想吃飯，只喝一杯紅酒就夠了。

一位很晚才接班的企業負責人說，父親交棒後，很失落，重要決策還是要參與，每逢第二代向員工講企業文化時，一定要在場（顯然認為企業文化為他建立，怕兒子講述有所疏漏），如此第二代就不能暢所欲言，塑造新的企業文化。另一位元老化工企業退休負責人，當該公司與鴻海等大企業談生意時，都要在場，怕自己子弟兵吃虧。王永慶之弟王永在在世時，兩個星期總要去位在雲林的六輕一次，看看工廠，聽聽簡報，縱使坐著打瞌睡，他也要在場，部屬每次為他的視察耗時耗力甚多。

讓兩個兒子歷練準備

陳燕木更不例外，他就和台灣多數白手起家者一樣，有過人的精力及想法，馬英九曾封他為「床墊教父」。九〇年代來到大陸，他不只利用中國廉價勞力做外銷，也趁中國買房風，打入中國內銷市場，因此能存活至今。

但是二〇一四年開始，中國內銷市場丕變，行銷、運營、管理組織大不相同，兩個兒子在公司歷練了十餘年，都接近四十歲了，應該是最好的接班年齡。「接班不能太早，接班人不夠成熟，也不能太晚，否則接班人缺乏鬥志。」他說。

其實，陳燕木很早就有計劃培植陳冠宇、陳冠翰。長子陳冠宇大學畢業，服完憲兵役，退役第二天，二〇〇五年五月一日就到公司報到，從職員做起，跟著叔叔伯伯學習，運時通工廠走一圈是一公里，每天到工廠走四趟，每個工序都仔細看，才能了解其中奧妙，接著陳燕木派他做國際業務，帶著他跑遍美國和歐洲，還到美國去管運時通買下的工廠，經過爸爸的震撼教育，兒子很快修正錯誤。戮力重整好了，才交給現在的經理人來管。

小陳總陳冠翰是國立交通大學資訊科學與工程研究所畢業，當完兵後二〇〇九年一月一日到公司上班。於是前進東莞，和家人一起開創中國大陸市場。從資訊主管、業務員開始做起，又到上海管理直營店，了解中國市場如何運作，如何吸引經銷商，如何打動及抓住他們的心，如何提高消費者顧客滿意度。

第三十六章

儀式感的力量

二〇一六年三月十六日是運時通近年來最重要的日子，那天，廣東東莞舉行全世界最大的家具展，晚上在東莞厚街鎮嘉華大酒店，運時通舉行一場晚宴。嘉賓眾多，有台商、美商、日商及大陸家具商等。此刻，床墊教父打算交班了，運時通要舉辦盛大的交班儀式。

會裡，兩位接班人行少見的禮儀，中華民族傳統禮節——跪拜禮，三跪拜是一禮感

匠心傳承，父子接力啟新程。

恩父母養育之恩，二禮感恩父母，也是董事長、副董事長栽培教導，三禮感恩集團董事會傳承交接。行跪拜儀式後，大陳總和小陳總從父母手中接過儀式信物——金鑰匙。

本來，家裡四人，其他人都反對如此高調舉行，但是老爸堅持，兒子不敢反對，黃喜貞最後也屈服，「我反對，他總是有理由說服我，只有聽他的了。」她說。

盟變傳承

很多企業交班，常常就是在董事會裡宣布，新官立即上任，推動業務。此次陳燕木舉行如此隆重儀式，自有其意義。

首先，有了儀式後，讓這位終生打拼的董事長，真正在人前宣布退休，今後不能再管得鉅細靡遺了。很多交班人交接了一兩個星期後，閒不住或者看不慣，又重新出山。

此外，他也要感恩客戶，多年來對他披荊斬棘的支持，並且對客戶負責，宣布兩位兒子接班，以後客戶要找「大陳總」（長子陳冠宇）、「小陳總」（次子陳冠翰）了。

在典禮上，拿到一雙金鑰匙的兩兄弟，更是一種承諾，對著父執輩、同業、經銷商許下承諾，今後必定盡忠職守，再續運時通未來風華。

繁複儀式意義深遠

三跪拜是中華古禮，陳燕木堅持要兒子行此古禮，要體現第二代對父母長輩的臣服、尊重、孝敬之心。也提醒著繼承父業，發揚光大，必須如臨深淵、如履薄冰。

他在孝道峭薄的今天，對孩子和晚輩，仍然堅持沒有孝子哪有忠臣。

陳燕木和黃喜貞看著兩位孩子，從台灣五股工廠裡的調皮、打架，今天已經長大成人，獨當一面，感慨萬千，而陳燕木想到那些奔波在大陸、歐美、台灣的日子，黃喜貞帶著兩個小孩在台灣，母兼父職，顯示女人的韌性，兩人激動萬分，熱淚盈眶。

很多人認為儀式繁文縟節且冗長，不足

運時通集團「盟．變」感恩傳承晚宴。

取，應隨意自在，但很多儀式還是有其必要。

例如每年聖誕節，教宗必主持聖誕彌撒，來團結二十億天主教徒，聖誕彌撒中，教宗、紅衣主教、祭壇人員，分別著白色、黑色、紫色聖袍，撒聖水、誦聖經、合唱團歌聲如深谷迴音，繚繞廊柱，最後教宗抱著一個木製嬰兒（象徵基督）走向信徒搭建的馬槽，象徵兩千多年前，基督降生拯救世人，純淨雪白、聖潔光輝。在強調動感、速度、喧囂的今天，獨樹一格，令人難忘。

儀式，人類文化學家闡釋，是在特定的情境或時間點，所做的「有意識的行為重複」。

因為重複，所以能夠有序進行，產生穩定的力量，甚至能增加我們生命的深度、廣度。世界、國家、社會、企業，甚至家庭、個人都必須有儀式。

例如國家有國慶、清明節有國殤禮、部落有儀式，如豐年祭，每年生日慶生、過年給紅包……儀式有著特定的規則，它帶給我們存續感，也因為一直重複讓人有安定感。

同樣地，婚禮的儀式也很重要，不單熱鬧一場，而是昭告親友，結成家庭，是一種宣告，一種諾言，不像同居，隨時可拆夥，當然這諾言延續多久，還是要看當事人。

西方還有成年禮，十六歲、十八歲的男女青年，穿上正式衣服、與社會見面，也是一種儀式，代表這些青年已經成年，必須自己交友、做決定與負責任等。

家庭也要有儀式，以前出版的一本書《每個孩子都需要家庭儀式》裡面闡述德國家長如何運用「儀式教養法」教出獨立規律，與家人感情親密的孩子，是本必備教養經典。德國家長有「起床儀式」——專治有起床氣的小孩，「收拾玩具儀式」——讓孩子主動收拾玩具，「冷靜儀式」——每當孩子情緒高漲時，儀式也代表秩序。

日本作家村上春樹曾說過：「儀式讓我們對在意的事情心懷敬畏，讓我們對生活更加銘記和珍惜。」

法國人吃晚飯，縱使只吃沙拉麵包，也要點起蠟燭，在餐桌上放盆花，奧黛麗．赫本主演的經典影片《第凡內的早餐》裡，荷莉會穿著黑色小禮服，戴著假珠寶，在第凡內精美的櫥窗前，慢慢地將早餐吃完，可頌麵包與熱咖啡，彷彿變成佳饌，這就是儀式帶來對日常事物的銘記和珍惜。

有本書《生活需要儀式感》更彰顯個人儀式的重要，表示認真的生活，如起床時對家人說聲好。儀式感，讓你做自己、愛自己。

古人看書前要焚香、沐浴、更衣，作者李思圓看書時，一定不能容忍自己手上留有長指甲，也不可以蹺著二郎腿。而且每看完一本書，還會寫讀後感，摘抄印象深刻或者有用的句子。這些規矩，不僅僅是浮於表面的儀式感，除了表示對經典書籍的尊重，更多時候其實是對自己的尊重。

第三十七章

老生如何新志：博士之路

二〇一九年，美國天普大學（Temple University）福克斯商學院的高曉慧教授，踏入清華大學五道口金融學院，上博士班的課「論文方法」，第一排坐著是一位老學生，戴著眼鏡，認真聽講，認真做筆記，很喜歡發問，她不知道這是誰，但很好奇這位老學生，這麼有勁。

上課完畢後，高曉慧回憶，「他是我教過的學生，最特別的。」

六十八歲重返校園攻讀博士

二〇一八年，陳燕木看棒子交接得差不多了，思考自己的下一步。四月一日，他代表大陸全國台企聯，參加南京涵碧樓六星級酒店的開幕典禮，及二〇一八世界企業領袖高峰會。正因涵碧樓賴正鎰董事長，選定採用美國蕾絲床墊Restonic為指定用床，陳燕木與賴正鎰是三十年老朋友。清華大全球金融學院嚴駿主任坐在陳燕木旁邊，兩人相談甚歡，約好第二天早上一起吃早餐。

第二天陳燕木如約準時到涵碧樓早餐廳，左等右等等不到嚴駿，打電話到他房間一問，才知道嚴駿腹瀉，很虛弱。陳燕木當即吩咐特助徐維志去買止瀉藥，陳燕木親自拿了藥，到他房間看他。中午就好了，下來與陳燕木午餐。這頓午餐起跑了他的第三人生。

午餐中，嚴駿說服陳燕木到清華大學讀博士，並且讀他主持的全球金融學博士班DSGF，陳燕木很忐忑，六十八歲了，這個博士班的學生都是已經營事業有成或擔任高管，也都是中年，要與小自己二、三十歲的人一起競爭，何況還是讀金融，以前只有耳聞，沒有涉獵。

喜歡冒險、擅於突破的陳燕木思忖，要讀就要讀最好的，當然清華大學莫屬；金融雖非自己所長，但是要讀什麼呢？他是企管學士，管理學碩士，博士讀個企業管理，水到渠成，輕鬆愉快，讀全球金融是個全新領域，熱愛探索未知的他，新知識會讓他興奮。

況且這是他最不熟悉，也最需要懂的領域，運時通闖蕩多年，按現在規模終有一天必須上市，參與資本市場。董事長的兒子已不需要他參與日常經營細部，一向每天工作十四個小時的陳燕木發現不能像以前忙碌，便想到學全球金融的老爸將來總可以在資本市場，創造些「剩餘價值」吧！

於是，在二〇一八年春天，他來到北京水木清華的五道口金融學院，參加博士班口試，拎著十二本書，在口試桌上一字排開，這些書不是他自己寫的，就是他主編或發行的，口試委員問他：「你已經著作等身了，幹嘛還來讀博士。」陳燕木從容回答：「我在中國大陸經營企業二十多年，雖然經營企業快五十年，但眼界太窄，很多不足。例如很多決策知其然，但不知其所以然，希望讀個通透。」

八〇〇位考生，錄取一二〇人，陳燕木就這樣以十五％錄取率考進清華五道口金融學院，與美國天普大學合作的ＤＳＧＦ全球金融博士班，是班上年齡最大的學生，又是唯一的台灣人。

的確，陳燕木對知識保有一份尊敬心。從小每節課，他盯著黑板注意聽老師講課，因為黑板是知識的草原。

二〇一八年錄取後，他每一個月從東莞到北京一個星期，有時行色匆匆，就從台灣或日本直接前往，兩年間，修了十二門課，六門是美國天普大學開的；六門是清華大學開的。

踏實學習，天道酬勤

今天踏進他在東莞的辦公室，櫥櫃裡還擺著每門課的講義，上面標著課程名稱和教授名字：「全球資本市場與金融機構」祁斌教授、「房地產金融與資產證券化」Dr. Peter Chinloy、「科技未來創新機遇」秦朔教授、「私募股權投資」田軒教授、「投資配置與管理」古迪普．巴克希教授（Dr. Gurdip Bakshi）、「創新驅動與軍民融合」劉經南教授、「另類投資」張弘教授、「創造價值：戰略績效管理」拉吉夫．班克教授（Dr. Rajiv Banker）、「公司治理」毛向東教授（Dr. Connie Mao）、「中國公司併購的法律邏輯」朱慈蘊教授、「併購中的財務管理問題」吳世農教授，與「論文方法」高曉慧教授（Dr. Xiaohui Gao）。他如捍衛知識的小兵，「他小時候就愛清潔整齊，課本一定擺得整整齊齊。」媽媽說。

現今社會博士滿街走，看似容易，但是讀博士的過程極具挑戰，需要投入大量時間、精力和資源。

首先是上課，這些陳燕木修習的課程是和美國天普大學合辦，所以六門課是以英文講授，陳燕木因在輔仁大學管理學研究所全日制MBA課程中，已經修完七十五個學分，碩士知識功底已非常成熟，只要用心鑽研，大部分的英文授課也可以勝任。班上一二〇位博士生，個個生龍活虎，年紀輕輕就是上市公司的老闆或高管，有二十多位已經有博士學位，輕鬆學習而已，只有這個老學生最認真學習。

陳燕木耐心地聽講，看講義，做作業，每次一定坐到第一排，仔細聆聽，不錯過教授講的每個字，不懂的就舉手發問，課前預習課後複習，很難想像他在公事上，處理事情的明快，能夠這麼耐煩。做CEO和做博士生真是大不同，「我是班上唯一的台灣人，那時，我已下了決心，我一定要第一個畢業。」

清華大學天普大學12門博士課程。

那幾年午夜，從東莞的運時通大門往內走，全廠黑暗，只有董事長室一盞燈是亮的，半個月亮定格在紗窗上，他一人或讀書、或思考、或做筆記，到午夜鐘鳴漏盡，才收拾課本和電腦回宿舍睡覺。

這幅畫面，像極了當初在煤油燈下，餐桌上寫功課的小孩，這次有了電燈、有了大辦公桌，有了二十幾坪的辦公室，他夫復何求，煤油燈燒不著他的頭髮了。

企業人懂動員資源，他和同學組成讀書小組，一起討論，尤其自己不懂的領域，如另類投資、房地產證券，以及最新創新趨勢，一起討論，一起寫研究報告。

在課堂口頭報告，剛開始大家還分工得很好，後來同學看陳燕木如此努力，把其他人的工作也做了，久了，同學也都推給他做了，他當仁不讓，「做得越多，我學得越多。」

博士班上同學因為他的背景特殊，也得益很多，一位同學鄒國文，凱乘資本的董事長說道：「木哥是台灣來的，實際經營企業如此多年，經驗是最好的老師。」

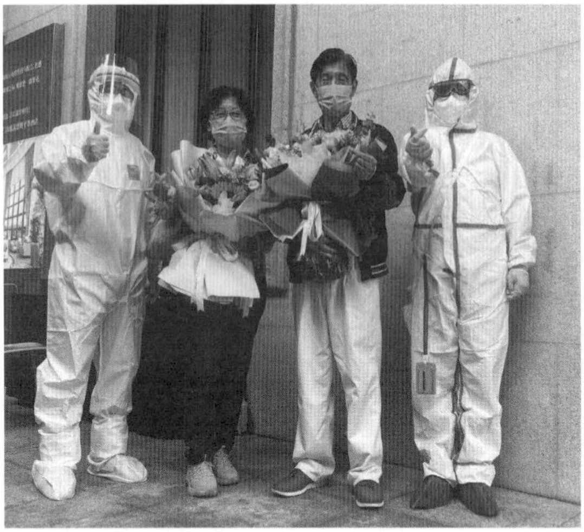

新冠疫情期間陳燕木往返兩岸，利用隔離期間專心寫作博士論文。

博士論文400頁手稿。

第三十八章

博士論文：最老但最快

三年博士班課程俄頃而過，研精覃奧，過程激勵人心，但對陳燕木來說，絕不是輕車熟路。寫博士論文，才是重中之重，開題就不簡單，先要寫四個科研報告，然後是開題口試，中美教授口試委員必須通過才能開始寫，真是過五關，斬六將。

日夜拼搏貢獻價值

他已經選定要做關於大陸和台灣企業對中國內需市場比較，台灣是他家鄉，中國是他事業發展地，兩者他都得關心，而且期待對兩邊企業都有啟發，進而可以聯手進攻中國內需市場。於是把論文題目定為：「競爭戰略與投資組合對於企業經營績效之研究

——以大陸與台灣企業對中國內需市場的比較為例 The Effect of Competitive Strategy and Portfolio Theory on Enterprise Performance - A Comparative Study of Chinese Mainland-based and Taiwan-based Companies in China's Domestic Market」。

首先就是文獻研究，老師開了幾本書，但是讀書不能假他人之手，自己戴著老花眼鏡，一頁一頁地看，只有自己才能知道哪些是精華，可以用在之後的論文裡。

依舊是夜晚定格在書桌前，直到凌晨，春夏秋還好。東莞的冬天寒濕刺骨，披著厚重大衣，真如白居易的「邯鄲驛裡逢冬至，抱膝燈前影伴身。」只要把邯鄲改為東莞，就能充分描繪這位老學生的努力。

他不單要讀，而且要讀懂，更必須選取和自己論文相同的地方，摘進論文，使得論有所據，在文獻探討裡，他觀察了自己企業及他人的策略，還有核心競爭力，對今後運時通發展更了然於胸。「本來我的視力超好，一點○，投籃很準，現在只剩○點六了，老花眼鏡都換了五副」，陳燕木說得不勝唏噓，又高興有所得。

接著是問卷設計，這個難不倒他，他反覆思索，設計了六十道題目，這個就要回答者為難了，都是要CEO級才能回答，時間是領導人最寶貴的資產，自二○二一年五月開始發放，問卷發了三二八五份，他不僅要秘書催，自己也打電話催，還趁著一些機構開年會時，或者有團體到運時通參觀時做簡報，讓老闆們知道他的難處。有人打趣道老學生實在不放棄，他只承認「不放棄」，不承認老學生，「誰都知道我很堅持。」陳燕木自嘲。

好不容易，經過一個多月，回收一〇七六份，有效問卷一〇三八份，算是很好的。其中台商占四十三％，陸商占五十七％，很平均，頗具兩岸企業代表性。接著是問卷分析，他創出了融合九型策略模型，是他獨創的學術研究。他也當仁不讓取名為「陳燕木融合九型策略矩陣模型」（Yen Mu Chen Integrated Strategy Matrix Model, YMC Model），將此研究經營知識之創見，傳播給更多人了解與分享，達到學術擴散之貢獻。對台商、陸商兩岸企業家提供拙見，作為經營決策的參考方案，創造「被利用的價值」之融合綜效！

資料、數據、統計完成，要開始寫，不是靈光一現，而是不斷地讀書、讀數據分析，歸納、分析、思考，約花兩年多時間，終於完成英文版本四五六頁的博士論文，於二〇二三年一月二十七日出版；繁體中文版本三一一頁十二萬六千字，於二〇二三年十二月十日出版。白天和夜晚，除了公事外，都奉獻給論文，入睡後仍然魂牽夢縈，論文是他的夢中情人，「你沒有夢到論文，就表示你不夠努力。」他說。

潛心閉關，論文開花結果

疫情期間，來往兩岸的他，必須遵守兩岸政府的規定，在自己家或旅館閉關，反而成為他的救贖，行囊中都是他的書，也是他的求知若渴心，更是他的夢想，沒有人打擾，他忽然竅門大開，振筆疾書，出來後論文大有進展，一年多後，初稿完成再繼續修修改改，連公司的文案都要求完美的他，對自己的終身大事——博士論文，當然更慎重。

「他自我要求高，每隔兩三天都會用微信聯絡，」他的指導論文老師高曉慧說，「有時候他覺得自己錯了，還會告訴我們，連老師都還沒有看出來。」

終於可以申請論文答辯了，只要碩士、博士班，答辯都是一等一的大事，口試委員有三位，前一天晚上半夜起來，就輾轉難眠，至四、五點，有點如詩人白居易所說「恨晨光之熹微」，時間過得太慢了。答辯以ＺＯＯＭ進行，他仍然全身西裝，打好領帶謹言慎答，由於論文圖表全出於自己手筆，又反覆複習，所以一次就過了。還有一場英文答辯，同樣也順利過關。每個圖標、段落，他都講得出在第幾頁，文字出現在哪章、哪節，「絕不是假論文，不敢公布。」陳燕木鄭重聲明。

二〇二二年九月十六日，當四位口試委員在口試後召開評鑑會議後，一致對陳燕木的努力學習精神、細部到位、治學態度，表達高度肯定，當即公布他是四、五、六期班，等於四年來第一位正式取得博士學位的學生，口試成績為A^+，這是他生命裡最歡喜與激動的一刻。

五年有成。二〇二三年一月二十七日，美國賓州費城天普大學的體育館裡熱鬧非凡，福克斯商學院秋季畢業典禮在這裡舉辦。會場中畢業的同學有博士班、碩士班、學士班，穿著各種顏色的學位服，紅的、藍的、白的。其中，身著紅色博士服的陳燕木格外引人注目。所有的教授也都穿著不同顏色的博士服端坐在台上。典禮繼續進行，畢業生們依次走上台接受榮譽。主持人教務長第一個喊出一位美國女學生的名字：「Jennifer.」第二個就聽到「Yen Mu Chen」。正在排隊的陳燕木立刻上台半跪著，他的指導教授Dr. Gurdip Bakshi走到燕

美國天普大學福克斯商學院Ronald Anderson 院長頒發博士畢業證書。

木身後，為他披上披肩（Hood）。天普大學全球金融學院院長Ronald Anderson，也為陳燕木正式頒發了博士畢業證書。

台灣囝仔終於在美國天普大學得到金融博士

二〇一八年讀博至今已經七年，拿到學位已經兩年多，他深刻體驗知識代表力量，他可以更有力說服人，他更認為知識必須廣和深，成為立方，「跟」、「悟」、「創」三度空間，那就是：念大學是跟老師做，讀研究所要自己悟出道理，讀博士班要創造價值。「跟」是一度空間，「悟」是二度空間，「創」是三度空間。人生一定要創造出別人所沒有的，不能老是跟在別人後面走。學士、碩士只有四方帽，而博士卻有六方帽，代表每個面都要面面俱到，這樣才可以揮灑自如。知識必須經過理解分析、拆解、再結構、再整合，才能璀璨光亮，也才能形成智慧結晶。企業領導人做決策，絕不能只靠直覺，要有知識和智慧做底。

分級	學位	維度	空間	思維	衡量	價值	分析構面
大學	學士	點	一度	**跟**	追隨老師	學習	點線→平面
研究所	碩士	線	二度	**悟**	領悟道理	理解	長x寬→面積
博士班	博士	面	三度	**創**	開創價值	獨特	長x寬x高→立體

第三十九章

第二代的心事

接班的第二代肩上也有重重壓力，據《2016 PWC全球家族企業接班人調查報告》指出，家族企業接班有三大關鍵缺口，第一「世代缺口」，第二代是否已準備好並有能力接班；第二「信譽缺口」，也就是第二代要更認真工作，來向部屬，尤其是老部屬以及客戶，證明自己的能力；又如向客戶證明他一如父親會給同樣，甚至超值的服務，第三「溝通缺口」，家族企業必須同時處理個人與商業關係，這三大缺口，要補足，第一代、第二代都各有關鍵角色扮演。

陳燕木也將他多年來累積的外部資源，如同業關係、政府關係、公會關係逐漸移轉給兒子，例如大兒子陳冠宇接了大嶺山台商協會會長、東莞台灣名品博覽會總召集人、全國台企聯副會長，為同業服務，也增進政府關係，「有些關係要開拓，有些關係要維持。」陳冠宇說。小兒子陳冠翰則擔任中國家具協會的副理事長、東莞名家具俱樂部副理事長、香港傢俬協會常務理事，成為業界中的「床二代翰哥」。接班後，他打下大片江山。

兩位兒子也踏實為台商服務，例如去年東莞舉行的台灣名品博覽會（意在推廣台灣產品），大陳總花了幾個月拜訪了二十多個台灣縣市長，請他們出錢出人出貨來參展，希望能促成兩岸的交流。

陳燕木說，交班就像帶部屬，要採放風箏樣式，放八分要收回五分，下次十分收回三分，慢慢就可以全放了。現在幾乎只有十分之一的決策是他做的。

重耳與介之推的故事

他後來對大小兒子有意見，還得用迂迴戰法，用古時故事來闡述他的理念。

在每星期二的全體公司大會裡，他講了個故事，春秋時期晉國公子重耳失勢逃亡，行李及吃的都被偷竊一空，重耳餓得發抖，旁邊臣子介之推獨自入山，回來後帶來了一塊肉和一些野菜，煮了湯給重耳吃。重耳後來發現，原來介之推割下自己腿上的肉，重耳承諾他日登上王位，必給予厚報。

逃亡十九年後重耳成了晉文公，重掌晉國君權，而且當上春秋霸主，他趕緊找介之推，要報答他救命之恩，介之推表示不需要獎賞，還辭官隱退山中，他認為自己已盡忠，現在要盡孝，陪伴年邁的母親。

重耳派人去找他，怎麼也找不到，這時有人出主意給重耳，說在介之推與其母親隱居的山上放火，可以逼他出來。於是重耳一時昏聵，真的下令放火，沒想到介之推是一個非常頑固的人，他寧死也不出山，結果與他母親一起葬身火海，抱樹而死。

介之推死前血書留言：「割肉奉君盡丹心，但願主公常清明。」陳燕木當然意有所指，用晉文公的故事，期待幹部及兩位總經理現場主義、兼聽四方，了解實地狀況，才能夠做出明智決策。

二代接棒，摸索著立定志向

雖然運時通是陳燕木開創的企業，他交不交棒、或何時交棒、或怎麼交棒都由他自己決定；但陳燕木能及時交棒，實踐了《增廣賢文》所說「知止常止，終身不恥；知足常足，終身不辱。」

兩兄弟接棒已匆匆九年，有什麼感想？是春水船如天上坐，充滿飄蕩、忐忑？是山色空濛雨亦奇，見識廣，什麼都遇過了？還是一蓑烟雨任平生，也無風雨也無晴。

小陳總二〇〇九年剛進公司時，在資訊中心服務，爾後到上海經營直營店零售業務；之後，回來東莞總公司負責大陸內銷業務部門。雖然歷練完整，但是二〇一六年接班時，心裡仍忐忑不安。

宇翰兄弟，共譜運時通傳奇篇章。

他沒有開除老幹部，只是跟大家講時代不一樣了，必須改變觀念和做法，漸進式地，他招聘新人，老業務受到新血的刺激，不得不變，到現在原來的老業務都留在公司，也告訴各個老經銷商眉眉角角，對他大有幫助。

無疑大陳總後來在長江商學院念EMBA，小陳總在中歐工商管理學院念EMBA，都讓他們眼界大開，兩位兄弟都深切體會到：「方向比努力重要。方向對了，加上努力，一定會成功。」

大陳總班上有個同學專門做手機上貼相機孔的貼膜，雖然只有幾分錢一個，但年產四億個，營業額九億，有四十％的利潤，而且已上市，手上現金就有二十幾億，現在手機量不如以前，而且中美貿易戰必將影響他的公司，於是他退出這個行業，花了五千萬，買下一家做車用電池零件的廠商，是比亞迪的供應商，營業額一年就衝上五億多。那是個增量市場。

中國企業敢賭，做大，手上有一塊錢，要做五塊錢的生意，虧了，就捲起袖子走了，頂多損失那一塊錢本金，贏了，就把本加利再拿出來投資，「台灣企業重視小而美，在中國你規模小，不成長，早就被吃了。」陳冠宇說。

不單如此，他們還勇於轉換跑道，做手機相機膜的企業主可以去做車用電池，做紡織的可以做晶片，跨行跨得厲害。陳冠宇剛開始讀研究所時，同學六十五人中只有三家上市，現在已經有十家公司，「一次上課，隔壁同學宣布他剛標了一塊兩億元的地，好像到菜市場買一斤白菜一樣，大陸資本市場就是這麼霸氣。」大陳總說。

大陸財經作家吳曉波描述新世代的大陸企業：「新世界是一條惡龍，你騎上去了，就別指望還有下來的機會，你必須使出全部的力量往前衝。」

第四十章

兩代人的碰撞

再多的規劃、設計，真正交棒時，還是困難重重。陳燕木和妻子大方地分享運時通接班的困難，幾乎所有難點都在運時通前前後後出現過。

老大陳冠宇說，還沒接班以前，大部分聽爸爸的，意見不同頂多出去走走，散散心，大部分時候都在外面開疆闢土，因此也沒有太多時間與爸爸起衝突；小兒子陳冠翰有主見，但是不輕易表露，脾氣較隨和，因此父子相安十餘年，但是真正接班後，又是不同局面。

四人四聲，考驗智慧

公司員工最敏感，家裡人吵架時，員工就知道不要那麼積極，可能會白做，對公司士氣影響頗巨，在在都考驗著「家和萬事興」的古語。

當時運時通成長率已落後同業，公司必須大幅再造，陳燕木明知兒子有新觀念、新做法，但是總放不下心，萬一搞砸了怎麼辦？自己五十年心血豈不付諸東流？

雖然制定董事會準則，四人也同意可以隨時開碰頭會，陳燕木仍然掌管十萬元以上的花費批准權以及月薪一萬（人民幣）的人事決定權，第一線事務則由兩位陳總負責。

但授權和收回權也在一線之間。他碰到以前部屬，總是要問幾句，常常也給指示，但是與兩位陳總給的指示矛盾，讓部屬無所適從。

大兒子個性像爸爸，虎父無犬子，個性強，喜做決策；小兒子，外表隨和，但有主見；母親黃喜貞隨和，在意公司利潤，所以也有自己意見，有時公司就成了四頭馬車。兩位兒子會和老爸說，「你拿回去管好了，我們不管了。」

衝突過後，問題仍要解決

最火爆的一次，黃喜貞記憶猶新，剛交接不久，總管公司的老大陳冠宇希望關掉虧損已久的家具廠，運時通的家具廠始終沒有達到經濟規模，沒有起色，但陳燕木想著床墊總要配家具才算完整規模系列，他承認自己愛面子，起初不願意關廠。

新人新政，陳燕木總算答應可以關廠了，但是此舉引起家具廠員工大幅反彈，罷工或怠工，在公司廣場靜坐示威，連大嶺山市政府都來關心，陳燕木很心焦，看大陳總一直沒有處理好，就召開家具廠主管開會，包括大陳總在內。

陳燕木厲聲指責該部門主管，「你們都在做什麼事，那麼久還沒處理好？」眾所周知，當著主管的面指責部屬，其實就是罵主管，大陳總一時火大，把桌上文件一推，椅子也推倒了，怒吼幾聲，「你自己來管！」

這時陳燕木冷靜地宣布散會。「他沒有發脾氣，我以為他一定也會和兒子鬧起來，這次我很佩服他的自制。」黃喜貞說道。

當天晚上大陳總和太太陳柏蓉商量，不要再和父母住了，要搬出去住，自己到外面找工作，第二天開始不進辦公室，早上打高爾夫球，下午在家看電視看手機。

陳燕木看到此情形，認為大陳總總管公司後勤、行政、與海外業務，自覺耽誤不得。一星期後他找大兒子講話，鄭重表明，如果大兒子實在不願意做，他可以聘請專業經理人做，並且告訴他這樣下去的後果是什麼。

為了公司著想，組織架構採取ＡＢ角制，就是一個部門有主管，也有個副主管，主管拿翹或者辭職，馬上有人頂替，如此制衡，主管也必須謹慎行事。

「他跟我道歉，那天太衝動了，也沒有把家具廠員工遣散處理好，」陳燕木繼續回憶：「大兒子也是很實際的人，搬出去住，小孩讀美國學校，一年就要二十五萬人民幣，還要租房或買房，又要另請阿姨做飯，負擔會很重。」

衝動時的語言如動作，如一堆未洗滌的衣服，經不起檢驗。

父子和好如初，但並不表示從此一路平順。家和萬事興，兩方都禮讓，黃喜貞此時得扮演魯仲連，和爸爸講兒子的立意，和兒子講爸爸的苦心。

最後四人達成決議，陳燕木可以找他們的下屬談話，問下屬公司情況，但是不能給指令，否則下屬會不知所從。陳燕木偶爾也會犯規，部屬都會反應給大陳總、小陳總，他們吩咐部屬可以聽，但是有矛盾的地方，都必須由兩位總經理向董事長報告說明。

二兒子陳冠翰說，第一代很多習慣已經養成半世紀多，很難輕易變更，第二代不管是委屈或公事都要轉化，有些經驗還是第一代在行，例如他們給十點建議，也許三點是可行的，你可以把這三點轉化成你的語言，傳達下去，這樣既能滿足上一代，也可以做自己管理的參考。

老一代能扮演剎車的角色，陳冠翰說，兄弟倆有時會衝得太快，老爸講出他的顧慮，他的經驗。尤其是財務上的考慮，及合約上的眉眉角角，什麼條件可以綁進條約，什麼不能綁進去，都很受用。

傳承還需攜手共度

運時通常常需要辦大型活動，例如請經銷商回娘家（運時通總部）、四十週年慶、五十週年慶，就是老爸的意見最有價值的時候之一。大家都想讓賓客賓至如歸，但是陳燕木積五十年的經驗，知道如何落地招待，從客人機場落地，每一站的接送，旅館安排，都必須整合協調，最麻煩的是晚宴座次安排，「誰坐主桌，誰坐次桌，有人會因為坐不到主桌生氣。」陳冠翰說，「每桌誰跟誰要一起坐，因為他們有事要談，誰跟誰不能坐一起，因為有嫌隙，只有他知道，有時晚宴前一天還在調座位。」

其他還有晚會頒獎順序，坐的車子車型如何，都要列入考慮，如果有些疏失，就會影響客戶向心力。

魔鬼都在細節裡。

第四十一章

成立SBU引領企業升級

隨著營業額逐漸上升，一個業務部門顯然不夠應付，於是運時通在二〇二一年成立事業部SBU制（Strategic Business Unit），這是主導運時通現在及未來發展，最重要的里程碑。「兄弟登山，各自努力。」陳燕木說。

SBU使企業能夠更靈活和有效地應對不同市場和產品的需求，各SBU可以自行制定和執行策略，這使得決策更加迅速，並實現更專業化的管理和運營。

採用SBU迎戰全新市場

SBU可以集中於特定的產品線或市場，使其在該領域發展出專業知識和策略。

例如運時通下設有四大品牌，每個品牌顧客層都不一樣，美國蕾絲Restonic是實用且品質卓越，德國美得麗Musterring是較歐洲尊榮，美國席樂頓Sleep Train是運時通併購美國工廠的嫁妝，主打高尚實惠，美國艾綠Sleep Therapy是主打環保的美國原裝進口品牌。消費者及經銷商都各有不同需求，以前所有品牌一鍋煮的做法，已經過時。

公司品牌總經理宋杰百分之百贊成分事業部，以前他要管四個品牌，一個人時間精力有限，常常顧此失彼，照顧到這個品牌，就照顧不到另一個品牌，現在他只管蕾絲品牌，招商、營運、服務都在同一個事業部，目標明確，戰術都可靈活使用，例如哪個經銷商忽然生意興隆，需要多提貨，就可調其他地區的貨；哪個地區經銷商要多做行銷活動，帶動附近購買力，運時通蕾絲事業部都可以支援。「以前，四個品牌，如四個人拉手一起跑，現在放開手，各自跑。」宋杰說。

不單分事業部，事業部裡如何組織，讓部屬發揮最大戰力，是主管最重要的課題。例如運時通按代理品牌分成事業部，事業部下又要分招商和運營，各有不同直轄，招商是招募經銷商，運營是服務經銷商，帶動經銷商興旺。

兩者工作截然不同，需要的人素質也不一樣，前者要個性積極，自己轄下範圍要跑透透，所以他們很少回家；運營則是以服務維護為主，並增進與經銷商關係，要耐煩、要細心，而且要有戰略、戰術思維。

要不然，招商部和運營部總是吵架。招商的嫌行銷不夠努力，無法創造新經銷店的業績；運營嫌招來的經銷商不夠有力，對擴展業績毫無幫助。這樣在同一個SBU下，為整個事業部著想，主管可以調節紛爭，也可知道各自的盲點，為同一目標而努力。

分了事業部後，幹部可以根據市場，靈活運用各種戰術、戰略，全中國分四大區，華北、華南、華東、華中，也各有不同戰術、戰略，「市場指揮團隊，團隊指揮公司，」人力資源邱永棟說，「這樣不會是老闆下命令，下面才動的局面，能夠調動員工的積極性。」

在中國不管政府或是企業，每年必定擬定戰略，戰略下有戰術，全國分幾大區，各區做什麼事，哪些人員負責，到時就根據這些負責項目考核部屬，達到了不吝給獎金，達不到就可能請你走路，或者扣薪。

新制度優缺點並存，宜多方評估

一本七十頁的報告上印著二〇二三年美國蕾絲事業部年度工作計劃書，是這個事業部的全年工作方向。裡面詳載整體目標規劃，接著是指導思想：專業、系統、執行、進攻，並且有落地方針。系統運營、專業服務、團隊優化、全員招商，並且要蓄絲在全國店面覆蓋超過六〇〇家，二〇二五年衝刺一〇〇〇家，營運團隊必須專業化、系統化服務經銷商。

目標裡有分保底目標增長二十％，考核目標五十％，衝刺目標六十％。戰略下有分各部門戰術，例如如何加強培訓，加強招商，以達到目標。不要看這份文件，以為可以往抽屜一丟就結了，注重思想也注重方針，主管常以此考核員工，才能統一腳步往前走。

分事業部當然有缺點，費用會增加，因為每個事業部都要配置行政人員，秘書、美術編輯、企劃，所以成本控管很重要，此外很多國內外研究也指出企業採用ＳＢＵ策略性事業單位會面臨一些問題，而且有很多實際例子。例如：

1. **資源分配衝突**：由於各ＳＢＵ需要獨立負責損益，會發生內部資源爭奪，導致企業整體目標與ＳＢＵ自身目標之間的矛盾。以ＧＥ奇異爲例，ＳＢＵ之間在資金和人力資源分配上曾出現摩擦，影響企業的整體協作效率。

2. **缺乏協同效應**：ＳＢＵ的獨立性強，可能導致內部競爭，不願意共享資源或技術，削弱企業整體競爭力。家電巨人海爾在實施SBU初期，強調獨立經營，一度導致內部流程割裂，公司領導階層必須花巨大精力來解決。

3. 管理趨於複雜：由於每個SBU需獨立制定策略、執行目標並承擔責任，領導階層就要有這更高水準的能力來監控，且支持各單位運營。另一電腦巨人聯想在嘗試SBU模式時，曾面臨組織複雜性增加、整體協調效率下降等挑戰。

4. 長期策略目標弱化：某些SBU可能過度關注短期財務結果，而忽視長期的市場和技術投資，進而影響企業未來競爭力。

這些都是運時通必須引以為戒的。

運時通經營團隊。

第四十二章

改革必須精準下刀

二〇二四年三月十四日，掌管蕾絲的總經理，三十六歲的宋杰，匆匆進辦公室，就開會，接待賓客。今天將格外忙碌，全國最大的東莞家具展要在此舉行四天，物業、經銷商、製造商都要在這裡雲集。負責運時通最大品牌蕾絲的總經理，宋杰每十五分鐘就見一批客人，外面大廳還有很多人在等著見他。

個頭小，卻有很強的爆發力，宋杰是兩兄弟接棒以後，請到的年輕一輩專業總經理。來了以後，馬上見真章，他的事業部每年成長六十％。宋杰的辦公室很小，三分之一時間都在全中國跑，很少在裡面，台灣來的中小企業節儉成性。

隔著走道，兩位陳總辦公室都差不多大，管國際的大陳總還在美國、日本等地出差，看展會，聽各國辦公室的簡報；主管業務的小陳總也是忙著接待一批批上下游關係業者，很多已成為朋友，「這不只是拜會、吃飯、喝酒而已，是要收訂單。」這是運時通全年最重要的關鍵期。

中國經濟發展自改革開放後，約分三個階段，第一階段：一九七八年到二〇〇〇年初開放期，只要有產品製造出來，買家就蜂擁而上。第二階段：中國進入世界貿易組織後，中國成為世界工廠，創造一波繁榮盛世，尤其是二〇〇八年金融海嘯後，舉世皆衰，只有中國受到最少影響。第三階段大約是從二〇一二年開始，中國發展科技，大眾創業、萬眾創新，到二〇一九年疫情前，中國一直保持每年六％以上的成長。

人們溫飽已足，以馬斯洛的需求理論，現在買東西，不是只為生理需求、安全感，而是認同感，以及尊榮感，健康趨勢也已興起，買一個床墊，不再只為睡眠用，而是有多重需求。

舉起「企業再造」的改革之刃

運時通有著國際品牌，初期很容易找到客戶，中國消費者對外國名牌趨之若鶩，但中國的床墊廠商也快速崛起，尤其中國企業善做豪賭，電視、機場、報紙、網站，大幅大幅買下巨幅版面，廣告金額如流水花。一朝就打響了品牌，生意滾滾而來，其他新品牌也紛紛躍上市場，運時通似乎成了昨日黃花。

「人家問我做多少個億，我說三個多億，他們都不敢相信，質疑怎麼可能，你們如此有名，又成立這麼久，才做三億多。」大陳總說：「我只能說我們追求小而強，堅實企業，但大陸企業不買這一套。」

他多年觀察中國企業後，一錘定音：「企業大不一定強，但企業小，就一定不強。」陳家人有共識，運時通必須擴大規模，要達到「做穩做賺」，也要有一定規模才行。大小陳總才四十多歲，正是衝刺的年齡。

首先，企業再造躍上檯面，兩兄弟要把運時通塑造成一個有效率、賞罰分明、績效為先的現代企業。撰寫《企業再造》一書的管理學家哈默明白指出，慣性是企業最大敵人，因其阻礙創新，更難以啟發人心。

企業再造，千頭萬緒，革新組織架構，找人才、改革績效獎金，人力資源總監邱泳棟說，「改革之刀，必須一刀切下去，剛剛好」。

跑起來，不被時代追著跑

總管公司的大兒子陳冠宇全面檢討用人政策，追求用人精簡，運時通在中國人事費用上近年來越來越高。陳燕木很重感情，尤其有些當初跟他一起打拼的幹部，雖然面對新局，無法因應，但是陳燕木總不忍開除他們。

現在由新任總經理陳冠宇下手了，他斬釘截鐵對員工說，「新老闆要求你們現在有貢獻，而不是過去有貢獻。」

接著全面更新流程，以前二十分鐘才完成的工序，現在十分鐘就完成，得以促進人工生產力，而且減少庫存，都會對公司營運有所改善。

陳冠宇說，他和父親不同處，父親是熱血一代，不滿意時，總是生氣，大聲責罵員工。但陳燕木是刀子口，豆腐心，事後就沒事了，沒有人追蹤改善。員工久了，知道老闆的脾氣，就讓他罵。

陳冠宇鐵面無私，嚴格採取積分制ＫＰＩ，他看到不合理，或員工沒有做好的地方，就和秘書說，要扣幾分，讓員工自己改進，最終會反應在考績上。

小兒子陳冠翰為追求成長，就得大幅擴充銷售團隊。「我們接班後，銷售團隊增加了十幾倍。以前都靠董事長關係，銷售十個人要跑全國，再怎麼能幹，也跑不過來。增加了業務部人員，頭兩年還不可能增加業績，但是成本卻快速成長。」

他們肯給，重賞之下必有勇夫。「老一輩，重公平，也捨不得給這麼多。」黃喜貞副董事長很坦白地說。

不單增加人，還要高薪聘請能人，更全面改變薪水獎金制度，陳家兄弟不吝給高待遇，高績效獎金，給業務總經理不單薪水提高，績效獎金更大幅提高。例如業務總經理可能年薪五十萬人民幣，但是績效獎金也可能五十萬，一年就有一百萬人民幣的收入，中國及外資企業都不能企及。

勇夫要經得起考驗，例如銷售主管，不是只要自己能幹就好，要建立整個銷售團隊，招才、訓練、擬定機制、考核，如何服務好經銷商，「沒有明星，只有團隊。」鴻海創辦人郭台銘說。

找高階主管，尤其必須從外引進，不能盲目相信名牌企業出來的人，小陳總有次招募一位在對手公司裡的高幹，原以為能夠給運時通帶來新做法，但是這位幹部在原來企業的角色不同，就產生很大困擾，淮橘為枳。「在大企業工作的人，大都已有完整制度，只要在制度上運行就好，不一定適合我們這種中小企業。例如我們希望他衝，但他原來的位置是守，經驗也是守，那就不適合了。」小陳總陳冠翰說。

兄弟接棒以來，進運時通的高管，都是經過與運時通長期磨合的人，如宋杰在二〇一六年就委託承辦運時通在武漢「金氏世界紀錄最長的人體床墊多米諾骨牌」的挑戰，後來又擔任了幾年運時通顧問，雙方覺得合適，才正式加入運時通。

此後請來的高階主管幾乎都循此模式，大家事先有磨合期，了解運時通文化及做事眉角，免生間隙。

第四十三章

人資如此重要？

兩兄弟常為找不到合適的人苦惱，沒有好人才，再好的制度也枉然。陳冠宇舉例，公司都懂積分制，也都在做，例如公司規定產品良率達到九十九％，但員工素質不行，拼命也只能達到九十五％。主管往往就會粉飾報表，以達到KPI，帶來管理上的嚴重扭曲。

大陳總有天恍然大悟，他們為什麼找不到好人才，原來沒有稱職的人力資源主管。陳冠宇讀長江商學院EMBA時，有次與同班同學討論，他回憶：「你們人資主管薪水多少？」那位同學說一年八十萬人民幣。有的公司還付到一百萬人民幣請人資，幾乎是總經理的薪水。「天啊！我們家人資年薪只有十二萬，當然請不到好的人資。」

企業家到高階，就是管人和管錢；其中，管人更重要，因為錢都是通用的，而適合的人才更稀缺。人力資源是幫助老闆管人的關鍵角色。

人力資源部門漸露頭角

一個企業的人力資源工作，不單要適應公司規模需求，也要適應對時代變遷，剛在大陸建廠的時候，人力資源部是由行政部門的文員兼任，當時很多六〇、七〇後都來中國沿海打工，人手充足，發個招聘廣告就排長龍來申請。

進入二〇一〇年前後，一九八〇年後出生為勞動主力，受教育程度高，開始要求企業有人文環境，要有更明確的制度，所以要更了解員工需求，於是人力資源就被提升為行政部門下屬專門崗位，需要按法規要求，辦理各種手續，並提供簡單的入職和安全培訓。

在二〇二〇年前後，八五後、九〇後成為主力，他們使用移動互聯網，是被「資訊繭房」各自包圍的一代，集體意識削弱，個人意識更強，越來越多的工作不是開個會、發個通知就能生效。這種情況下，人力資源職能就被提升為獨立的部門，等於既是公司的緩衝帶，也是公司前進的樞紐，要攬才、留才，還要調和紛爭，潛移默化中熔煉整個企業的價值觀念。

扮黑臉、扮獵頭，好人資一馬當先

運時通痛下決心，必須找到卓越人力資源主管，經過朋友介紹，大陳總認識了邱泳棟。他創業過、做過培訓講師，也在大企業做過高管，經過全家兩三次面試，終於通過了。

人力資源不是只做人事行政，還要具有為公司募才、育才、晉才、酬才、留才的五才能力。公司組織架構都是人資總監在做，還得汰換不合格的員工。

留著小平頭，小鬍鬚，從湖南來的邱總，從外面來，沒有人事包袱，凡事壞人都是他在做。他上任後，有些耽延已久的人事開革都由他做。請好的人資，還可以幫老闆做黑臉。

人資本來的工作就是為公司汰換人才，現在面臨新時代、新挑戰，需要不同素質的幹部。人資總監邱泳棟到運時通時，把所有員工的合約重新簽一遍，做汰換的布局，然後和所有幹部談過一輪，發覺有些幹部，甚至主管的確表現不佳。

熟悉企業的人都知道，表現不佳通常伴隨態度不佳，部屬及其他員工很容易受影響。他們會把要做事，能做事的人當敵人，讓這些人跟著他們一起沉淪。

有豐富創業及培訓經驗的邱泳棟，可以客觀評估每個人對未來運時通發展的利弊，和老闆商量後，他扮黑臉，一一找這些主管談話，不適用的人，如果公司有其他可以用的位置，可以調換。

如果幾個老闆都認為此人不可留，邱泳棟就直接和他談離職，談資遣費。「我必須和他們鬥爭。」他說，鬥爭在大陸是耳熟能詳的事情。

有人認為，他是不是要引進自己認識的朋友或以前同事、客戶。他答說，我是社招，就是廣向社會招聘，是他親自看人才招募網站，給公司過濾人選。「我不在乎我是孤臣。」他斬釘截鐵地說。

他也積極幫助運時通延攬高級人才，扮演人才獵頭的角色。例如廣泛搜尋高階人才網站，看到適合的人選，他先去看和談，過濾了很多人，才介紹給總經理和董事長去面談。途中有人說，這個缺還不知道是否有呢！如果沒有，不是白做了？他說「沒關係，我先幫公司儲備人才。」

改弦易轍建立公司新文化

好的人力資源主管，也要留意不合理的制度，隨時修改，以前如酒店部門一年才結算一次工作成果，發給績效獎金，現在一季就結算一次。以前是一年度一次長跑，平時可以放鬆些，到最後再來拼命，但也許因為平常沒有訓練，後來拼命也沒有用，還是輸了。現在一度算一次，等於你一度就得拼一個短跑，算一次績效獎金，業務能夠被鞭策的力量只有三個月，一年拉得時間太長了。

「有個好HR，能節省我們很多時間。」陳冠宇說。

好的人才，縱使是工廠幹部，也值得高薪。例如以前運時通一個工廠小主管，只能拿到一個月八千人民幣。但現在同一位置，拿到月薪一萬五千元，比以前多七千元。「但他能夠帶給公司的效益，遠超過一個月七千元。」陳冠宇說。

同時兩兄弟也自己找人才，運時通位在東莞，廣州和深圳之間，但終究大都市的人才嫌太偏僻，只有合作過的夥伴最願意來。小陳總經理找到和他合作多次的宋杰，先是以協力廠商顧問身分，幫運時通組織銷售團隊。不久後，兩人合作愉快，小陳總請他正式加入運時通。

業務總經理不單薪水提高，績效獎金更大幅提高，「做得好，我們捨得給，做不好提人頭來見，非常乾脆。」陳燕木說。

底下的總監和業務同樣捨得給，績效獎金大部分都占薪水的一半以上，有的還超過薪水。

同時，大小陳總權力下放，人才，你管太多，他就不願意做了，老闆尤其不能囉哩囉嗦。宋杰到了運時通後，先是主管所有品牌的運營，他自己訂預算、成長、花費、僱人、選人、評估，全由他訂。當然宋杰也不是一意孤行，他的草案有跟親近部屬與大小陳總商量，「做起來，很能發揮。」

九年，歲月流逝中，新企業文化魚貫而生，陳燕木管得越來越少。

若即若離也是一種愛。

第四十四章

接班人第一炮

微曦時刻，二〇一六年七月下旬，十幾輛大卡車，從東莞運時通倉庫開出，上面載著二〇一六張單人床墊，浩浩蕩蕩，駛往武漢。這次是運時通最大規模的行銷活動：「金氏世界紀錄——最長的人體床墊多米諾骨牌」挑戰。二〇一六人每人背後一張床墊，要向後面魚貫倒下，中間沒有停下才算挑戰成功，然後計算全程倒下速度。

重新擦亮品牌形象

這也是新上任，掌管業務的小陳總陳冠翰接班一個月後的首場秀。時間對他，不能奢侈地用。而且接班人第一炮，一定要打響，才能奠定領導威信，激發團隊士氣，也必須穩固企業基石，更要樹立未來發展方向。

小陳總在接班前，拜訪了各地大商場及經銷商，發覺從二〇〇八年以後，家具行銷生態丕變。一九九〇年代後期，陳燕木草創時期，國外品牌只要參加展會，經銷商都自動來要求代理，當時運時通也不必主動做行銷活動。現在中國國內大廠商，如雨後春筍般，經銷商可以選擇的代理廠牌很多。

幾年間，運時通的品牌，在消費者和經銷商心中，有些陳舊、褪色的印象，「我們知道你們很努力，品質也很好，只是不夠時髦，不夠現代化。」和陳冠翰接觸的大部分人都說。於是運時通決定要做一個全國性活動，想到了參加金氏紀錄最適合。早在二〇一二年，德國成功挑戰八〇〇張床墊骨牌；就在活動前四個月，二〇一六年三月美國用一二〇〇張床墊刷新床墊骨牌紀錄。

既然今年是二〇一六年，就用二〇一六張床墊，比歐洲、美國的紀錄還多近兩倍，已經破了紀錄。中國的好處就是人多，而且容易動員、容易訓練。

台灣人打破金氏世界紀錄

選在哪裡？武漢當時榮景一片，就選擇武漢吧！裡面有個歐亞達漢陽商場剛開幕，商場也是第二代徐建剛老總剛接班，因此溝通協調都比較容易。

比賽在二〇一六年七月二十三日舉行，乍看很有趣的活動，背後卻是綿密、緊湊、嚴謹的準備功夫。從六月上旬開始，運時通就密切注意天候，深怕當天下雨；二〇一六張床墊是要自己生產，還是外包；到哪裡請這兩千多人，如何排練，要花多少時間；運到武漢的床墊，儲藏到哪裡……在在都考驗新上任的總經理。雖然大部分事務都交由協力廠商籌辦，但是小陳總是總負責人，功過都必須一個人扛。辦得成功，很多人會說老闆兒子當然享受最好的資源，辦得失敗，影響他今後帶團隊的威嚴。

卡車到了武漢後，就儲存在歐亞達商場倉庫，比賽前一天拿出來預習，光是排二〇一六張床墊，就排了四個多小時。床墊長達四公里，必須繞漢陽商場三圈，動員武漢大學二千多位學生來參加推骨牌活動。

第二天晴空萬里，鑼鼓喧天，從北京花了三十萬人民幣請來的金氏紀錄認證官程東。開始計時，一張張床墊，印著蕾絲、美得麗、席樂頓、艾綠等如紙牌一樣緊湊地倒下，中間不能停止，一停下來，就等於這場活動失敗，必須重新再來。金氏世界紀錄只准試三次，第四次就得重新申請，重新繳費，三十萬人民幣也打水漂，還有所有活動費用，因此必須成功才行。這需要幾次事前排練，考驗大家默契，每個人都要信賴前面後面的夥伴，才敢往後倒，而且每個人都要銜接得天衣無縫。

十四分〇六秒結束，不管是速度或人數都超越紀錄，當天晚上中央電視台和全國媒體都報導了這個消息，運時通在全國有了知名度。這次活動受益者不止有運時通，陳燕木請到海基會董事長江丙坤，和海協會副會長葉克東主持開幕典禮，讓大家知道這是一家來自台灣，致力中國內銷市場，關心華人睡眠品質的公司。

再捐公益，一舉數得

二〇一六張床墊怎麼辦？不可能運回東莞。湖北當年六月起就有特大暴雨來襲，造成重大洪澇災害，重災區荊門等，很多人無家可歸，倖存有家的，床和家具也都被沖走了，由台灣海基會江丙坤董事長及運時通陳燕木董事長，聯合贈送五〇〇張床墊給武漢災民，表示「兩岸一家親，台商的愛心，讓災民有床可睡」。剩下的一五一六張床墊，送給當地經銷商，請他們當作贈品，買一張大床

2016張床墊骨牌金氏世界紀錄挑戰現場。

送一張小床。

運時通這次活動，一舉四得，有四方受惠者，也讓新上任的小陳總大展身手，得到深度歷練。而這次協力廠商主辦人是自創事業的宋杰，因為表現優異，獲得陳燕木父子的欣賞，先擔任運時通諮詢顧問，二〇一八年二月正式入職，成為運時通的大將，掌管蕾絲床墊，擔當運時通一半以上的營業額，雙方都很滿意，真是紅塵兜兜轉轉，相分也共生。

活動是一時的，乍然結束，行銷卻是長遠的，每天都有無數人兢兢業業，擦亮自己的品牌，「行銷需要一天的時間來學習。不幸的是，它需要一生的時間才能學會。」行銷大師科特勒斬釘截鐵地說。

床墊物資捐贈大合照，兩岸一家親。

第四十五章

新世代花式行銷

很多行業因為技術創新，生產過剩，市場殺成一片紅海，要如何才能贏呢？

在這個聯盟、分合時代，很多產業必須結合上中下游，才能有出路，在家具業就是要結合商場、經銷商和製造商，而且往往要由製造商主動。所以運時通的行銷工作，是無時不已的。

他們必須做各種服務、不斷行銷、說品牌的故事、鞏固產品形象，才能成就市場。工作人員終年來往大陸各城市，服務下游經銷商，遇有新的經銷商要開店時，運時通給予資金、設計門市、訓練新員工，和他們一起去找商場談判，拿到好位置；遇有問題，輔導人員就馬上來診斷問題，提供解決方案，幾乎只要新店家有意願做，跟著運時通的腳步，成功就八九不離十。

最特別的是商場，和台灣大不同，台灣因為土地稀缺，商場是老大，只管招租、管理，根本不必幫助專櫃或專賣店。但大陸近來房地產不景氣，加上電子商務發達，商場生存日益困難，因此商場要盡力幫忙裡面的商家繁榮，自己才能存活。因此商場負責人也必須尋找好品牌，也就是好專賣店進駐，還要去品牌的製造商察看，確定生產、行銷、服務都有水準，才能確保這個專賣店能長久興盛，也才能加惠商場。

很多行業不單要鞏固老經銷商，也要拉進新經銷商，才是成長的根源。運時通以前都是經銷商自己上門，業務人員負責維護、服務就好，現在成立了招商部和運營部，簡單說來，前者是為了招來新客戶，後者是為了鞏固老客戶。

由於營業額成長必須靠多開設經銷店才能達到，這就要靠蕾絲事業群的招商部了。中國地大，全國分了四大區，招商人員往返各地，做簡報、聯繫、研究資料，當然少不了喝酒聯絡感情的應酬，「他們幾乎是不回家的。」蕾絲事業部總經理宋杰笑著說。

一旦有經銷商願意代理，運時通給予部分資金，與商場談判，拿到好位置和最優惠的承租價。又為了統一全國形象，幫經銷商設計門市，出大部分裝潢材料，回答經銷商各種難題，新店找人難，店長、導購，甚至總務都缺乏訓練，送到運時通培訓。課程眼花撩亂，有領導學、管理學、顧客心理學、銷售話術、追蹤訂單術，如何與工廠和物業打交道，有的課程三天，滿足培訓需求，賦能品牌之競爭力，最長的還有兩個星期，全部費用，運時通買單。對老客戶也是一樣，店裡人員只要願意來受訓，運時通都盡量提供。

經銷商，就像對自己的孩子，生下來，還要他上好學校，更要考上大學，甚至結婚生子，過程中都不斷照顧諮商、解決問題，保證他走上成功的人生。「我們真是寵他們。」後勤事業部的邱泳棟總經理說。

行銷要不斷變花樣

行話裡說：「經銷商要折騰才會有勁，也才有動力。」因此運時通根據季節時令，有不同的促銷活動。運時通代理的美得麗是德國品牌，美得麗有輕鬆的行銷節目，也有莊重的行銷節目，例如每年十月德國的啤酒節，運時通和經銷商會舉辦請喝德國進口的啤酒活動；每四年舉辦的歐洲國家盃足球賽打兩、三個月，他們也舉辦進店看比賽的抽獎活動，分別有不同禮品。

有輕鬆的，也有嚴肅的，二〇一七年四月德國美得麗總部發布全球首個家具行業《工藝品質白皮書》，為響應總部號召，運時通舉辦了「全球質造節」主題大型聯動促銷活動，中國很早就仰慕精湛的德國工藝，這一活動，品牌影響力深入人心。

蕾絲更是一年裡每個季節，例如三月是春蕾（雷諧音為蕾），七月是為夢撐腰，因為七月為考季，學生要離家住宿舍，所以大人買床墊，送一個學生宿舍裡用的薄墊。十一、十二月蕾絲品牌的屬地美國，正逢感恩節、聖誕節，根據調查，蕾絲是美國婦女認為的最佳床墊品牌，而且中國買床墊，七十％是婦女決定，因此推出女主季活動，強調女力，找各個

德國美得麗工藝質量白皮書。

階層的女代言人，各種女性都有，有兒女的母親、單身婦女、粉領及單親媽媽，推出店裡折扣，期待年終前再旺一波。

以前沒有請大明星歌唱代言，小陳總陳冠翰也辦了多場演唱會，三十萬人民幣請歌星唱三首歌，台灣歌星綽號信天翁（白髮）的巫啟賢也曾為運時通高歌三曲。在德國工藝巡展裡，小陳總請三大明星助力代言，「小李飛刀」焦恩俊、南拳媽媽彈頭宋健彰、創作型才女歌手夢然三大明星聯手，向業界與消費者展示，德國美得麗床墊各項工藝，並給消費者不同回饋。

現在家具床墊業已殺成一片的紅海區，促銷要日新月新，大明星代言或演唱，邊際效用也會遞減。但是也有對廠家很有利的地方，不用付大錢給廣告公司了。廣告已呈分眾，可以多管道進行，並嘗試不同媒體，例如中國每年六月第三個星期天是父親節，二〇一八年運時通推出了一部微電影《致父親》，引起各大網路社交媒體平台的關注，騰訊、優酷、愛奇藝等影音網站首日播放量破五十萬。《致父親》一片中，借助父愛主題呼籲全民關注中老年人脊椎問題，認識到選擇好床墊對脊椎、健康的重要性，廣告於無形中打動消費者內心。

他們也利用小紅書，甚至更年輕人用的嗶哩嗶哩，但在超海量的資訊裡，總公司要供給內容，經銷商才願意轉發，因此他們的業務部門和品牌中心都要絞盡腦汁想新奇內容。

他們也要積極利用新科技，最近踏入小陳總辦公室，常看到他在手機上和部屬一起看數位人，這個數位人不是我們平常看到的冷冰冰機器人，而是你經常接觸的店長，可以為你介紹店裡的床墊，告訴你，你適合什麼款式的床墊，還可以講英語、日語等多種語言，語言是有溫度的，你覺得與他零距離。

這是供店長行銷自己店用的，運時通在中國一千多家專賣店的店長，只要錄個五分鐘影片，寄到總公司，總公司運用的軟體就可以把它變為如同一個真人在做介紹，嘴形、語調、手勢、動作，都惟妙惟肖，還能講多國語言。店長只要轉發出去就好，客人在家裡就能收到店長的關心及介紹，自然會吸引人。將來還可由總公司寫文案，定期更新，不必重新再錄，讓他們節省時間，專門銷售就好。

第四十六章

我們都是狼

「我們都是狼，躺平的年輕人馬上就會被淘汰。」蕾絲事業部總經理宋杰聲調低，但堅定。

和台灣人想的相反，中國大陸人驕傲自己是狼，狼性之志，是無畏艱難，於險境中尋生機，於逆境中見希望，而且不能是孤狼，是要聯手變成群狼，群狼有團隊默契，形成緊密的群體結構，又能靈活應變，發揮集體力量完成單獨狼隻難以實現的目標。打敗競爭者後，共同分食戰果。

狼性之力發揮積極衝勁

運時通的群狼縱使遇到新冠肺炎也照樣纏鬥，他們戴著口罩工作，被傳染的請假，好了以後再回來上班，因為多付出一份力，就會有報酬，就像他們自己的事業。

業務要全國跑，能不能出差？上海封城，他們就往武漢去，鄭州封城，就去天津，線上線下共同努力。二〇二一年新冠肆虐，蕾絲竟然成長六十八％，二〇二二年中國多個城市封城，家具業大多負成長或虧損，但是蕾絲仍有十％的成長。二〇二三年又比二〇二二年成長六十％，這就是「找對的人，做對的

蕾絲床墊在疫情中業績逆勢成長。

事」，陳燕木說。

領導人也必須容忍狼有犯錯的機會，才不會阻斷他們的狼性。宋杰尤其感恩的是，運時通願意負擔試錯成本，例如上面的人讓他嘗試用不同機制獎懲部屬，使團隊能承擔更多責任，擁有靈活操作方法，把它當自己的事，為自己買單負責，這樣主管就勇於做決策。

東莞運時通展示中心裡有個智能床墊展廳，是運時通的最新產品展示廳，主旨是在吸引新經銷商，但第一年成績不佳，運時通打掉重裝，第二年還是不好，又重裝第三年才上軌道，是經銷商喜歡的樣式，總共花費了五〇〇多萬。

公司能夠留住好員工，公司就賺了，宋杰舉例，一個員工第一年薪水，每個月一萬五千元，他可以服務四間店，第二年他的專業技能成熟了，就可服務八間店，他對公司的價值倍增，但是薪水不可能加倍，這就是公司賺到的。而好員工喜歡自己負責，因此宋杰也在權限範圍，授權部屬鼓勵分層負責，「錢就是權限。」

掌握與人性的正向平衡

根據國內外研究，員工太狼，也有其缺點，例如過度內耗注重個人利益，可能會引發內部競爭，削弱團隊協作精神。資源爭奪或「內鬥」可能導致整體效率下降，最終對組織目標的實現不利，過分注重眼前利益和業績的文化，可能忽略長期戰略布局。過於強調「狼性」，容易忽視員工的情感需求和長遠的職業發展，可能造成員工的心理壓力和不滿。長期高壓下，員工可能感到疲憊或被迫離職，組織難以形成穩定的人才梯隊。

一些中國高科技企業員工甚至每日工作從早上九點到晚上九點，一週工作六天，週工時達到七十二小時。這就是著名的九九六文化，但遲早員工會崩潰離職。

組織應平衡「狼性」與「人性」，強調適度競爭與團隊合作，為員工提供良好的工作環境與發展空間。這樣既能保持進取心，又能避免過度競爭帶來的副作用。

所以陳燕木在很多場合強調的「成功不必在我」，成就他人，「不分台幹、陸幹、日幹、美幹、德幹，大家一起幹」，強調孝道，逢年過節給員工爸媽紅包，緊急救助，甚至在廠裡保留土地公廟，希望員工有宗教信仰，心靈歸屬，都是促使員工在平衡「狼性」與「人性」的優缺點。

海海人生，每人起碼在企業工作數十載，除了養成專業技術，更重要的是養成人生核心價值觀，不單施展在職場，更能陪伴一生。

放眼未來

A Vision for the Future

第四十七章

國際化，風雨兼程

運時通國際化之旅走得很辛苦。

二〇〇九年，世界金融海嘯來襲，經濟洶湧波濤，大片企業倒下，連世界大企業雷曼兄弟也倒閉，沒有大到不能倒的神話了。

很多企業人不甘被襲捲，反而認為這是主動出擊的機會，很多歐美企業遭遇危機，周轉不靈，待價而沽，等待買走。此時陳燕木踏上美國，尋求目標，他不相信美國失敗論，在大部分領域，美國仍然領導世界潮流，在這裡不僅有市場，而且有最新

2009年運時通買下美國加州的威克萊原廠Wickline Bedding。

市場資訊，是R＆D的國際先鋒。為了永續經營，運時通雖小，也必須國際化，就是在美國也要設立橋頭堡。

於是他在美國聖地牙哥（San Diego）併購了一家一九四九年成立、有悠久歷史的威克萊床墊公司（Wickline Bedding Enterprises），不但有成熟的生產技術，而且有自己的品牌，行銷通路遍布美國西岸。

火燒美金的教訓

陳燕木派兩個兒子去接管和整頓美國工廠，指示他們的任務與目標，要求他們在三個月內恢復生產。然而，半年過去了，進度嚴重滯後，幾乎毫無進展。老爸氣得火冒三丈，飛到美國了解情況，與兩個兒子開會討論如何因應。

會議上，兩個兒子給出的理由顯得蒼白無力，根本無法解釋問題的癥結所在。這時，陳燕木從口袋裡掏出一疊一〇〇元美金，遞給他們一個打火機，冷冷地說：「開始燒，把這些美金都燒掉。」

兩個兒子面面相覷，滿心疑惑，不知道老爸的命令到底有什麼深意。但他們不敢違抗，於是一張張地燒起來。燒到第五張時，兄弟倆終於忍不住，懇求老爸是否能停止不再燒。

「你們繼續燒啊！」陳燕木嚴厲地說，「我要你們明白，你們在這裡浪費時間，就等於在燒美金。公司一天不正常運營，就損失一萬美金，這些錢就如同被你們這樣燒掉了……」

這場燒美金的教訓深深刻在兄弟倆的心中，讓他們明白耽擱時間就是在燒錢。他們迅速行動起來，解決了所有難題。一個月後，公司恢復了正常生產運營。從那時起，美國公司便由大陳總陳冠宇掌管。

多管齊下開拓市場

運時通買下的品牌艾綠Sleep Therapy在美國銷售，在中國是打原裝進口品牌，在台灣打的是環保床墊區隔市場。

運時通買的威克萊公司的嫁妝品牌席樂頓Sleep Train，於兩岸定位為中階市場的美國品牌，這樣的品牌深獲中產階級及上班族喜愛。

運時通很早就在日本有了據點，為日本名牌床墊做代工，有蕾絲和美得麗為他們背書，成功打入了高端市場。日本運時通不僅不需備倉庫，貨物直接從港口開至公司門市或客戶倉庫，節省可觀的倉儲費用。

平塚裕章社長二十年來為運時通找客戶、找商場、盯進度，平塚裕章退休後，由在日本公司老將的陳保州擔任總經理。

陳保州，師範學院日文系畢業，在二〇〇六年剛畢業進入運時通，當時任職於運時通日本區業務部有五位同事，兩年後，只剩下他堅守崗位，他就是當年那個沒帶白襯衫就到日本拜訪客戶的年輕人，陳燕木趕緊帶他到百貨公司買兩件白襯衫給他，成了運時通的傳奇。

陳保州輔助平塚裕章社長奮戰日本市場，還在異國他鄉完成了終身大事，育有兩個女兒。二〇一八年，他接任總經理，與總公司同步成長。他用五年的時間書寫下日本營業額增長三倍的紀錄。

派去海外的幹部們，沒有主管刀架在脖子上督促，不必事事聽命於總部，而是依靠自我規劃、自我管理，讓業績說話。總公司看重的是結果，而非打卡的時間。有如封疆大史，真的必須要有很強的紀律。

然而，陳保州知道，日本運時通不能坐等訂單。剛接總經理，他為了增加營業額，親自出馬，每天打一二〇通陌生電話給日本商場、百貨公司、經銷商和家具商。希望他們能看運時通的型錄，進而拜訪他們，一天下來，僅有五家願意接受寄送型錄，兩家同意面談。看似效率差，但這些經驗成為他寶貴的資產，因為與客戶第一手接觸，知道他們的關切點。

近年來，最重要的進展，是在二〇一九年開始網購，直接接觸消費者，二〇二〇年初布建完成，剛好碰到疫情，大家都不願出去購買床墊，網購生意火紅，自然也激發床墊網購，從二〇二〇年增加的營業額大部分來自網購。

消費者紛紛轉向網購床墊，營業額猛增。自二〇一〇年代中期，大陳總便倡導壓縮床墊技術，使雙人床墊壓縮到如毛毯般大小，大幅節省運費。隨著二〇二〇年後運費飆升三倍，這一技術尤為重要，運時通節省了大量成本。

尤其二〇二〇年後，貨櫃運費增加三倍，使運時通運費節省至巨，當然成本也降低，現在運時通工廠裡分A線和B線，B線是專門做壓縮的床墊，「這證明方向比努力重要。」

陳保州說，面對日本老齡化、少子化，現在每個國家大多數行業都遭遇到，大成長不可能，但也不可能消失，可以求穩定成長。

過去日本經濟太穩定了，已是失落的三十年，經濟往往是負成長，工資沒有增長，消費自然沒有增長。自從岸田首相上台後，採取諸多刺激經濟措施，呼籲企業提高員工薪水，而且大幅貶值日圓，吸引觀光客，街頭所聽到的都是台灣口音及大陸口音，去年日本觀光收入就是五兆日圓。

日元貶值對日本進口業極端不利，原來用美元報價的成本增加二十五％左右，因此對運時通很不利，但是大陳總認為，只要經濟開始動，能活絡就好，運時通就會受惠。二〇二八年大阪將舉行世界奧運，又要開一個全亞洲最大的賭場，日本人遵守秩序，禮貌周到，做起生意很有誠信，是很值得進攻的地方。大陳總結合在地陳保州，希望在日本有新做為，就是廣設經銷商，從代工到品牌，直接接觸消費者。

立足本土，放眼全球

最近幾年，運時通也把外銷焦點放在東南亞國家，他們相信這些未來之星，可以讓運時通更上層樓。

東南亞是一帶一路的組成部分，也是最具有潛力和活力的潛在市場。東南亞擁有超過六.五億人口，幾乎是中國人口的一半，也代表有中國市場的一半潛力和活力，又因這些國家積極吸引外資，經濟成長，澤惠百姓，中產階級不斷增長。

例如二〇二四年越南家居市場規模預計為五十三點七億美元，預計到二〇二九年將達七十點八億美元，年均增長率為五點七％，東南亞國家相當於大陸的七〇、八〇年代的消費習慣，認同品牌，特別是歐美日韓品牌，因此運時通手握多個國際品牌，有他們在東南亞市場的優勢。

美得麗是德國家族企業，陳燕木與第二代、第三代，乃至第四代都熟稔，照說，不必這麼多過程，但是美得麗也有顧慮，西方人重視個人主義，不能為未來世代做決定，最後給了陳燕木從二〇二四年開始二十年的亞洲獨家代理權。

陳燕木經常和年輕人說，不能只把目光局限於台灣，Not only Taiwan，他們應該擁抱大陸，擁抱歐美。無論你被放到任何地方，北京、東京、紐約、法蘭克福，甚至東歐，都應該從當地汲取養分，扎根乃至生根。

動物與植物的思維

他常用「動物」與「植物」來比喻全球化（Globalization）與本土化（Localization）的概念。喝了口茶，他進而說道：「過去，台商企業受益於中國大陸的生產要素和低成本優勢，但現在美國對中國大陸徵收高額關稅，導致出口導向型的台商企業，不得不像動物一樣四處尋找新的綠洲，轉移生產基地。這要求它們從『動物』轉變為『植物』，通過走向全球化以求生存。而我們運時通，則是面向內銷市場的台商企業，卻如同植物一般，深深扎根於當地的投資環境，與當地的陽光、土壤融為一體，積極參與社會經濟文化活動，深入了解並融入地方民族精神，是真正實現本土化發展的『立地產業』。」

生命應該有很多土壤，各自璀璨，而不只依賴一塊土地。到哪裡工作，都得融入當地的風俗人情，甚至文化、藝術，全身心地融合在那裡。這樣你才會擁有源源不斷的養分，養成堅強鬥志，做出正確的決策。

年輕人既要能夠落地上，接地氣，也要能飛翔，擁有寬廣的天空和遠大的願景。

第四十八章

小筆記裡的奧祕

「爭取美國蕾絲床墊Restonic永久代理權。」在二〇〇三年陳燕木常用的小筆記本上，「計劃儘速取得永久代理權」，經過十四年後，運時通終於在二〇一七年和美國蕾絲在加州聖地牙哥簽訂亞洲永久代理權。

蕾絲床墊是陳燕木在一九八三年在國際睡眠產品協會ＩＳＰＡ（International Sleep Products Association）中結識的。運時通是美國蕾絲第一家授權的國外廠商，也是最滿意的一家，漸漸運時通爭取到拓展台灣、日本、中國大陸、香港、新加坡、馬來西亞等六個國家的亞洲獨家授權代理。

在新世紀開始，陳燕木就積極想方設法爭取蕾絲的永久代理權，以免有同業半路殺出程咬金，陳燕木當然個性急，明天要做的事，恨不得昨日就完成，但是他知道這是一個企業的大事，所以做企業要有長程眼光，也要有短期彈性策略，要見樹也要見林。

長期還不能放棄，每年都要進行一些，他和蕾絲總公司說，美國總公司如不永久授權，亞洲代理商不會盡心盡力投入廣告行銷預算，因為他們會認為都是短暫的，總公司何時收回代理權有未定數之疑慮。但是一旦拿到永久代理權後，代理商就會把洋兒子看成親兒子對待，全力以赴，品牌更容易生根。

「洋兒子」變「親兒子」

從二〇〇〇年開始，光是說服蕾絲CEO和其他高管，還是不能通過，這等大事美國蕾絲Restonic總部董事會有十一位董事，都必須完全同意之下才能順利推進，然而每位董事都住在不同州，每到美國他就拜訪兩、三位董事，但是董事和董事長常會替換，換了後關係就得重新布局，他又去一一拜訪新董事，十七年後好不容易才通過談判，終於在二〇一七年三月三日順利簽署永久代理權（Restonic Asia Perpetual License Agreement）。

運時通成為美國蕾絲在全球的第一家國際永久授權的公司。大陸知名通路紅星美凱龍創辦人車建芳比喻：「國際品牌再好也是洋兒子，唯有買下品牌，才將洋兒子變成自己的親兒子。」

貼身小筆記裡的成功祕訣

在這個事件裡充分顯示企業人有個隨身筆記本的重要，陳燕木有幾十本個人筆記本，有的已斑駁，有的已發黃，但主人翁蒼勁的筆跡從年輕時就沒變，筆記裡有長程計劃，也有中期計劃，都是只記要點，提醒自己在百務繁忙之際，還要著眼長期、中期，例如在爭取蕾絲永久授權，就在爭取到的前十年都出現在小筆記本。

還有要設立泡棉廠，因為外面的泡棉品質不容易掌握；更在二〇一二、二〇一三年就寫下要啟動的二〇一六年接班計劃。

筆者採訪的很多人士，都有本筆記本，最重要的

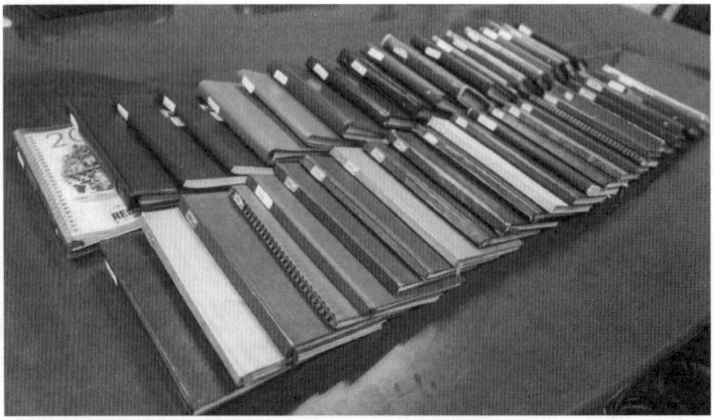

五十年小筆記。

是鞭策自己，我在撰寫孫運璿傳記時，他也有個小本子，從不示人，連家人都不許看。有次在《天下雜誌》訪問中，孫運璿卻破例了，筆記本泛黃的紙，起皺的封面已在訴說自己悠久的歷史，他微微顫抖地翻動著記事本的每一頁，一行行小小密密的字跡寫著他愛國、愛民族的感情，也記載自己的缺點一定要改進，例如勉勵自己治學要深入，要有系統，對人海闊天空，做事仔細周密。他也寫著「我的脾氣原本暴躁，我必須常提醒自己不要發脾氣，控制脾氣是領導人第一要件。」

眾多人士記筆記本，各有方法，網上和書都出了很多筆記法，如麥肯錫顧問，康奈爾筆記法、子彈筆記法、六頂思考帽筆記法，不一而足，最重要的仍是寫下後必須時時翻閱，並且實踐之。就如游泳，不管教練教多少次，如果不下水練習，永遠都學不會。

第四十九章

關鍵期的挑戰

輻射狀的道路，漢唐、比亞迪、長城，偶爾夾雜著特斯拉等，各種廠牌電動車，穿梭其中，古意和現代交織著，秋風蕭瑟地吹著。假日，人們照樣出來逛街、啖小食，好一幅江南豐腴景象。

這是文化古都江蘇淮安，京杭大運河中國第四大淡水湖——洪澤湖都在此駐足，留下了運漕文化及運漕小吃，文化名人更是比比皆是，明代戲曲家湯顯祖《牡丹亭》的故事背景，以及明代小說《西遊記》作者吳承恩的居住地皆在此處。更重要的是，這裡是周恩來總理的故鄉。

到了城外，運時通中國大陸第二工廠的施工地，塔吊林立，機器轟鳴，生機勃勃，工人們正在全力趕工。

亞洲第一條S型床墊AI全自動生產線

這個名為「運時通華東軟體家居科技園區」的專案，占地約五萬三千五百坪（二六五畝），是運時通高檔家具床墊生產地，比東莞廠增加多種智慧化設備，備有「亞洲第一條S型床墊空中AI全自動生產線」，日產兩千張的床墊，加上一五〇套軟床的工廠，為中國大陸最先進的AI人工智慧床墊製造基地。

運時通外面還留有很多空地，淮安市政府期待運時通帶進家具上下游供應鏈廠商，打造另一個淮安運時通智谷家居製造產業園。因此運時通一表示有意建廠，淮安市領導即緊迫盯人，給予購地、開道路、產業扶持等多種新增優惠，政府並且把兩車道的劉伶台路更名擴建成雙向六車道的「運時通大道」，成了江蘇和淮安招商引資的重點項目，雙方簽下合約，投資案就落地生根。

談起建立第二工廠，運時通已籌劃多時，運時通成立五十週年的主題「創夢五十載，黃金築未來」，既是黃金築未來，就必須名副其實，開始擴充生產基地，加上兒子已接班成功，老爸有餘力看地、看地方政府，甚至看風水，「起碼去了幾十個城市，喝了無數種的酒才選定，連蒙古、東北都去看過了。在華南地區，二〇二四年廣東省GDP為十二點九兆，占大陸GDP一三五兆的十％，廣東省排名全國第一；華東地區，二〇二四年江蘇省GDP為十二點二九兆，占大陸GDP一三五兆的九％，江蘇省排名全國第二。

陳燕木特助徐維志說。總算縮小範圍，決定在華東地區建廠，因為華東確實是僅次於華南的繁榮地區，加之腹地廣大，可以往西、往北擴充，而且床墊運至這些地方，運費便宜得多，成本可以下降。運時通這種中型企業，成本必須斤斤計較，台灣工作人員去辦事常捨不得坐計程車，「省一塊錢，等於賺一塊錢，」王永慶曾說，「節儉不是小氣，是你對錢的態度！」

這個廠還蘊含著運時通的百年大計，過了五十週年，當然要往一〇〇週年邁進，經常看到歐美日企業都是百年以上的企業，台灣和大陸鮮有企業超過百年的，陳燕木心嚮往之。大陳總陳冠宇比著中國地圖說，最後的目標是華西、華北、華東、華南都有個廠，床墊業的需求永遠跟著人口的比例分布成長。

建廠期間，小插曲不斷，近年來中國房地產不景氣，而且起色還未明，兩兄弟由於怕生產擴充太快，市場趕不上需求，拖累公司財務，聯合起來，也說服媽媽，在董事會裡提議淮安廠降低生產規模，老爸很生氣，告訴他們，各企業家如王永慶、郭台銘都堅持不景氣才是建廠好時機，等到建廠後，市場需求就會增加，剛好趕上產品出來。

他告誡大小兒子陳總：「你們給我衝，老大管國際市場，中國市場不景氣，但國際市場很好，多跑國外，幫我打市場。」接著揚聲說：「老二管中國市場和台灣市場，再不景氣，也有人買房子，也有人生小孩，一定要買床墊，沒有衝，就要敗下陣來。」

企業界最近流行一句話，沒有不景氣，只有不爭氣。

眼光精準貢獻價值

其實從二〇二三年後四年都是運時通關鍵期。二〇二三年五月二十四日，運時通慶祝五十週年「創夢五十載，黃金築未來」，迎來海內外貴賓、政府、物業、協會、客戶、媒體、友人約一七〇〇位貴賓。

走過新冠肺炎、房地產危機的中國大陸，雖然面臨失業、經濟下行等風險，陳燕木認為，這只是經濟循環，中國終將再起。

首先來自政府政策能夠及時因應，例如廣東東莞原為台商傳統產業大本營，但是從二〇〇八年金融海嘯以來，外銷不振，中美貿易戰後尤其衰微，很多台商都打包回台灣或遷至越南等地。地方政府於是推出「工改工」政策，不是把那些土地變成住宅用地，讓那些地主霎那變為千億富豪，而是土地升級為高科技工業用地。例如本來土地容積率只能蓋到一點六倍，一千坪土地可以改成一六〇〇坪廠房，現在可蓋到三點五倍，土地使用者可以蓋到三五〇〇坪，而且廠辦合一，提高土地利用價值。

二〇二三年七月十二日，運時通「工改工」專案，通過東莞市政府規劃委員會同意控規及工業紅線調整，容積率擴容至三點五倍。此專案占地一一八畝，規劃十四棟建築，六十公尺高樓，總建築面積為三十三萬平方公尺，即十萬坪。

作為總部，這個名為「智谷」的園區，既是國際運營總部，也是生產基地，研發總部生活配套，未來更會加上E⁺智慧家居體驗中心、5G智慧家電智造基地、AI家居創新基地，二〇二五年四月已委託中天控股華南建設投資集團，負責興建工程，保證工程品質精良，創造智能創新基地。

中國經濟雖然下滑，但是中國政府已經制定雙循環政策，內銷和外銷雙軌鼓勵，所以陳燕木對中國內銷市場有十足信心，「台商不做內銷，就等死亡！」他斬釘截鐵地說。

二〇二三年八月二十九日，台企聯內銷拓展工作委員會於山西省太原市舉辦成立大會，中國中央台辦、國務院台辦宋濤主任、經濟局張世宏局長都到場。因為陳燕木的博士論文題目為「競爭戰略與投資組合對於企業經營績效之研究——以大陸與台灣企業對中國內需市場的比較為例」，所以他擔任台企的內拓會主委，將自己所學、所見、所經驗，貢獻給有意做內銷的台商，並且靠台企聯之力，向政府爭取內銷優惠，陳燕木一點都不在乎占據他的時間精力，他認為人要有被利用的價值，才是有意義的人生。

他從做台灣區家具公會理事長、亞洲家具聯合會會長，中國家居品牌聯盟主席、傑出大陸台商聯誼會會長、台企聯常務副會長、青委會主委、到內拓會主委，都一定要留下足跡，要認真做過事，「有些人認為他鋒芒太露，但有做事比沒做事好太多。」台北經營管理研究院院長陳明璋說。

第五十章

家庭教育重自律

中國廣東東莞市裡面的松山湖，湖面平靜如波，遠處煙雨霏集，渺渺卻浩蕩。

二〇一三年過完農曆年，床墊教父陳燕木，全家搬進了松山湖畔的虹溪諾亞，約一七〇坪的住宅。

在此之前，陳燕木全家都住在工廠的台幹宿舍裡，董事長及太太是一房一廳，兩位兒子一人一間，要上班，只要騎電動腳踏車，一分鐘就可抵達，晚上十二點想到什麼點子，陳燕木可以起來立即到辦公室去查資料，寫下來，第二天就要部屬實施。

這棟松山湖新宅，雖然在一般人看來很豪華，但對一個創業四十餘年的中堅企業主來說，並不算奢侈，這是他們一家老小第一次擁有自己的居住空間，而且還住在一起，陳燕木與兒子，從一九九六年開始就聚少離多，「這次是第一次享受大家庭的溫情。」

三代同堂溫馨滿堂

在松山湖旁的大廈裡，推門進去，門楣上就是一塊匾額，上書「喜燕軒」，就是陳燕木夫妻兩人名字各取一字而成，與在新北市的「喜燕廬」相映成趣。進得門裡，東西廂房，分別為大公子陳冠宇及二公子陳冠翰家人所居，加上陳燕木夫妻套房及書房，三對夫婦都有獨立盥洗室，一間臥房，一間書房，中間是廚房、客廳及餐廳，每個房間都可看到松山湖。

以往，家人很少聚在一起，出差、留守公司，甚或旅遊，都各走各的，現在一個月有幾天都在一起，「不管他們將來是否要搬出去，至少我要和太太享受一下三代同堂的滋味。」

在這個家裡，沒有掛名畫，也沒有擺古董，卻在客廳正中央擺了「陳氏天下，用心思源」，代表著歷代先祖陳用從福建金浦到台灣的慎思追遠的心境，以及一幀幀家人照片，有年輕時俏麗的黃喜貞，也有兩個兒子還是青少年的照片，當然還是少不了爸爸和媽媽的合影。這些都是重要的傳家之寶，掛在牆上顯眼地方，一進門就可看見「順愛新勤」家訓，「順」代表第一代先祖陳順水；「愛」代表家是講愛的地方；「新」代表著第三代先祖陳新富；「勤」代表堅毅勤勞的工作態度。順是孝順，愛是愛心，新是創新，勤是勤勞；裡面另有八字對聯，同樣彰顯出陳燕木對後人的良苦用心：

台灣漁農漳浦來
浦台山水本一脈
世事滄桑音未改
緬懷先祖渡海來

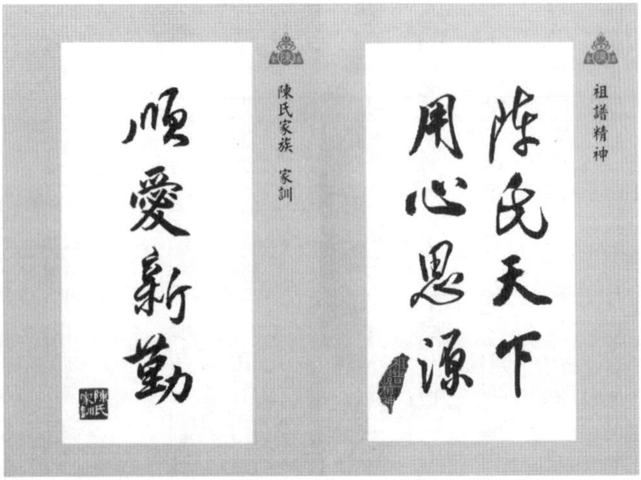

自律律己絕不鬆懈

看起來，陳燕木嚴於律人，卻更加嚴於律己。

他的部屬都說，「他要求部屬的，都是自己會領先做到的。」

連愛人都必須自律，當你愛一個人的時候，愛到九分絕對剛剛好，剩下一分用來愛自己。愛字中間是「心」字，愛家人、愛朋友、愛同仁，要用「心」來愛。但父母關愛、兄弟友愛、夫妻恩愛、子女疼愛都要愛九分，要給對方十%的空間，不能完全占有，否則會給對方沉重的壓力。

在經營企業的百忙之中，他能抽空讀碩士、博士，也是自律的收穫。他的拼搏也來源於自律，自己設定遊戲規則，自己執行，自己考核。例如在東莞辦公室，堆放著無數大筆記本，每天一格，一定記下開會的時間、會議紀錄、應辦事項、遇到哪些人，記下他們的特徵等等。

他隨身攜帶一本小本子，也是已經累積了四十幾本，裡面有當年的重要決策。例如要成立泡棉廠、和美國蕾絲爭取永久代理權；也有遇見人的地址電話，更有自己的管理心得、看到的名言，一本一本疊得很整齊。

他從高中時期就打籃球，到現在，常常還挑戰年輕人，也跟比他年齡小的人組成團隊一起打籃球，每場不落人後，還不時得分。打籃球訓練體力、反應力，而且學習團隊合作。

他現年七十五歲，很多醫學界專家有共識，現代人營養充足，注重養生，所以年齡應該減十五歲，才是身心年齡。所以陳燕木應該是六十歲，劉禹錫的「莫道桑榆晚，為霞尚滿天」，後中年的他仍然有漫天雲彩。

健康成長獎學金

四位孫子孫女都隨父母住在陳燕木家裡或附近，兩個大孫女陳名郁（Milla）、陳名筠（Albee）在清瀾山外語學校讀書，老二的大女兒陳名晞（Cici）、陳名軒（Harrison）則在東莞的台商子弟學校就讀。於這些孫子孫女，不苛求學業的絕對優越，只要班上十名以內就好，更期待他們在品德上樹立榜樣，孝順有禮，健康平安。

最近，他的大孫女因身高剛滿一五五公分而獲得爺爺設立的健康成長獎學金——二〇〇〇元人民幣。這個獎金是陳燕木別出心裁，為第三代身心靈健康而設立的，考核標準分為幾個方面，包括健康發育、學習成績、優秀事蹟，及家教禮貌等。

當小朋友的身高每長高五公分或者體重增加五公斤時，頒發獎學金二〇〇〇元人民幣。學習成績、優秀事蹟，考試第一名獎學金二〇〇〇元人民幣，第二名一〇〇〇元人民幣，第三名五〇〇元人民幣。每張獎狀一〇〇元人民幣。

家教禮貌方面例如幫忙做家務，打掃清潔、禮貌接物等皆可獲得不同的獎學金，得到肯定與鼓勵。由於年齡小，要媽媽保管，要用時從媽媽那裡支取。陳燕木希望孫子們拿獎學金可以進一步發展自己的興趣，或者用於公益活動。

他並仔細講解如何記錄收入與支出的科目內容，鼓勵他們把每一筆花費都記錄下來，並定期檢視自己的開支情況，從小養成理財習慣，也要學會選擇。

為爺爺給出獎金，孫子孫女努力保持健康，吃飯運動，獲獎後還樂滋滋地為老師、父母及摯友準備了禮物，從小養成的分享之心，也是陳燕木設立獎學金的初衷之一。

孫子孫女創意無限，親手設計喵星村

有一年回到台灣過春節時，孫子孫女在台北公司利用紙箱ＤＩＹ組裝起房子，並根據各自的喜好進行創意布置，四個孫子孫女各自的房子巧妙的設計連成一個他們專屬的村落，因為他們都非常喜歡貓咪，於是這個充滿童趣的區域被他們命名為「喵星村」。

他們自發地分配工作，大姐陳名郁擔任村長，負責協調各項事務；二姐陳名晞和三姐陳名筠則負責裝飾和布置，讓村子充滿了色彩和活力；而大弟陳名軒則擔任保安組長，保護他們的「喵星村」，並讓每個人都能安全地玩耍，小小年紀已展現組織能力看到孩子們打打鬧鬧，爺爺頗感喜樂，陳燕木決定在東莞工廠喜燕園裡，也打造一個屬於他們的「喵星村」。讓他們在這裡自由地探索與創造。爺爺請人鋪設草皮，並準備了許多遊戲器材，讓孩子們可以像在台北一樣，發揮他們的創意。

陳燕木有時帶他們去公司，從小看他們爺爺和爸爸打造的公司，培養他們對商業的興趣，也體諒爺爺奶奶及爸媽的辛勞。

在他的生命畫卷中，這些孫子孫女一顰一笑，一舉一動，猶如青山與白水，輕輕地描繪著他後中年歲月的風景畫。

第五十一章

百善孝為先

二〇二四年一月三日，開年第三天，陳燕木從運時通活動中心趕回辦公室，處理建廠、工改工事宜，眼眶紅著，臉頰尚存前一刻流淚的痕跡。

男兒有淚不輕彈，雖然陳燕木常有情緒激動的時候，但今天特別感傷。原來今天舉辦「運來時轉　送愛回家」活動，這是運時通獨創的過年活動，一般企業年終頒發年終獎金、績效獎金是日常，但幾年前，運時通決心要澤惠員工家屬。

大陸面積遼闊，員工常需跨越大半個中國來打工，員工有從哈爾濱、河南、四川、湖北、湖南來的，最近的也是廣東農村，家裡有父母、子女，一旦家人有事，員工離鄉背井，往往趕不回去，這個送愛回家活動，就是希望能彌補萬一，凡是員工父母或子女生病的都可申請這筆基金。

對公司盡忠，更要對家庭盡孝

頒獎典禮上，一位母親的臉龐浮現在陳燕木的腦海。她的身影曾承載無數操勞，詩句中「棘心夭夭，母氏劬勞」正是她一生的寫照。父親大愛無言，但家裡每個角落能映現出他的負責及溫暖，陳燕木的父親早逝，讓他時常有著「樹欲靜而風不止，子欲養而親不待」的遺憾，因此對母親就要加倍補償。每次回台灣盡量第一頓飯要陪媽媽吃，母子共度時光。今年母親九十五歲生日，他精心策劃，為母親風風光光辦了個生日趴。

他在公司裡常跟員工講孝道，也篤信「求忠臣必於孝子之門」，因此他設立了這項愛心基金，凡家屬有生病、有急難都可申請，經主管核准後，都能獲得。

這天對陳董及夫人別具意義，兩人都穿藍色套裝，陳燕木勉勵員工一定要孝順父母，再怎麼忙，兩三天都要跟家人打電話，而且要把握年輕時，勤勞賺錢，他舉例自己年輕時，每天工作十八個小時賺錢，吃得苦中苦，方為人上人。

他更期許這些員工在工作崗位上，下了班都要努力學習，公司需要幹部，也不吝提拔工作優秀的人，台灣的人情味在這個企業完全顯露了。

員工拿到獎金後，眼眶泛紅，有的人致辭時幾度哽咽，都說要趕快把錢寄回去，告訴家人這是董事長幫助的，希望家人買些營養品，把身體養好。還有人事後寫了感謝函，告訴董事長自己的學習計劃，也有位員工要效法董事長的十八個小時工作法，公司有加班，就要盡量加，有空時還要去開滴滴（計程車）。淳樸的筆跡，淳樸的字眼，令人不捨，也提醒著陳燕木「莫忘世上苦人多。」

孝，不僅是對家庭的責任，也是對人性的詮釋。

說出三十多年的重擔

疫情期間，兩岸往返不利，大兒子、二兒子的生日，老爸、老媽都拍影片祝賀，在給大兒子的生日影片中，陳燕木終於道出了壓抑三十幾年的歉意。他記得自己在大兒子八歲時，因為有國外重要客人來，當時以廠為家，所以他和太太辛苦清潔工廠環境，去除雜物，希望給客人一個好印象。

當時他希望小孩都要藏起來，但大兒子冠宇調皮，不聽話，還在工廠玩。陳燕木擔心影響公司形象，氣急之下，舉起手，敲一下冠宇的頭，沒想到他手上的金戒指敲到長子的頭，頓時腦袋出血，嚇壞了家人，趕緊送去醫院。「爸爸那時就後悔，不應該如此衝動，從那以後，爸爸就不戴金戒指，怕傷害你們。」他在影片裡哽咽地說，「爸爸從來沒有對你道歉過，我現在向你道歉……」當時他一心是為著生意，沒有考慮太多。

遲了三十餘年，但陳燕木終於說出口，壓埋在心底的重擔，也終於卸下了。

冠宇進入企業後，也深刻理解到爸爸當時創業的艱難，也釋懷了，並且感恩孝順阿嬤、爸媽的養育教導恩情。兄弟倆會在爸媽及阿嬤的生日，也拍影片祝賀，例如創作影片與音樂來傳達思念阿嬤的心情。祝賀爸爸的生日影片中，如片頭「人生沒有等待出來的輝煌……只有拼搏出來的才精彩」，完整陳述爸爸創業艱辛的心路經歷；在媽媽的生日影片裡，語調自然輕鬆，兼有赤子之心及孺慕之情，並且做了一首歌曲——〈貞美麗〉，佩服媽媽幫助父親的智慧，「媽媽您照顧這個家五個大人、四個小孩、三個家庭的付出，是真美麗。」陳冠翰說。

「百善孝為先」的意思是：「在眾多的美德之中，孝道是最重要的。」這句話強調了孝順父母、尊敬長輩是做人最基本、最重要的道德標準。這句話來自中國傳統儒家思想，認為孝是一切道德行為的根本。陳燕木也同樣用這個思想在教育兄弟倆，所以兄弟也深受影響。

父親與兒子的羈絆

陳燕木作為一位父親，對於兩位兒子，有著滿心的驕傲也有著衷心感謝。他想起在二十五年前，他帶著兩個兒子到台北市永康街吃飯逛街，當時陳冠宇二十歲，陳冠翰才十八歲。他們逛到一家藝品店，當陳燕木看到架上陳列著一座銅雕藝術品時，他感性的娓娓道出，他覺得就好像看到兒時的自己……

這銅雕上方踩著自行車的人，因年紀小，所以坐在車上踩不到，只能半跪著騎單車，就像小時候的他一樣，此刻瞬間回想到兒時過去，有著深深的

50歲生日禮物。

70歲生日禮物。

感觸。當時陳燕木想買下這童年的回憶，但要價五萬元台幣，心裡還是不捨得買。後來兩兄弟偷偷用自己的壓歲錢，將這銅雕自行車默默的買下不讓父親知道，在陳燕木五十歲大壽時送給父親當生日禮物，陳燕木當場感動得流淚，心裡激動不已……

兩兄弟總是會細細觀察父母親的每一個舉動，總是將孝順放在心上，他們在父親七十歲的壽宴上，贈送了一座名為「簡單自在 樂活人生」的銅雕作品，銅雕的一男一女呈現出歡喜無憂的開心笑容，意味著兩兄弟希望父母親於七十歲以後的人生，可以無憂無慮的歡喜度過每一天。

父親長眠蘭陽園，家族墓園團結後輩

陳燕木的父親陳炎樹，長眠於林口墓園——「蘭陽園」，至今三十年，在和兄弟多次討論是否撿骨或是興建家族墓園問題，一直未定案。今年陳燕木決定為陳氏家族出資奉獻，興建家族公墓，而冠宇、冠翰兩兄弟更是支持這個想法，贊成興建一座公墓，供家族及後代追思先祖，團結後代子孫，延續「陳氏天下、用心思源；順愛新勤、文化傳承」的承諾，進一步加強家族凝聚力。

「蘭陽園」象徵著對雙親的敬愛與懷念。這座墓園位於新北市林口區，地理位置優越，背倚巍峨群山，前臨開闊太平洋，左側的青龍與右側的白虎相互呼應，形成了良好的風水格局。不但提供家族的繁榮與安定，還能帶給子孫正氣凜然，慎終追遠，代代相傳，生命永恆，吟詠流長。永遠守護著家族的榮耀與未來，典藏生命文化的天堂聖地。

陳董綜合他們在台灣的歷史如下，證明台灣對他們的哺育，也代表他對後代的期望：

一代陳用渡海來，二代順水孝感天；
三代新富根時潮，四代炎樹創床墊；
五代同堂跨國際，六代英才冠賢德；
七代子孫名遠揚，八代後裔傳永世。

第五十二章

結語：邁向百年企業

近幾年，運時通在中國，於江蘇淮安新廠與廣東東莞工改工兩地發展，為陳燕木書寫下事業新篇章。二〇二五年盛夏，華東軟體家居科技園於淮安正式啟用，這是繼美國、台灣之後，集團全球布局的第四座工廠，自動化規模與科技水準，代表運時通朝智慧製造的新里程碑邁進。

運籌帷幄長遠布局

東莞與淮安智谷產業園區第一期工程，也將於二〇二六年夏季完成。未來，東莞與淮安兩地，將並肩成為運時通邁向百年企業的產業雙基，亦是轉型升級的創新核心。

二〇二五年一月一日，陳燕木進一步任命大小陳總為新任集團總裁，標誌著大小陳總的使命轉化，董事長陳燕木一再強調不是升官，而是責任之交付，要求他們一次次挑戰自我極限。

技術研發、製造根基已成規模，而品牌藍圖亦正展開。陳燕木早在一九八三年便取得美國 Restonic 蕾絲床墊品牌授權，並於二〇一七年擴展為亞洲永久授權，二〇二五年蕾絲美國總部考慮分散經營，陳燕木擴大經營版圖，增加越南、緬甸、柬埔寨、菲律賓四國，在亞洲地區都可揮灑自如，為品牌百年基業深耕布局。

他深知，品牌之於企業，如同精神之於靈魂，沒有品牌，再高的技術也難以長久立足。

從鐵路技工黑手起家，創立出全球最大台灣床墊集團；從台灣出發，走向兩岸三地，再延伸至亞洲及世界各國；他的事業，不只是產業傳奇，更是一首時代長歌。

企業之名「運時通」，亦是文化象徵。「運」者，指揮軍團、運籌帷幄，把握策略與機運；「時」為三日學：知昨日、用今日、創明日；「通」則涵義可以深遠：從人通、心通，到企業對消費者的通達順暢。

還要走得更長、更寬、更遠

陳燕木常言：「人的生命有限，企業的生命卻能無限。」

陳燕木對學術追求一點也不輸企業追求，四十五歲取得輔仁大學企管碩士，論文獲得中華民國管理科學會評為「人力資源與組織行為管理類優勝獎」；七十三歲獲得美國天普大學全球金融博士，陳燕木的博士論文研究成果獲得國際知識管理領域世界第一本SSCI學術期刊Knowledge Management Research & Practice（KMRP）核定通過刊登推薦論文，提昇華人企業研究知識傳承及學術界的肯定。如愛國詩人屈原所言：「路漫漫其修遠兮，吾將上下而求索。」這句穿越千年的詩句，道盡他對學術生涯的執著與追尋。

他滿懷期待，深知兩個兒子雖未展現出他當年拼搏的幹勁，但這恰是成長的空間，等待他用心引導。如今的他，角色已從父母轉變為教練，時而給讚美，時而給鞭策，時而指點迷津。他更要時時牢記，控制自己脾氣，不能直接指責兒子，要養成他們獨當全面的能力，畢竟他們有更大的志業要承擔。

有種道理，叫知易行難，而他走過的每一步路，詮釋著這個道理。他堅信「路」是「各人」自己的腳走出來的「足跡」。「知足常樂，知謙富貴」，命運由自己掌握，只有拼搏和堅持，才能走出屬於自己的人生路。

人生海海，他在風雨中，走了七旬半的路，美好的戰役已打過！但百年企業不容易，不僅在於百年經營，更在於價值、傳承與理想能否穿越百年。征途尚遠，他依然時刻拼搏以待。

人生風雨七旬路，阿木春秋正當年。歲月砥礪志彌堅，拼搏奉獻譜華篇！

附錄

第一篇

人生導師江丙坤

貿易專家，國際先鋒。江丙坤出生於一九三二年十二月十六日，二〇一八年十二月十日辭世，享壽八十七歲。籍貫南投縣草屯鎮溪州里。

江董事長在年輕時進入駐日大使館工作，開啟了他的國際事務領域，歷任國貿局長、經濟部長、經建會主任委員、立法院副院長、國民黨副主席、海基會董事長、海峽兩岸經貿文化交流協會會長等職務。這個過程不僅簽訂了許許多多對外貿易法案，也為台灣企業在國際上開拓了許多市場機會。江董事長於一九九六年獲得管理科學會頒發管理獎章，代表著台灣企業管理界的最高榮譽，而他一生對於台灣國際經濟事務上的貢獻是可稱為「台灣企業導師」，為全球華人共同學習的最高楷模。

勤學有成，窮者典範

江董事長為台灣南投鄉下的小孩，覺得不念書沒前途，所以就半工半讀，一路從台中農校、行政學校、普考、高考及格、中興法商學院畢業，並取得中山獎學金赴日本攻讀碩士、博士，於一九七一年取得日本東京大學農業經濟學博士學位。我因出身在台灣宜蘭礁溪鄉的時潮村，村子靠近海邊時間到了就漲潮，颱風來襲時洪水倒灌，老家農村裡成熟的稻穗及魚池皆被海水淹沒，辛苦的耕耘付諸流水。我老爸常說：「不是我們不努力，是老天不給我們飯吃，該怎麼辦？」當鐵路技工時，晚上讀補校，考上輔大企管系；所以我十二歲就立志「不靠天吃飯，靠自己吃飯」，與江董事長的拚命三郎的精神相呼應。我大二開始了床墊事業，受到江董事長的感召，我也在四十三歲時利用兩年半修完七十五個學分，四十五歲完成輔仁大學管理學研究所碩士學位；七十三歲時取得美國天普大學福克斯商學院全球金融學博士學位，榮幸受到母校天主教輔仁大學人工智慧中心聘任為講座教授。江董事長常勉勵年輕人說：「台灣農村小孩既無恆產又無背景，除了讀書之外別無發展機會。」

提攜後輩，不遺餘力。江董事長一生中有許多愛才惜才的故事，我自不例外。在一九九七年到二〇〇二年我擔任第九屆第十屆台灣區家具公會理事長，二〇〇三年到二〇〇六年擔任亞太家具協會會長期間，江董事長對於如何促進國際產業資源整合、共創產業價值提供許多指導與方向，讓台灣家具產業「立足台灣，放眼大陸，胸懷世界」。

亞太家協成立於一九八〇年，秉持著「促進國際資源整合，繁榮亞太家具產業」的協會宗旨。亞洲各國會長多次考察台灣與中國，江董事長皆熱心接待，並發表台灣為「亞太營運中心」的願景，讓我這個台灣會長備感驕傲。

二〇〇八年運時通家具集團成立三十五週年，江董事長特來祝賀，並送上賀詞「駿業肇興」當為鼓勵，特贈夫人江陳美惠畫作「家鄉情」，江夫人用毅力彩繪人生，用藝術豐富心靈。二〇一三年成立四十週年慶，他再度率領台商前來祝賀參訪，其意義就是把我當作他真正的朋友，尤其我與江丙坤的長子俊德兄都是工商建言會的學長學弟，感覺上就是自己家人和長輩對部屬的提攜和關照。

你是我兄弟

百忙抽空為冠宇、柏蓉結婚福證。我的大兒子陳冠宇和媳婦陳柏蓉長年在大陸、美國、台灣三地間為事業奔波，終於在金虎年二〇一〇年七月四日於台北君悅飯店舉行婚禮，這場溫馨的婚禮除了有馬英九總統、蕭萬長副總統、連戰主席、吳伯雄主席、王金平院長頒贈喜幛給予祝福外，更請到海基會董事長江丙坤前來擔任證婚人，雖然在兩岸事務的處理上非常忙碌，但還是特別來任擔任這對新人的證婚人，深感謝意。

二〇一一年時任大陸「全國台灣同胞投資企業聯誼會」會長郭山輝擔任發起人，由張漢文會長、王屏生會長、李政宏會長、陳錦龍會長等，及各地台商會會長約一五〇人，在圓山飯店為江丙坤董事長八十歲舉行祝壽活動，還記得當時我和高文誠秘書長，幫忙製作「你是我的兄弟」的光碟送給大家，代表大陸台商會對江董事長的祝賀及感謝。

我擔任中國家居品牌聯盟主席時，二〇一七年組織會員到台灣考察，並在台北圓山大飯店舉辦「兩岸家具高峰會論壇」，江董事長親臨指導，經予兩岸家具產業注入宏觀視野的新格局。

企業導師點燈引路，造就今日運時通。江董事長做事嚴謹，細部到位，我的座右銘「追求完美，忠勤任事」與江董事長的精神相互吻合。江董事長可以說是我的學習導師，江董事長的點燈引路讓我在品牌上下功夫，先後把國際品牌美國蕾絲床墊 Restonic、德國美得麗床墊 Mustenring、美國席樂頓床墊 SleepTrain、美國艾綠床墊 Sleep Therapy、三燕床墊Sanyan，提升亞洲人的睡眠文化，建立了睡眠中心，之後經由不斷的創新與精進，導入「健康」的概念融入了睡眠美學，並得涵碧樓、遠雄悅來、圓山、裕園、老爺、義大皇冠、萬豪Marriott、索菲特Sofitel、喜來登Sheraton、凱悅Hyatt等知名五星、六星級酒店指定使用，逐漸成了亞太睡眠文化的領航者，讓我在業界得到「床墊教父Bedding Father」的稱號。

江董事長的提攜與指導，我深感責任重大，決心繼續努力，回饋社會，貢獻所學所知，幫助更多的青年朋友在創業或職場上茁壯成長。對江董事長的懷念，也化作我不斷前行的動力，勉勵我在追求卓越的路上永不止步。我希望能夠將他所傳承的精神與價值觀，傳遞給更多的人，讓更多的年輕人能夠在自己的道路上勇敢追夢，實現他們的理想。江董事長的精神，成為我不斷追求進步的力量源泉。

運時通45週年慶典，海基會董事長江丙坤博士表達肯定與祝賀。

第二篇

旺旺會：梅荷精神

二〇一九年在一次與憲兵服役期間的老長官們聚會中，很高興和我的老營長蕭仲光少將相見歡；蕭將軍曾任憲兵二〇二及二〇五指揮部指揮官，老連長是陳旺彬上校，曾任國家安全局第三處副處長，羅新明則是我憲訓中心的教育班長。基於都是憲兵退伍，遂由我們四位倡議成立「運通旺旺聯誼會」，當時就推舉本人擔任會長。後續經由大家引薦，現在的旺旺會眾星雲集，目前計有十二位將軍共十七顆星星（五位是中將）及六位後備憲兵，總共十八位成員（如後記：旺旺會成員）。旺旺會將軍團多數曾經歷練憲兵地區指揮部少將指揮官、中將司令，至今，我們已經舉辦了二十四次的聚會。相聚主旨是希望各位會員在家庭、事業及身體上，能夠好運來、萬事通，身體健康、家庭生活幸福美滿同時享受美好人生。更希望會員們「人旺、家旺、體旺」一切生活「旺、旺、旺」，同時凝聚忠貞精神，互相關心和支持，讓情誼永固。

一日憲兵，終身憲兵

旺旺會緣起可以分兩階段來講，也是我與憲兵的兩段情。一九七五年因為就學、就業兩頭跑，沒有參加預官考試，因此畢業以後就被徵召服憲兵役。進入憲兵學校受訓認識了我的教育班長羅新明，我比新明年紀大，他是長官，也是跆拳道教練，讓我徹底接受新訓憲兵養成教育，奠定爾後發展事業基礎。退伍以後，我們還保持情誼，共同創業，在台北縣（現新北市）新莊市（區）合作開了一家「百老匯餐廳」，我擔任董事長，羅新民擔任總經理負責經營管理，這就是我與憲兵結緣的第一段情誼。

一九六七年，蔣故總統經國先生任國防部長蒞憲兵司令部視導時指示，應加強退伍憲兵官兵連繫，使他們擔任社會保防工作，協助治安維護，保障國家安全。秉此原則，遂於一九六八年發展思想忠貞、組織嚴密之後備憲兵聯繫工作。自一九七九年起，全國成立二十二個後備憲兵聯絡中心，我也於一九八三年承台北縣後備憲兵聯絡中心主任委員前立委鄭逢時，邀請擔任台北縣聯絡中心副主任委員，負責新莊、三重、蘆洲、新莊、五股、泰山、林口地區後備憲兵聯繫服務工作。當時我才三十三歲，雖逢事業草創初期，但凡事起頭難，我仍自願幫忙，與後憲弟兄一起努力，把這個聯絡中心建立起來，為國家、社會效力。聯絡中心主要服務對象是退伍憲兵，中心提供他們法律諮詢、推介工作、急難救助並組織巡守隊，全國各地遭遇天災時，我們都會去現場義務幫忙，全力投入社會公益服務，因此，後備憲兵也就是我與憲兵昇華的第二段情誼。梅荷為憲兵的精神標誌也是憲兵部隊所倡導的核心價值，梅花代表憲兵堅貞不拔、不畏不懼的精神，荷花代表憲兵清白純潔的操守。憲兵官兵必須善自體察，涵泳培養，而在日常生活中、工作、服勤、戰鬥中貫徹實踐。我雖然退伍多年，在開創事業及個人生活中，依舊堅持「堅貞不拔、不畏不懼以及清白純潔的操守」才能有今日「運時通」的產業規模。

「運通旺旺會」目前維持每三個月由成員輪流主辦一次聚會，成員裡的十二位將軍，組成將軍團，每年都會回請旺旺聯誼會一次，每次都重溫憲兵時光。聚會時大家最喜歡唱的，就是在部隊晚點名必唱的憲兵歌，每次唱起「整軍飭紀 憲兵所司 民眾之媬 軍伍之師」，真切感受到「一日憲兵，終身憲兵」（Be Military Police One Day, Be Military Police All Lifetime）的忠貞精神，將恪守「和平 Peace、勇敢 Brave、廉潔 Honesty、慧敏 Smart」

之信條，永遠以身為憲兵的一員為榮耀。

二〇二四年，我非常榮幸地在圓山大飯店舉辦感恩餐會，慶祝我取得美國天普Temple大學的博士畢業證書，在人生學習旅程中重要的時刻，能夠在餐會當天與親友和尊敬的長官們共同慶賀。在這次感恩餐會中，我特別邀請了輔仁大學的藍易振校長、謝邦昌副校長、文上賢主任秘書參加活動，特別感謝江漢聲前校長聘我為輔大ＡＩ人工智慧發展中心講座教授，我也希望輔大能加強與憲兵圈的聯繫。

二〇二四年七月由我和中華兩岸友誼交流協會韓邦琨理事長（前憲兵特勤隊跆拳教練），共同舉辦了「運通旺旺聯誼會東莞、成都兩岸文化參訪」活動，共七天。我特別安排團員參觀運時通東莞廠，也去廣州參觀黃埔軍校、中山紀念堂；還飛去成都，拜訪熊貓基地、錦里古街等景區。最難得的是，到達黃埔軍校參訪時，適逢黃埔陸軍軍官學校建校百年紀念，因此，這次有機會參訪，團員都覺得彷彿看見民國時代，成千上萬個十幾歲的男兒，從黃埔港下船直奔軍校，一意報國的身影，見證了中華民國是他們打先鋒，我們在台灣才能安居樂業永續發展。參訪行程雖然緊湊，但我們也品嚐了當地的特色美食，從東莞的燒鵝到成都的麻辣火鍋，深切感受到當地的風土人情。團員夫婦多人很少來大陸，這次無論是文化的交流、歷史的回顧，還是美食的享受，都讓他們對兩岸的認識更加深刻。

運通旺旺會成立迄今，成員們都說我為旺旺會貢獻良多，但我也受益於憲兵，憲兵養成了我對紀律的要求，經營事業要靠紀律，方有現在的事業規模，才有能力回饋，開啟了個人事業版圖。最近我們在江蘇淮安建新廠以及運時通東莞總部改建，亟需工程管理人才，經過旺旺會晏瑞祥學長的介紹，延攬陸軍官校四十七期畢業的張榮輝學長出任工程部總經理。張榮輝學長曾擔任營造公司董事長，並獲得馬英九總統頒發「國家建築金質獎」，具備營造專長。他有為有守，秉持專業精神，累積了豐富的經驗，即便面對大陸淮安的嚴寒氣候，以及在父親遽然離世後匆匆奔喪的情況下，他仍迅速重返崗位，全力投入運時通智谷雙引擎工程，做出了巨大貢獻，對此，我衷心表達真誠感謝！

後記：在這個經營事業過程中，我深刻感受到，旺旺會及後備憲兵的服務與付出，讓我經營事業順利，這讓我明白，人生的道路上，付出往往是獲得的前提。我常常告訴我的員工「先有所為，才有所位」，意為先奉獻服務，有所作為，才能獲得相應的職位與地位，這不僅是一句口號，更是我在企業經營管理多年的體會與信念。

■運通旺旺聯誼會成員

會　　長：陳燕木　博士：美國天普大學全球金融學博士，輔仁大學講座教授
台灣區家具公會榮譽理事長，亞洲家具聯合會榮譽會長
運時通家具集團董事長

榮譽會長：鄭逢時　博士：吉林大學文學博士，立法院二、三、四、五屆委員
立法委員協會秘書長，台灣省議會七、八、九屆議員
台北城市科技大學董事長

發　起　人：蕭仲光少將、陳旺彬上校、羅新明總教練

會　　員：

劉繼正　中將：陸軍官校三十二期，警備總部南部司令
台北市陸軍官校友會創會理事長

邱忠男　中將：陸軍官校三十六期，憲兵司令部副司令
國安局特勤中心中將副指揮官

于趾海　少將：陸軍官校三十六期，警備總部南部副司令
憲兵二〇五指揮部指揮官

蕭仲光　少將：陸軍官校三十七期，憲兵二〇二指揮部指揮官
憲兵二〇五指揮部指揮官

劉大鵬　中將：陸軍官校三十八期，警備總部東部司令
憲兵學校校長

張齊漢　少將：陸軍官校三十八期，憲兵二〇二指揮部指揮官
憲兵訓練中心指揮官

陳旺彬　上校：政戰學校十八期，國家安全局第三處副處長

許立孟　中將：陸軍官校四十四期，國安局特勤中心中將副指揮官
富邦物業顧問（總管）

陳良瀚　少將：陸軍官校四十五期，旺旺會秘書長，憲兵學校校長
憲兵二〇五指揮部指揮官

晏瑞祥　上校：陸軍官校四十七期，中華安平憲特協會理事長
憲兵二〇五指揮部副指揮官

高甯松　少將：陸軍官校五十一期，憲兵司令部副司令
國民黨新北市黨部副主委

周廣齊　中將：陸軍官校五十五期，憲兵指揮部中將指揮官
國安局特勤中心中將副指揮官

羅新明 總教練：威樺國際運動事業董事長，中華跆拳道協九段技術發展會主委
憲兵司令部暨特勤隊跆拳道總教練，新莊後備憲兵創會主任

陳献楨 董事長：中華兩岸友誼交流協會創會理事長，富岬一方國際集團董事長
新北市後備憲兵協會第九屆理事長

郭金興 董事長：歐巴馬旅行社董事長
全國山、鐵運動休閒協會理事長

韓邦琨 董事長：中華兩岸友誼交流協會理事長，亞太金國際投資控股董事長
淄博市台灣同胞投資企業協會會長，憲兵特勤隊跆拳教練

和平
Peace

勇敢
Brave

廉潔
Honesty

慧敏
Smart

一日憲兵
終身憲兵

Be Military Police One Day
Be Military Police All Lifetime

第三篇

如何挑選好床墊

在生活的漫漫征途中，床宛如一座寧靜的港灣，是我們疲憊身心的溫柔歸宿，是靈魂得以滋養、重煥生機的夢幻之境。睡眠，這佔據人生約三分之一時光的神秘旅程，卻在現代社會的快節奏漩渦中，屢屢遭遇挑戰。而什麼樣的床墊才是適合自己呢？床墊越昂貴就越好嗎？每個人的需求和偏好都不盡相同。

我們的身體就像一座摩天大樓，脊椎就是大樓的支柱，支撐著我們的身體，也保護著中樞神經系統，無論是自主神經系統中的交感神經、副交感神經，還是控制手腳動作、感覺和保持平衡等，都需要脊髓中的神經來傳達訊息。從醫學角度，於睡眠時提供身體與脊椎良好的放鬆，在床墊選擇更顯重要，挑床一定要試躺，軟硬度可以根據個人的體重來選擇，床墊必須提供脊椎足夠的支撐與貼合，才能達到護脊效果，以免睡得腰酸背痛。一張合適自己的床墊與好的睡眠品質，能讓接下來人生三分之二的時間，做事效率大大提升，不僅可以幫助我們驅散壓力、修復身體機能的損耗，更讓每一個夜晚成爲令人心馳神往的美妙享受。

如何選擇床墊品牌

選擇一張讓「身、心、靈」放鬆的好床，從優良品牌開始

一個品牌的歷史與傳承，代表著在行業中的地位，也代表了卓越的品質、設計與製作工藝經的起時間與消費者的考驗。這些品牌憑藉著近百年的人體健康研究，它們深入了解人體工程學原理，精心研發出能夠精準適應人體需求的床墊產品，不僅擁有深厚底蘊，更藉助其卓越的設計和先進的技術，積累了豐富而寶貴的經驗，因此，在市場上已經建立了良好的聲譽。選擇有悠久歷史的品牌，產品不論是在耐用性還是美學上，都能達到業界的高標準，而且也都會提供相對的品質保證，值得信賴，讓消費者可以更安心地購買。

目前國內外床墊廠商不勝枚舉，而床墊屬於大型耐久家具，好的床墊可以陪伴你好幾年，因此，選擇除了品牌的選擇之外，背後的製造商更是對消費者的權益保障。你可以選擇在地生產、歷史悠久、同時擁有一條龍製造產線、又有售後服務的製造商。這不僅代表著製造商時間累積的豐富寶貴經驗，有能力製造出符合亞洲人睡眠需求的床墊，也意味著未來你將擁有完善的售後服務，不必擔心成為不肖家具商近視短利的銷售對象。

挑選床墊六大要素

要素一：適配身高曲線

身形高挑的人，身體曲線相對較長，需要床墊具備足夠的長度與面積，以確保在睡眠時身體能完全舒展，不會出現腳部懸空或身體受限的情況。與此同時，這類人群通常肢體活動範圍較大，床墊需擁有良好的彈性與支撐力，既能順應身體曲線，又能在翻身、挪動時提供穩定支撐，維持脊椎的自然形態。身材較為矮小的人，同樣要注重床墊的貼合度，確保在睡眠過程中，身體各部位，尤其是腰部和頸部，能得到有效的支撐，避免因床墊尺寸不合適導致身體局部受力不均，引發酸痛不適。

要素二：依循體重變化

基於不同群體的生理特徵，在選擇床墊的軟硬度時，可結合身體品質指數（BMI）進行分析。美國人受高熱量、高脂肪、高糖的飲食習慣影響，體型肥胖的群體比重較大，這種體型的人在睡眠時，身體需要更多的支撐和緩衝，普遍需要更軟的睡感，建議床墊硬度等级為6-10，這樣可以更好地貼合他們的身體曲線，以減輕身體各部位的壓力。

歐洲人比較注重食物的品質和攝入的平衡，體脂率趨於正常範圍的人群居多，大多體型較為勻稱，部分人可能會偏高挑且身材修長，這得益於他們較為健康的飲食習慣，同時，歐洲人也比較熱愛運動和戶外活動，這促進了他們身體的健康和體型的保持。對於這樣體型的人來說，硬度等級1-7的床墊更為合適，既能提供一定的支撐力，又能給予身體適度的舒適感。

台灣人的肥胖率和體脂率水平，介於美國人與歐洲人之間，

《床墊硬度等級分布測試與評價方法》GB/T 43007-2023。

不會過於肥胖或過於消瘦以中等體型為主，大多數身材比例較為協調。這是因爲台灣人的飲食結構較為豐富多樣，既有傳統的穀物、蔬菜和水果，也有適量的肉類和蛋白質來源。同時，隨著生活水平的提高，人們也越來越注重健康飲食和適量運動。在選擇床墊時，硬度等級三～六更符合國人的身體特徵，能夠在提供足夠支撐的同時，給予身體舒適的睡眠體驗。

要素三：適應不同年齡需求

人類在成長過程中，會經歷孩童、中年到老年各種不同時期，每個人的年齡、身高、體重、身體狀況、睡眠習慣都不相同，也因為年齡的不同，我們骨骼發展狀況也就不一樣，因此，也要隨著我們年齡的變化，或身形體重的改變，將床汰舊換新。

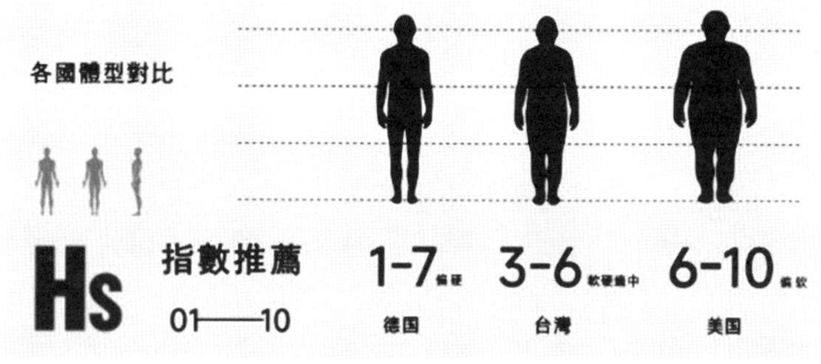

嬰幼兒期（零～三歲）：嬰幼兒階段，孩子的骨骼非常柔軟，就像嫩綠的新芽，處於快速生長和發育的關鍵時期。這時，他們的脊柱幾乎是直的，還未形成成人特有的生理彎曲。為嬰幼兒挑選床墊，應以硬床墊為主。硬床墊能為嬰幼兒的身體提供穩定、均勻的支撐，避免因床墊過軟導致脊柱側彎或變形。與此同時，床墊的材質需具備高度的安全性和環保性，優先選擇經過嚴格檢測，抗菌防蟎的材質，為嬰幼兒營造一個健康、安全的睡眠環境。

青少年期（四～十九歲）：進入青少年時期，孩子的身體發育迅速，骨骼和肌肉都在不斷變化，脊柱也逐漸形成成人的生理彎曲。床墊適合睡稍微硬一點，彈力也要強一點，有支撐的同時也要有較好的適應性。因此，家長們在選擇床墊時需要挑選軟硬適中，適中偏硬的床墊，以滿足身體成長的動態需求。具有良好透氣性的床墊也尤為重要，可幫助青少年排出睡眠過程中產生的汗液，保持身體乾爽舒適，從而提升睡眠品質。

新婚階段（二十～三十五歲）：新婚夫妻正處於人生的甜蜜期，同時也面臨著生活和工作的雙重壓力。他們對床墊的需求更傾向於舒適性和減壓功能。軟硬適中且具有良好回彈性的床墊是理想之選，躺上去彷彿被溫柔環抱，精準分散身體的壓力，有效緩解因工作疲勞和生活瑣事帶來的身心壓力。彈簧是床墊的心脏，決定床墊的支撐與耐用性，獨立袋裝彈簧是新婚夫妻的熱門選擇，其彈簧相互獨立，為身體各部位提供均勻支撐，還能顯著減少同床伴侶翻身對彼此睡眠的干擾，讓夫妻雙方都能在安靜、舒適的環境中享受高品質睡眠。

中年階段（三十六～五十九歲）：時間流轉，步入中年，肌肉與關節如歷經風雨的機器零件，逐漸失去往日的靈活與活力，此時床墊需化身貼心的守護者，給予更細膩的支撐與舒適關懷。這個階段應選擇對脊椎有良好支撐的床墊，以幫助維持脊椎的自然曲度，減輕脊椎的壓力。具有分區支撐功能的床墊是不錯的選擇，它能根據人體不同部位的重量和曲線，提供針對性的支撐，確保頭、肩、腰、臀等部位都能得到充分的承托。此外，床墊的耐久性也很重要，中年人使用床墊的時間較長，質量可靠、經久耐用的床墊更能滿足他們的需求。

老年階段（六十歲及以上）：隨著年齡增長，老年人的骨質流失加劇，骨質疏鬆問題愈發普遍。老年人群骨質疏鬆症患病率較高，這使得他們在睡眠時需要更貼心的支撐與關懷。針對腰臀部位需要更有力的支撐。目前各大知名國際床墊品牌，針對人體工學設計有三段式彈簧、五段式彈簧或是中位護背專利設計結構，都能有效給予頭肩頸腰臀部位不同的釋壓支撐。銀髮長輩也能選擇有床緣加強圍邊功能，更有利於上下床較好起身也更加安全。

要素四：匹配睡眠習慣

預防醫學專家認為，最佳的睡姿應該要和站姿相同，要注意躺下後床墊是否能貼合身形，身體不會有過度下陷或與床墊之間有空隙產生。倘若你選擇過軟的床墊，將無法保持脊椎的自然曲線，床墊太軟會讓腰椎整個下陷，韌帶關節會一直處於拉緊的狀態而無法放鬆，表示床墊不夠有支撐性，躺久了可能造成骨頭或脊椎問題；身體若與床墊間有空隙，會導致腰椎呈現懸空狀態，則代表床墊太硬，因而產生疼痛和不適，睡久也容易肌肉緊繃。最好的狀態就是躺下時肩膀、腰椎、臀部的曲線三點呈現水平一直線，只有在脊椎保持自然得曲度時，這樣才能讓身體感受趨於真正放鬆。

我們在正躺時，身體的重量大多會集中在下背部，會感受到臀部慢慢下沉，同時腰部也要感受到有支撐。側躺時肩膀不會有明顯的壓迫感，腰部會感受到有支撐力，脊椎從頸部到尾椎要呈現一直線。每個人的睡眠習慣都是其個性與生活節奏的鮮明體現。對於習慣側睡的人而言，床墊需能夠緊密貼合身體曲線，並且讓肩膀與臀部在放鬆的狀態下得到穩固的依托，避免因壓力不均而導致的麻木或酸痛。習慣仰睡的人，床墊主要於腰部與床面之間的空隙能精準地填補；提供穩定的支撐，使脊椎保持自然的生理曲度，如同在白天站立時一樣挺直，讓整個身體在睡眠中得到充分的舒展與放鬆。而喜歡趴睡的人，床墊對他們來說更像是一個溫暖而包容的懷抱，在趴睡時，床墊能夠輕柔地托住身體，讓胸部和腹部不會受到過度壓迫，確保呼吸順暢無阻，使他們能在貼近床鋪的親密接觸中，安心地沉浸於甜美的夢鄉。了解並尊重自己的睡眠習慣，是選擇一張理想床墊的關鍵。在挑選床墊同時，建議最

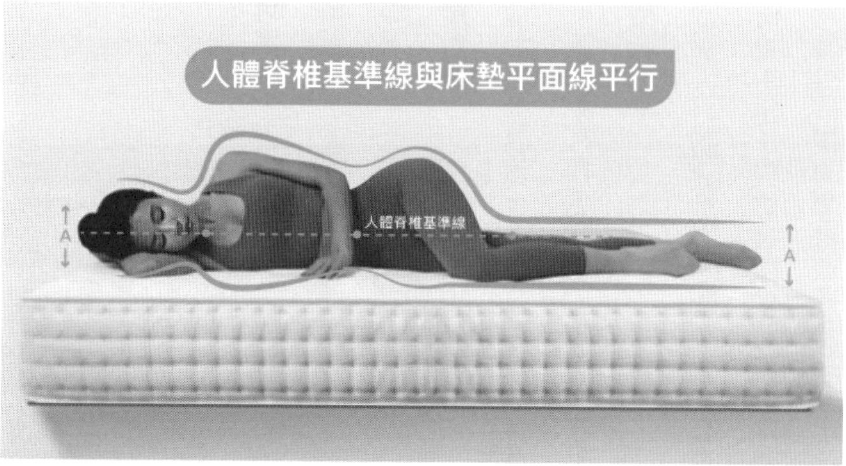

站立與平躺曲線一致化，打造一個屬於你的舒適睡眠。

好能夠搭配自己的枕頭一起試躺，才可以選出最完美又適合自己的命定床。

要素五：國際大獎認可

在競爭激烈的床墊市場中，那些榮獲國際大獎肯定的產品宛如璀璨的明星，這些獎項是對產品卓越品質的高度認可，是經過專業人士嚴格把關於品質與設計、服務等各方面，都是出類拔萃方才能獲得此殊榮。例如：美國消費者文摘 Best Buy 最佳購買獎，這獎項在美國具有極高的公信力，被譽為生活用品領域的權威標杆。還有由美國女性認證基金會舉辦的 Women Choice Award 女性選購獎，近年來在針對女性消費者的商品服務評選中，展現出了無可比擬的權威性。

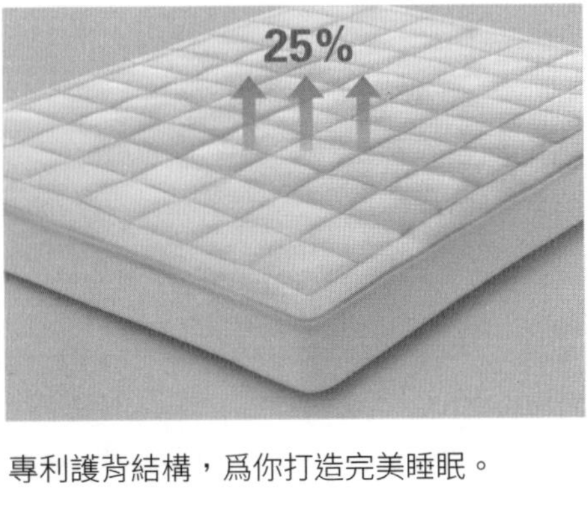

專利護背結構，爲你打造完美睡眠。

此外，像德國商品檢驗基金會 TEST1 評測機構、美國 UL 防火認證、國際性家具展覽會上所頒發的設計金獎、創新金獎等，每一個獎項都份量十足，代表著床墊行業的前沿水準和創新精神。這些大獎無疑是我們在挑選床墊時作為值得信賴的參考依據。

而奢華飯店床款，也是另一個購買參考指標之一。想像一下，當您踏入一家國際五星六星級飯店的豪華套房，那柔軟舒適的床墊彷彿在向您輕聲訴說著甜美的夢境。而當您選擇國際知名的五星級或六星級酒店，如威尼斯人 Venetian、喜來登 Sheraton、凱悅 Hyatt、萬豪 Marriott、溫德姆 Wyndham 或涵碧樓等所指定使用的床墊時，就如同將五六星飯店的尊榮奢華與舒適假期打包帶回了自己的家中，讓您如同在家中也能盡情享受高品質的睡眠，為您的生活增添一份奢華與愜意。

要素六：國際認證材料

人生有三分之一的時間在睡眠，而床墊

德國商品檢驗基金會 TEST1 評測

美國消費者文摘 Best Buy 最佳購買獎

美國 UL 防火認證

Women's Choice Award 女性選購獎

是與我們最長時間、最親密接觸的家具品項，床墊內材部分一般都看不見，而現代社會中，患有氣喘及呼吸道疾病的比例也越來越高，其中有90%是塵蟎所引起的，而家中床墊是塵蟎的最大來源，所以購買床墊時，一定要選擇慎選材料皆有符合國家認證標準的床墊品牌，才能保障家人的睡眠品質和健康。床墊是經過層層包覆，因此挑選具有透氣性、防潮性、抗菌、防蟎、親膚等特性的材質顯得相當重要，舒適與健康性以及耐用度，都是必須兼具缺一不可。

一般傳統泡棉的內材，無法快速吸收人體濕氣，就如同皮膚被包在塑膠袋裡，不透氣因此會感到悶熱，而現有百年專利DUPONT™ ComfortMax美國杜邦棉，極透氣微米級超細孔洞結構，微小到塵蟎200微米都無法通過，能有效吸收溼熱快速排出，又如蠶絲、馬毛、羊毛、駱駝毛這類的襯材，也都有不錯的吸濕性與透氣效果，能給予床墊適當的溫度調節，即使在夏天也十分舒適。也可選擇天然乳膠襯材，除了有抗菌、防蟎、透氣與調解濕氣的功能，更具備能平均分散人體對床墊的壓力，讓肌肉、血液循環及脊椎弧度維持在最佳狀態，而記憶棉則是可以提供人體完整貼合的支撐效果。我們知道這些素材都是易燃物品，因此床墊是否經過合格的防火處理是十分重要。

不同種類軟體床墊的質感區別

彈簧床墊

材料	彈簧、棕墊、動物羽毛、乳膠、記憶棉、海綿等
睡感	軟硬適中
優點	均勻承重、承托性好
缺點	睡感偏硬；彈簧用久易變形

乳膠床墊

材料	天然乳膠或人工乳膠
睡感	軟
優點	透氣性好、睡感柔軟
缺點	支撐性較差；耐用性較差

海綿床墊

材料	海綿
睡感	軟
優點	價格適中
缺點	承托性差、易塌陷

記憶棉床墊

材料	慢回彈太空棉
睡感	軟
優點	睡感柔軟，材料根據環境溫度和壓力產生變化 包裹性好
缺點	支撐性較差，易變形 產品容易變硬

棕櫚床墊

材料	椰棕或山棕纖維及少量化纖
睡感	硬
優點	承托性好、適合腰椎間盤患者
缺點	製造過程可能用到醛類黏合劑 不環保，植物纖維材質 易生蟲、易變形

其他床墊

材料	採用3D、太空樹脂球等其它材料
睡感	軟硬適中
優點	承托性好、透氣
缺點	價格較高

目前有許多國際品牌，從床墊從面布、泡棉、彈簧、天然乳膠等內材都有符合國際權威機構認證，同時也有符合材料溯源、環保規範，可避免消費者在睡眠中吸入有害人體的化學物質，確保健康、安全、無毒。而美國消費者產品安全委員會，已從二〇〇七年七月一日起對床墊實施阻燃標準——CFR1633，所有在美國銷售的床墊都必須達到這標準，而這點也是國際品牌床墊讓人使用起來更加安心。

現代人常因為工作壓力大而影響睡眠品質，因此挑一張好床更為重要，每張床墊的軟硬度和支撐性不同，每個人的身形與重量也有所差異床墊是否符合人體工學，光聽別人說不準，一定要親自體驗才能找到最適合自己的床墊。

每一個夜晚，當我們輕輕合上雙眼，便踏上了前往夢境國度的奇妙旅程。在這片神秘的領域裡，床墊如同忠誠的引路人，引領我們穿越黑暗，抵達寧靜與舒適的彼岸。選擇一款適合自己的床墊，絕非僅僅是滿足物質需求的簡單行為，而是對身心健康的深沉關愛，是對高品質生活的執著追求。

第四篇

五大品牌故事

美國蕾絲 Restonic 床墊

美國蕾絲作為享譽全球的高級床墊品牌，成立於一九三八年，秉持著「Restonic」以傳遞「rest」休息及「tonic」精神恢復到最高點的理念，來打造每一張床墊，意為著透過充分的休息，才能徹底恢復活力與精神的睡眠觀念，以此延續至今。

一九八三年，運時通家具集團成為美國蕾絲床墊的第一個國際授權代理，這一合作開啟了運時通與世界知名床墊企業合作的新篇章。二〇一七年，對運時通更加是一個具有里程碑意義的年份，這一年運時通家具集團正式獲得美國蕾絲床墊亞太

陳燕木跨越重洋，與蕾絲結緣

restonic
美國蕾丝床墊
Since 1938

Restonic 美國蕾絲床墊品牌定位：專注女性健康睡眠。
Restonic 美國蕾絲床墊品牌廣告語：夢開始的地方。

區的永久代理權，成為蕾絲床墊在全球第一家國際永久授權合作的公司，這次合作，無疑是雙方共同攜手應對全球床墊產業市場激變的重要舉措，對於陳燕木而言，更將以加倍的信念要把最新的科技產品、最正確的睡眠文化理念引入亞太區。

軟硬適中，台灣Q床

起初的合作之路並非一帆風順，亞洲人的體型和睡眠習慣與美國人大相徑庭，蕾絲床墊過軟的睡感設計，並不符合亞洲人的睡眠習慣，因此遭到市場的冷遇並未獲得預期的反響，面對這一困境，陳燕木沒有選擇逃避，而是迎難而上。談及如何讓蕾絲床墊

美國蕾絲床墊1938年誕生於美國芝加哥，歷經八十多年發展，已成為全球最大的床墊製造商之一。

在亞太市場站穩腳跟，陳燕木提到必須對產品進行本土化的改造，陳燕木曾言：「媽媽的肚子是孕育生命的第一張好床，而蕾絲床墊立志打造人生的第二張好床。」

陳燕木對產品品質的把控，一直有著極為嚴苛的標準，床墊材質除了要符合國際認證標準外，每一張床墊成品在包裝前，都會再次進行特殊的紫外線殺菌處理，以滿足「挑剔」用戶的需求，這在行業內實屬罕見。隨著市場逐步展開以及科技時代的來臨，陳燕木並沒有停下腳步，反之不斷與時俱進，更積極帶領團隊致力研究及開發新科技產品，近年更推出ＡＩ智能床，不僅具備止鼾功能還能根據不同身形和睡姿，來調節符合每個人最佳的睡感，在智能床墊領域上成績斐然。

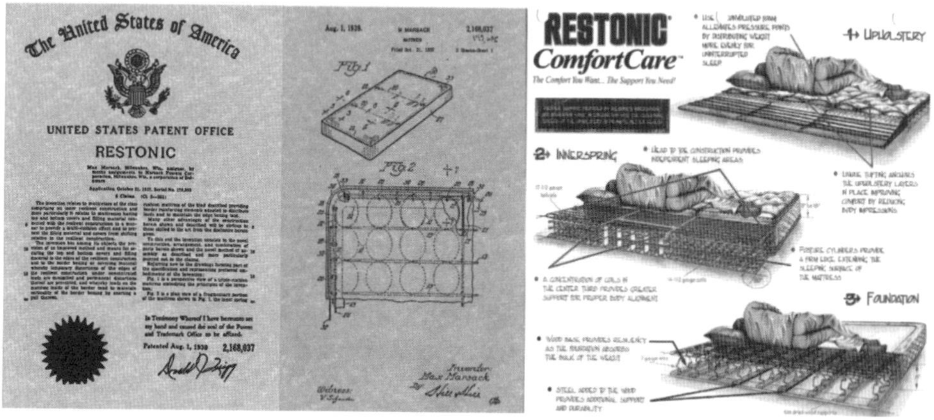

美國蕾絲床墊於1965年正式成功註冊世界專利Marvelous Middle中位護背線結構。

夢開始的地方

蕾絲品牌廣告語的前身從「Restonic Tonight for a Better Tomorrow 今晚睡蕾絲，明日會更好」，在二〇二二年升級為「Supporting Dreams 夢開始的地方」，這一轉變有著深刻的內涵意義。

「今晚睡蕾絲，明日會更好」強調的是蕾絲床墊帶來的即時性睡眠體驗，以及對未來的積極期許，更多地聚焦於產品的功能性，即通過提供優質的睡眠來為明天的美好生活打下基礎。而「夢開始的地方」則將品牌定位提升到更高的層次，它不再僅僅局限於睡眠的改善，而是賦予一種情感價值和精神寄托，這樣的轉變，將蕾絲床墊打造成一個充滿溫暖希望的所在，體現了當人們躺在蕾絲床墊上入睡時，就如同來到了一個可以讓夢想起航的地方。

蕾絲品牌在陳燕木的帶領下，定位從功能導向昇華至情感精神導向，使得品牌更具吸引力與親和力，因此深獲消費者關注與喜愛，進而在這競爭激烈的市場中脫穎而出。所謂營銷術，即在行業變革下積極應變，把原本是生活必需品的床墊，包裝成綺麗夢想的寄託，陳燕木深知要想讓蕾絲品牌真正走向更廣闊的世界，就必須不斷拓展全球業務，不斷在行銷創新轉變，才能將蕾絲床墊一步步推向更廣闊的市場。

五星六星飯店指定選用

陳燕木早已完成蕾絲床墊市場藍圖的規劃，但他卻並未喪失對事業的拼勁，他對蕾絲床墊的熱愛與執著，深深感染了他的家人。如今，他的兩個兒子陳冠宇、陳冠翰已經接過父親的接力棒，積極參與到公司的經營管理中，不斷擴張蕾絲床墊市場占有率。

美國蕾絲床墊擁有全球首創Marvelous Middle中位護背線結構專利技術，更在美國創下史上獎項之最，連續十年榮獲「美國女性選購獎Women's Choice Award」，全球唯一榮獲十次「美國消費者文摘最佳選購獎Consumers Digest Best Buy」，亦是國內外許多五六星級飯店、精品旅店好評合作品牌之一。除此之外，隨著人們對生活品質要求不斷提高，對優質睡眠的需求也日益增長，陳燕木憑藉著五十多年對全球市場深入洞察和高度分析，於二〇二三年開啟專注女性睡眠細分市場的戰略，發佈「女性健康睡眠白皮書」，致力於為女性打造更加健康、舒適的睡眠產品與服務的開端，站在新的歷史起點上，陳燕木和他的團隊對未來充滿了信心和期待。

美國蕾絲床墊以「家像飯店一樣舒適」的訴求，獲得許多消費者的青睞。陳燕木堅持秉承蕾絲床墊的品牌理念，以「世界專利結構中位護背線、LFK彈簧、簧中簧彈簧、強化邊框科技、專利螺旋鎖科技」五大核心科技為基準，不斷升級產品、完善服務流程，為全球消費者提供更加舒適的健康睡眠體驗。在他心中，蕾絲不僅僅是一個品牌，他希望蕾絲床墊可以支持你的美夢，陪伴你追求更美好的生活，成為每個人「夢開始的地方」，也期待能為更多人的健康睡眠夢想保駕護航。

涵碧樓大飯店好評使用美國蕾絲床墊Restonic。

德國美得麗 Musterring 床墊

陳燕木與Musterring的合作並非一蹴而就。在正式簽約之前，雙方進行了深入的溝通和交流，從產品設計到市場定位，從生產流程到品質控制，每一個環節都力求完美。

眾所周知，德國工藝被全世界公認為品質的保證，德國更是被稱為「頂級精藝故鄉」。德國美得麗Musterring，這個名字由Muster（精英）與Ring（連結）巧妙融合而成，寓意著精藝之集合，不僅象徵著品牌對卓越品質的不懈追求，更體現了其頂尖技術與精湛工藝緊密相連的核心理念，將德國人的嚴謹與創造力融入每一件產品中。

德國有八千萬人口，卻高達二三〇〇多個世界知名品牌。其中的九大工藝之最，賓士Mercedes-Benz、寶馬BMW、保時捷Porsche、萬寶龍Montblanc、福騰寶WMF、西門子Siemens、雨果博斯BOSS、博世Bosch、美

貴人相助，陳燕木喜迎美得麗

Musterring

德國美得麗 床墊

Musterring美得麗品牌定位：德系睡眠引領者。
Musterring美得麗品牌廣告語：更好的睡眠 更好的人生。

得麗 Musterring，都是世界聞名、德國頂尖品牌的代表。而美得麗 Musterring 傳承德國工藝精神，從彈簧的設計製造，到面料的選擇與縫製，再到整體結構的穩定性和耐用性，都力求達到極致完美，因此被譽為家具界的賓士 Mercedes-Benz。

德國精藝，優質睡眠

美得麗 Musterring 創立於一九三八年，源自德國 Rheha Wiedenbrueck 小鎮，至今總部仍然於原位址持續營運中。一九八八年，陳燕木起初與美得麗合作，既是為了引進德國精藝睡眠造福台灣民眾，也期盼運時通能發展得更好，因此開啟了與德國美得麗戰略合作，取得亞太區總代理授權。陳燕木為了奠定睡眠專家堅實的基礎，他使足了全力將產品

德國九大工藝排行榜

進行本土化改良，快速導入德國先進技術與設計，讓床墊躺感更舒服、外觀更漂亮，以更符合亞洲人的體質與睡眠需求，品質更是一點都不馬虎，他立志要把美得麗「德國精藝，優質睡眠」理念傳播出去，推廣品牌的時候更是絞盡腦汁，到處跑展會、做活動，雖然過程很辛苦，但每次解決一個難題，陳燕木心裡就特別有成就感，覺得自己與團隊又成長了一步，台德合作至今已接近四十個年頭，與美得麗結下了不解之緣。

德國美得麗這個中文名字蘊含了豐富的美學與品質理念，「美」直接指向了產品的外觀顏值，強調設計的美感和視覺上的吸引力，它不僅僅是一種外在的裝飾或形式，更是德國美得麗對於美學追求的表現，在通過精心的設計讓消費者在第一眼就被其吸引。「麗」則是產品的內部品質，即其在使用過程中的性能、耐用性、舒適度以及軟硬度等方面。這個字傳達了美得麗產品不僅外表出眾，更在內在品質上追求卓越，確保客戶在使用過程中能夠享受到高品質的體驗。而「得」字意為「加」，它不僅是在「美」和「麗」這兩個方面做到了極致，更是在不斷地「加」入新的元素、新的技術、新的理念，以不斷提升產品的整體價值。

歐洲第一品牌

世界品質看歐洲，歐洲品質看德國。德國產品以品質精良著稱，在全球贏得了廣泛的讚譽與認可。如今，隨著科技的飛速發展和消費者需求的日益多元化，美得麗並未停下前進的腳步。相反，陳燕木更加堅定了自己的信念與方向，將繼續秉承德國工藝與品質的精髓，不斷探索與創新。

二〇二四年，在他的帶領下，德國美得麗通過大量市場消費者數據與行業數據調查，深度關懷消費者的睡眠健康，針對亞洲人的體質與脊椎問題，持續研發軟硬適中的產品，有效緩解脊椎壓力，給予身體舒適承托，在軟體床墊中，憑藉德系的Hard Core實

美得麗第一家海外（奧地利）家具店，以及總部設計師團隊與歷史LOGO演化。

力，開創兼顧舒適性與支撐性平衡的硬派床墊風尚。與此同時，美得麗推出了G-Sleep舒眠科技，彙集了人體工程學、睡眠醫學、骨科醫學、材料學等領域的專家智慧，經過七次迭代，精選十種超高品質核心材質，打造出舒適與支撐兼具的睡眠體驗。G-Sleep舒眠科技作為德國美得麗技術創新的傑出代表，引領睡眠科技邁向新的高度，為消費者帶來健康睡眠解決方案。

美國席樂頓 SleepTrain 床墊

美國席樂頓SleepTrain成立於一九七三年，屬美國的本土品牌，它的創始人是專門為睡眠火車做高級手工定制床墊，也致力於做全球高品質、安全、環保的奢華床墊，自誕生起便非同凡響。隨著時間的推移，市場的需求越來越大，席樂頓和全美西部最著名的床墊大廠商威克萊床墊公司合併。一九八三年，Wickline Bedding威克萊床墊公司大力推廣席樂頓在海外的業務，開始投入歐洲及亞洲各國市場，把產品銷往德國、日本、韓國、新加坡等多個國家和地區。

陳燕木初次聽聞席樂頓時，就被它背後的故事和精湛的工藝所吸引。於是，他開始主動去瞭解席樂頓的一切，得知它以美國的先進技術為支持，專注研發符合人體工程學的床墊製造技術後，他更是驚喜萬分。在當時，運時通旗下已有美國蕾絲床墊、德國美得麗床

當上升期的陳燕木，遇上席樂頓

SleepTrain 美國席樂頓品牌定位：高級奢華。

SleepTrain 美國席樂頓品牌標語：一週改善睡眠質量。

墊的品牌授權，陳燕木認為如果未來集團擁有多品牌發展，這樣的企業戰略更適合成長型的運時通，況且席樂頓有品牌與技術的雙重加持，何愁沒有好的發展？他心中思忖著：「要是能和這樣的品牌合作，那肯定能做出一番事業。」

簧中簧科技 Coil-in-Coil Technology

二〇〇九年，陳燕木通過併購 Wickline Bedding 威克萊床墊公司，讓席樂頓床墊正式進入了亞太地區市場，運時通就可以根據各目標市場，針對不同顧客群體，分別使用不同品牌打入細分市場，搶佔不同消費群體的需要。在企業發展的過程中，面對「全球

《Furniture Today》刊登席樂頓為全美十大品牌床墊

化」和「本土化」的趨勢，陳燕木內心也經歷過糾結和思考。「到底怎樣才能做到完美融合？怎樣才能讓企業在這股潮流中脫穎而出？」要在全球化的浪潮中保持競爭力，同時又要深植於本土市場，就必須找到兩者的完美平衡點，如果把德國的、美國的床直接搬到台灣，肯定做不起來，對此，陳燕木深信不疑。他開始帶著團隊，重新對床墊進行升級調整，除了保留席樂頓「簧中簧科技 Coil-in-Coil Technology」等原有優點的基礎，更研發出適合亞洲人身形與睡眠習慣的床墊。

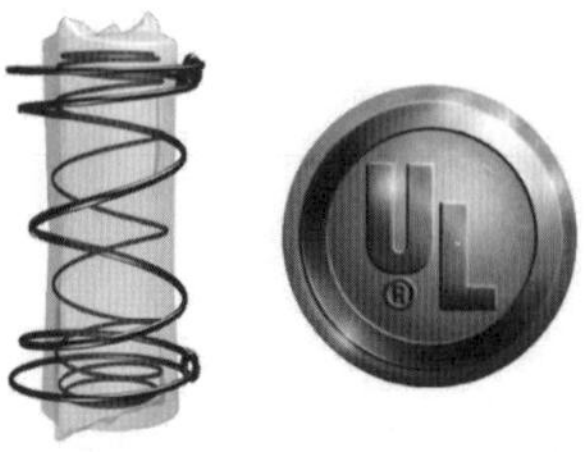
全球首創「簧中簧專利技術」利用兩種彈簧不同高度及回彈力之反差，達到如同按摩特殊效果，床墊提升35%支撐力。床墊率先通過美國UL CFR1633防火體系認證。

一週改善睡眠質量

美國席樂頓床墊最新的高科技助眠系統，由中國北京大學博士、碩士核心技術團隊，北大聯合睡眠研究中心等海量大數據服務團隊強強組合研發，無論是硬體支撐、科學技術支撐、產品品質，還是大數據的服務支撐，都是由專業核心團隊和服務團隊通力合作的科研結晶，真正實現一週改善睡眠質量。

在二〇二三年傾注了大量心血，陳燕木投入大量的人力、物力和財力，精心設計和施工，對席樂頓展廳形象進行全面升級改造。新的展廳，量身打造現代化、簡約化、年輕化的睡眠空間，「燈光、綠植、動線等都是要充分去考量的事情」。

在設計上融入了現代美學理念，更在功能上實現與消費者的深度互動，例如防火道具展示，床墊內材的獨特陳列方式，可以讓消費者更直觀瞭解產品內材，傳遞席樂頓的品牌價值。通過人為造景手法，讓整體空間更加豐富舒適與貼近生活，也能改善消費者在空間內視覺上的審美疲勞，陳燕木認為「只要以消費者的視角去觀察，

席樂頓全新助眠系統，一週改善睡眠質量。

你就會發現很多不一樣的新事物」。

幸運的是，升級改造專案在短短數月間，二十家全新形象展廳相繼落成，成功獲得顯著的成效。

席樂頓展廳效果圖。

美國艾綠 SleepTherapy 床墊

二〇〇九年，當世界還在金融海嘯的餘波中顫抖，陳燕木卻已經踏上了前往美國的征途。在他眼中，這場危機不僅僅是挑戰，更是機遇的代名詞。他堅信，在動盪的環境下，往往隱藏著新的發展契機。美國，這個全球經濟的領頭羊，儘管暫時陷入了困境，但其深厚的市場底蘊和領先的科技創新能力，依舊是他眼中珍貴的寶藏。

「我要在美國設立橋頭堡，讓運時通走向國際。」陳燕木的心中，早已描繪出了這樣一幅藍圖。於是，懷抱著對未來的無限憧憬以及一股不服輸的衝勁，他來到聖地牙哥。在那裡，他找到自己的目標——美國威克萊床墊公司（Wickline Bedding Enterprise），一家擁有近八十年歷史的老牌床墊製造商。

陳燕木牽手艾綠 完成國際品牌拼圖

SLEEP THERAPY

美國艾綠床墊

Sleep Therapy 美國艾綠床墊品牌定位：專注綠色健康睡眠。

Sleep Therapy 美國艾綠床墊品牌廣告語：綠色睡眠，璀璨人生。

威克萊創立於一九四九年，創辦人是ISPA理事長Roy Wickline，曾在席夢思公司擔任副總裁，後來席夢思第四代掌門人決定不再經營並將品牌出售，於是Roy Wickline創立了美國威克萊床墊公司（Wickline Bedding Enterprise）。一九八二年，威克萊研發出全球第一張免翻床墊「Comfot Deluxe」，自此艾綠進入飛躍成長階段，並被美國家航空和宇宙航行局列為床墊最佳選擇，高端的睡眠體驗將美國艾綠床墊與美國政要及加州名人摯友聯繫在一起。

在行銷策略方面，陳燕木結合市場的特點，加大線上推廣的力度，利用電商平台和社交媒體進行品牌宣傳和產品銷售。同時，他還積極與家居賣場合作，開設更多的線下體驗店，讓消費者能夠親身體驗艾綠床墊的品質。

天然床墊第一品牌-美國艾綠床墊Sleep Therapy。

源自加州的綠色健康睡眠

艾綠床墊一直保持對現代風尚生活的敏銳觸角。秉承加州的自然生活理念，美國艾綠一直致力於創造優質的床墊產品。美國艾綠床墊展現了加州設計的歷史和成就，讓全世界領略到加州人的想象力、創造力、品味和專業技術。

陳燕木深知，要想在市場站穩腳跟，不僅要產品夠強，服務也要跟上。因此，他加強了售後服務團隊的建設，創立「艾管家」服務為消費者提供更加貼心、周到的服務，比如上門為顧客床墊殺菌除蟎、除塵除汙等，為適應消費者不斷變化的睡眠需求，艾綠深入研究人體工程學、材料科學等領域。

消費者對於環保和健康的重視程度日益提高，而艾綠床墊恰好能夠滿足這一需求。在陳燕木看來，艾綠床墊不僅僅是一個產品，更是一種生活方式的象徵。它代表著對健康、環保與高品質的不懈追求。

艾綠床墊門市形象

陳燕木將艾綠床墊定位為「專注綠色健康睡眠」，並圍繞這一定位展開了一系列的市場推廣活動。從產品的選材、製作到包裝、文宣，每一個環節都嚴格把關，確保每一張床墊都能達到最高的環保標準。在呼籲人們關注睡眠品質的同時，也要關注睡眠環境的健康與環保。他希望通過自己的努力，能夠引導更多人關注睡眠健康，享受綠色生活。

二〇二四年，艾綠床墊創造「生態睡眠節」的ＩＰ行銷活動，表達艾綠品牌追求與自然和諧共生、溯源健康環保材質，全球化睡眠理念。同時也標誌著艾綠床墊在兩岸市場將開啟主打環保與原裝進口細分市場戰略。這一核心舉措增強了艾綠為追求綠色環保的品質型消費人群，提供生態健康的高品質睡眠體驗的信心，進一步提升艾綠床墊的品牌形象和市場競爭力。在陳燕木的帶領下，艾綠床墊不但迅速在兩岸市場站穩腳跟，更贏得廣大消費者的青睞和好評。如今，每一張原裝進口的艾綠床墊，都承載著陳燕木對綠色睡眠夢想的追求和執著。而他與艾綠床墊之間的故事，也成為高品質床墊商海傳奇中的一段佳話。

艾綠床墊，始終堅持採用綠色天然健康內材，輔以先進科技工藝，為每一位消費者提供舒適的健康睡眠。自進駐亞太區以來，艾綠床墊憑藉堅持品牌初心、優質的產品和貼心的服務，不斷開拓創新，贏得眾多消費者的信賴。

三燕 Sanyan 床墊

三燕床墊從一九七二年發展至今，超越五十個年頭。當初陳燕木和哥哥、弟弟兄弟同心創辦床墊工廠，後來客戶需求越來越高，三兄弟認為應該要自創品牌，當時，陳燕木正就讀於輔仁大學企管系行銷組，因此在行銷學的課堂作業上想出這個「三燕」品牌。「三燕」主要是取三兄弟名稱中「燕」字，一隻燕代表一個兄弟。

懷著對運時通下一個五十年與成為百年企業的期許，陳燕木決定對三燕品牌進行全新升級。二〇二三年九月，陳燕木親自帶領台灣與東莞兩地團隊，不斷來回討論創意激盪，燕子到底要怎麼設計，才能把三燕牌的時代精神、企業文化，融會貫通在這新Logo裡，他在台北辦公室裡，仔細端詳看著每一張新Logo設計圖。

「燕子的翅膀要高些，怎麼樣才能呈現高飛感？」

「眼睛點出來很重要，眼睛代表看著目標。」在重塑三

起家品牌：兄弟齊心，三燕翱翔

Sanyan 三燕床墊品牌定位：為民眾的健康和睡眠充電。

Sanyan 三燕床墊品牌廣告語：好睡眠 為健康充電。

燕品牌時，陳燕木緊迫逼人，對每一處小細節都不放過。在團隊一番風暴式腦力激盪後，新LOGO於三個月後終於誕生，與以往不同的是三隻燕子結合成一隻，新燕子簡潔、俐落、年輕化，同時承繼了原三燕的精神元素。新LOGO燕子的身體是阿拉伯數字3字，寓意著團結一心的燕飛、燕木、燕標三兄弟，也代表著製造Manufacture、行銷Marketing、顧客Customer，共同創造三贏的局面。燕子的翅膀象徵靈動飛翔，代表著心境愉悅、

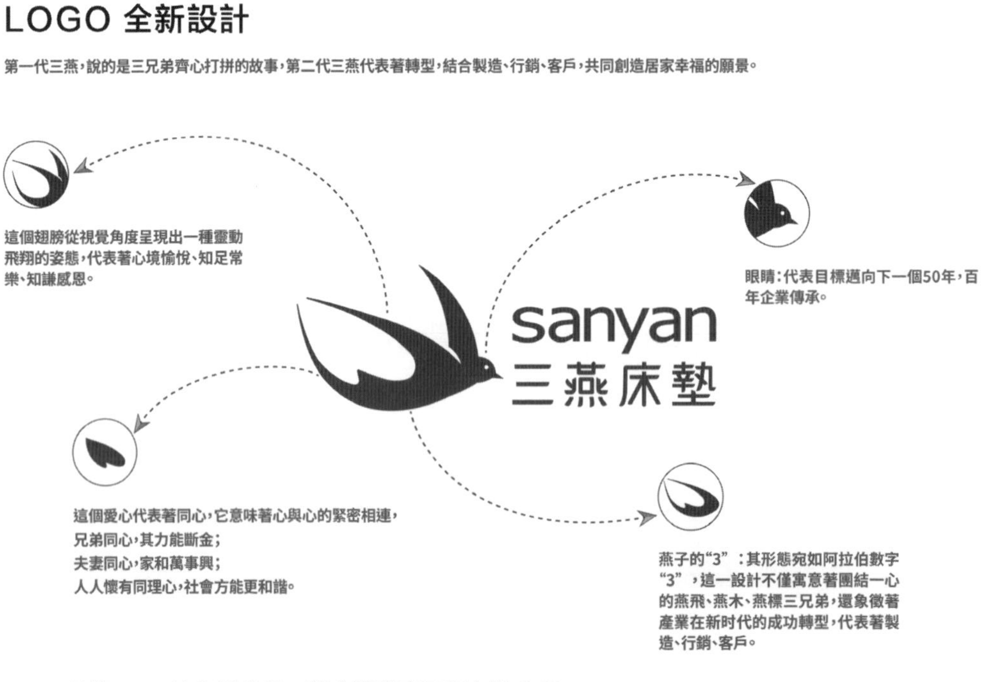
LOGO 全新設計
第一代三燕，說的是三兄弟齊心打拼的故事，第二代三燕代表著轉型，結合製造、行銷、客戶，共同創造居家幸福的願景。
這個翅膀從視覺角度呈現出一種靈動飛翔的姿態，代表著心境愉悅、知足常樂、知謙感恩。
眼睛：代表目標邁向下一個50年，百年企業傳承。
sanyan
三燕床墊
這個愛心代表著同心，它意味著心與心的緊密相連，
兄弟同心，其力能斷金；
夫妻同心，家和萬事興；
人人懷有同理心，社會方能更和諧。
燕子的"3"：其形態宛如阿拉伯數字"3"，這一設計不僅寓意著團結一心的燕飛、燕木、燕標三兄弟，還象徵著產業在新时代的成功轉型，代表著製造、行銷、客戶。

品牌Logo的全新升級，蘊含著豐富而深刻的內涵。

知足常樂、知謙感恩。整體身體與燕子翅膀呈現一個同心，意味著兄弟同心其利斷金、夫妻同心家和萬事興、人人有同理心社會更和諧。最重要的眼睛，代表著「目標」，有目標才能飛得遠，品牌邁向下一個五十年成為歷久彌新百年傳承的企業。在創新過程中，最重要的是保持「老品牌」的靈魂，讓創新與傳統有機融合，實現「新瓶裝老酒，酒香更撲鼻」。

三燕全新LOGO與三燕床墊專賣店形象

展望未來，陳燕木滿懷壯志與憧憬。他立志將三燕品牌打造成為全球領先的台灣床墊品牌，為更多的人帶來優質的睡眠產品和服務。在未來的日子裏，「三燕」品牌將繼續嚴格把控品質，以國際標準為準則，通過精湛的工藝與優質材料，為客戶呈現近乎完美的產品，如同翱翔的燕子一般，飛越千山萬水，將舒適與安心帶給每一個家庭。陳燕木相信，在他的帶領下，三燕品牌必將創造更加輝煌的明天！

記錄 GUINNESS WORLD RECORDS 保持者

最長的人體床墊多米諾骨牌

金氏世界紀錄保持者

2016張最長人體床墊骨牌

2016年7月23日，運時通家具集團完成「最長人體床墊骨牌」金氏世界紀錄稱號挑戰活動，通過了金氏世界紀錄認證官程東的現場認證，以14分48秒成功刷新此項紀錄！總經理陳冠翰受頒證書。

2016張最長人體床墊骨牌金氏世界紀錄挑戰火爆進行中，場面震撼，同時捐贈床墊給湖北武漢洪水災民，為社會盡一份心力。

莞長路
運時通智能智造產業創新基地
· 金氏世界紀錄保持者
· 全球獨創 AI家居領航者
· 50+年健康生活服務產業集團
· 33萬平方公尺東莞大嶺山智慧製造產業示範基地
鳳凰路
此為示意圖

運時通智谷
STYLUTION INDUSTRIAL PARK
—— 東莞 ——

運時通智谷位於中國大陸——粵港澳大灣區、高新技術產業園區——松山湖統籌片區。運時通致力於打造粵港澳大灣區智慧製造創新基地，工程佔地118畝，規劃18棟建築，高度60m，總建築面積33萬㎡。以「研發總部+生產基地+生活配套」的發展理念，重點規劃興建運時通國際營運總部、E+ 智慧家庭體驗中心、5G 智慧家電智造基地、AI 家居創新基地。

立足兩岸　佈局全球

2023年運時通智谷（東莞）計畫全面啟動，18棟大樓，60公尺高，容積率3.5，總建築面積33萬平方公尺(約10萬坪)。

運時通華東軟體家居科技園
Stylution East China Upholstered Home Furnishing Technology Park
B
A
C
D
台灣大道
運時通大道
此為示意圖

亞洲第一條S型床墊 AI 全自動化生產線

Asia's First Full Automatic S-type Mattress AI Production Line

運時通家具集團選擇在淮安建設科技園區生根發展，得益於淮安擁有優質高效的營商環境。

運時通家具集團致力推動「亞洲第一條S型床墊 AI全自動化生產線」，打造淮安區電子晶片、智能家居、智能裝配製造等多元化產業園。

運時通華東軟體家居科技園、淮安運時通智谷兩個項目，總佔地約265畝(約5萬3千5百坪)。分別實施運時通高級家具製造計劃項目與產業園建設項目，其中高級家具床墊計劃項目用地面積91839㎡，總計容面積約12萬㎡，預計建設四棟大型生產工廠、物流中心、辦公樓、輔助用房等建築。而產業園建設項目用地面積84606㎡，總計容面積約14萬㎡，將建設四棟4層樓高標準廠房，兩棟單層高標廠房，兩棟2層標準化廠房、十四棟2.5層標準化廠房，一棟3層產業服務之商辦大樓，共建設二十三棟高標準廠房。

美國蕾絲董事長 Bob Sherman 夫婦與董事長陳燕木夫婦美國攜手、強強聯盟。

2017 年董事長陳燕木與美國蕾絲床墊前總裁 Ron 簽訂亞太區永久代理權。

美國蕾丝床墊
restonic®
SUPPORTING DREAMS
家像飯店
一樣舒適
Feel comfort at home
2011-2021
WOMEN'S CHOICE AWARD
CONSUMERS
BEST BUY
DIGEST
TEN -TIME
BEST BUY AWARD
全球五星級飯店好評推薦

1988年德國美得麗董事長 Bruno Höner與董事長陳燕木簽署亞太區授權合作協議。

美得麗80週年慶典，董事長陳燕木、總裁陳冠翰與前美得麗董事長Bruno Höner夫婦歡聚一堂。

Musterring
德國美得麗
最有「睡服力」的德國床墊
Musterring
TESTSIEGER
Stiftung Warentest
test
Musterring
Orthomatic,perfect TT(H3)
Taschenfederkernmatratze
Gesamturteil
GUT (2,3)
Im Test: 12 Taschenfederkern-matratzen:3 gut, 9 befriedigend
Getestet wurde die Größe 90 x 200 cm. Härtegrad 3
Ausgabe 4/2015
www.test.de
Stiftung Warentest
德國權威測評機構 | 床 墊 類 冠 軍
獨家首創G-Sleep舒眠科技
德國原裝MSW鋼線彈簧
Musterring

2009年運時通家具集團併購美國加州聖地牙哥威克萊Wickline Bedding公司，同年收購美國席樂頓 SleepTrain品牌。

台灣團隊與美國原廠在加州聖地牙哥 Wickline Bedding原廠相見甚歡。

FURNITURE Today
March 2007
THE WEEKLY BUSINESS NEWSPAPER OF THE FURNITURE INDUSTRY

CEO'S Statements from **TOP 10 US Bedding Company**

"Simmons was extremely fortunate this past year, so no specific concerns are keeping me awake at night right now." Charlie Eitel, Simmons

"There will be fewer prospects in 2007 than ever before — continues to consolidate." the retail segment

"Adrenaline. In other words, the pure excitement over the possibilities within the industry is what keeps me up at night." Rick Anderson, Tempur-Pedic

"Nothing keeps me up at night. I sleep on a Body Comforts model by Stylution." Ed Scott, Stylution

"Well, I don't really lose any sleep at night, because I sleep on one of the finest latex products in the industry, the SpringFree by Sealy Posturepedic." Dave McIlquham, Sealy

"Thinking about what would happen if we had a combination of the costs of adding FR and component inflation." Jim Nation, Spring Air

"Business in general. When business is really good or really bad, those are the times that retailers make changes." Bob Sherman, Serta

"We try to focus on the areas that we know will make a difference for our company, and not worry too much about the things we can't control." Jim Ross, Kingsdown

"Thinking about how to navigate through the challenges of the business and reducing margin erosion." Dave Roberts, Comfort Solutions

"While we are excited about new product development and the huge potential for growth in our industry, we are concerned about external issues which affect us all." Englander

By David Perry, Executive Editor of FURNITURE Today

CEO and President
SleepTrain USA
美國席樂頓總裁 愛得華．史考特

2005年運時通家具集團首次與SleepTrain席樂頓品牌合作床墊研發，2007年美國席樂頓SleepTrain 榮獲美國「Furniture Today」今日家具雜誌，評選為全美第二大床墊品牌，是全美科技床墊的最佳代表。

SleepTrain
美國席樂顿名床
開拓舒眠
新世界
一週改善你的睡眠品質
Improve your sleep quality over the course of a week

美國艾綠床墊老總裁 Ray Malkiewicz榮獲前美國總統喬治・布希於白宮接見。

1949年艾綠創辦人Roy Wickline 在美國加利福尼亞州，創立SLEEPTHERAPY，運時通家具集團於2009年併購該品牌，台灣與大陸團隊至美國艾綠原廠參觀考察。

SLEEP THERAPY
美國艾綠床墊
安心睡眠的守護者
綠色睡眠・璀璨人生
SINCE 1949
美國天然床墊第一品牌

台灣製床半世紀，三燕全新LOGO與三燕床墊專賣店形象，提供更高品質及優質的服務。

1972年，三燕床墊誕生於台北三重成功路（協榮彈簧床製造廠），1987年榮獲全國第一家彈簧業外銷績優廠商，以及正字標記甲等品管工廠之殊榮。

好睡眠 爲健康充電
Good Sleep Recharge Your Health
sanyan
三燕床墊

台灣運時通家具集團經營團隊。

第五篇

陳燕木博士論文摘要

美國天普大學福克斯商學院
清華大學金融學院博士論文

Fox School of Business, Temple University
PBC School of Finance, Tsinghua University

論文題目：競爭戰略與投資組合對於企業經營績效之研究——以大陸與台灣企業對中國內需市場的比較爲例

The Effect of Competitive Strategy and Portfolio Theory on Enterprise Performance- A Comparative Study of Chinese Mainland-based and Taiwan-based Companies in China's Domestic Market

指導教授：古迪普・巴克希 Gurdip Bakshi 博士
高曉慧 Xiaohui Gao 博士
研究生：陳燕木 Yen Mu Chen 撰
學號：TUID 915795507

一、不斷奮進的求學歷程

我是一個來自台灣宜蘭礁溪鄉時潮村的農家子弟，因生活困苦努力打拼考進台灣鐵路局台北機廠技工養成所。為了不斷充實自己，白天在鐵路台北機廠修理火車，晚上就讀志仁高中補校，1972年22歲考上輔仁大學企業管理系，同班同學都是19、20歲的名校高中生，1976年畢業時已經26歲了。經過創業實務淬練，畢業後17年，考進輔大管理學研究所碩士班在職組，研讀企管新知，那時已43歲。經過兩年半一邊經營企業一邊研讀碩士，共修學分超過75學分。論文也得到中華民國管理科學會頒發的人力資源組優等獎，肯定理論與實務兼具的碩士論文。也因為輔仁大學紮實的MBA養成，讓我充滿的信心於1996年展開大陸投資經營。二十年後的2016年，我做了集團第一階段交班給了兩位兒子；自己也在2018年68歲時選擇了再次進修，考取了美國天普大學與北京清華大學五道口金融學院。經過四年研讀與論文研究，於2022年9月16日博士論文口試通過，並於2023年1月27日在天普大學舉行畢業典禮，取得了天普大學國際金融博士學位博士證書。本論文於Knowledge Management Research & Practice (KMRP)知識管理研究與實踐期刊（屬於Social Science Citation Index (SSCI)期刊）所主辦的2023年國際年會International Forum on

Knowledge Asset Dynamics (IFKAD)中發表，得到學術界的肯定。從一個鐵路技工，晚上就讀志仁高中補校，22歲考上輔仁大學日間部企管系，43歲回到輔仁大學就讀MBA，68歲又考進天普清華金融博士班，到73歲取得博士學位。這一路歷程，被許多好友視為「學習怪胎」；每一段都反應出我當時對知識追求的渴望。每一段的學習也都讓我有思維反芻再進一步，讓我理論與實務相互印證，並與知識巨人們擦出跨時空的火花。從大學階段的「跟」隨教授思維及知識傳承，到碩士階段的「悟」出教授們的理論內涵與啟發，再到博士階段「創」造屬於自己獨有的知識。「跟、悟、創」呈現了我個人每二十年完成一個學習旅程，也顯現出永續學習的人生與知識創造交錯後的甜蜜果實！

二、研究動機與目的：

在博士班的同學們皆是企業集團或知名企業的企業家，研習過程從教授們與同學們皆能獲得許多新知與經驗，自己也能提供多年產業知識與他們交流。在界定論文題目時，了解他們大多走純金融投資的方向，我則思考如何結合我多年產業實務經驗，大學與碩士的企業管理知識，和博士班的金融投資知識。

就整體企業集團，我已將各事業部經營交棒給兩個兒子，自己則負責整個集團總部的管理為主。因此，想以企業集團的總體策略出發，研究集團的發展策略。而過去的研究，集團策略較著重垂直整合策略（垂直與水平）策略與多角化策略，較少從競爭策略的角度出發；而競爭優勢的建立、利用、累積與創新，雖是個別事業職責；但是我認為集團如果能建基於各事業的優勢並整合這些優勢，將會有助於集團的發展，也會是集團策略的有利基礎；因此集團的「競爭策略」成為集團策略的主要構面之一。而此構面除了採用一般的定位策略（低成本策略與差異化策略）外，新加入了資源槓桿策略與機會（掌握）策略。

就集團直接投資策略的觀點，集團投資的「投資組合」，成為另一構面。而企業擴張一般先往「垂直整合」尋求上下游的效率整合，再求「水平整合」，成為一個重要變數「垂直水平整合」。「股權比例」和「投資項目多寡」，也是集團直接投資考慮的重要決策變數。

而集團策略的選擇究竟受什麼因素影響？本研究依照「衡外情、量己力」的思維及文獻的探討，歸結出企業集團高層對「外部環境的變動」與「內部資源優勢」的認知會影響了企業集團的「競爭策略」與「投資組合策略」（假設H1、H2、H3及H4）。

以上集團策略會影響集團經營績效，而集團關心的經營績效變數，本論文設定為「利潤率」、「股東投資報酬率」，與「銷售成長率」。集團採取的競爭策略與投資組合策略不同，會產生不同的「經營績效」（假設H5、H6）。而集團策略與經營績效之關係，會因廠商為陸商或台商而有差別（假設H7、H8）。

三、研究方法：

本研究採取調查研究法，研究架構參見圖一，圖一彙總了八大假設及56個子假設。抽樣與問卷設計從企業集團的總體策略出發，以十四個產業類別及十九個社團單位分群為問卷抽樣對象，共有60個題項，透過紙本和電子方式發出3,285家企業，經過問卷催收回收1,076份，回收率32.75%；有效問卷1,038份，有效問卷數占回收問卷數比率為96.47%。其中台商問卷回收445份，占全部樣本的42.9%；陸商問卷回收593份，占全部樣本的57.1%。分析方面，主要採用複迴歸分析、集群分析、和變異數分析與多重比較等統計方法來驗證假設及深入探討。

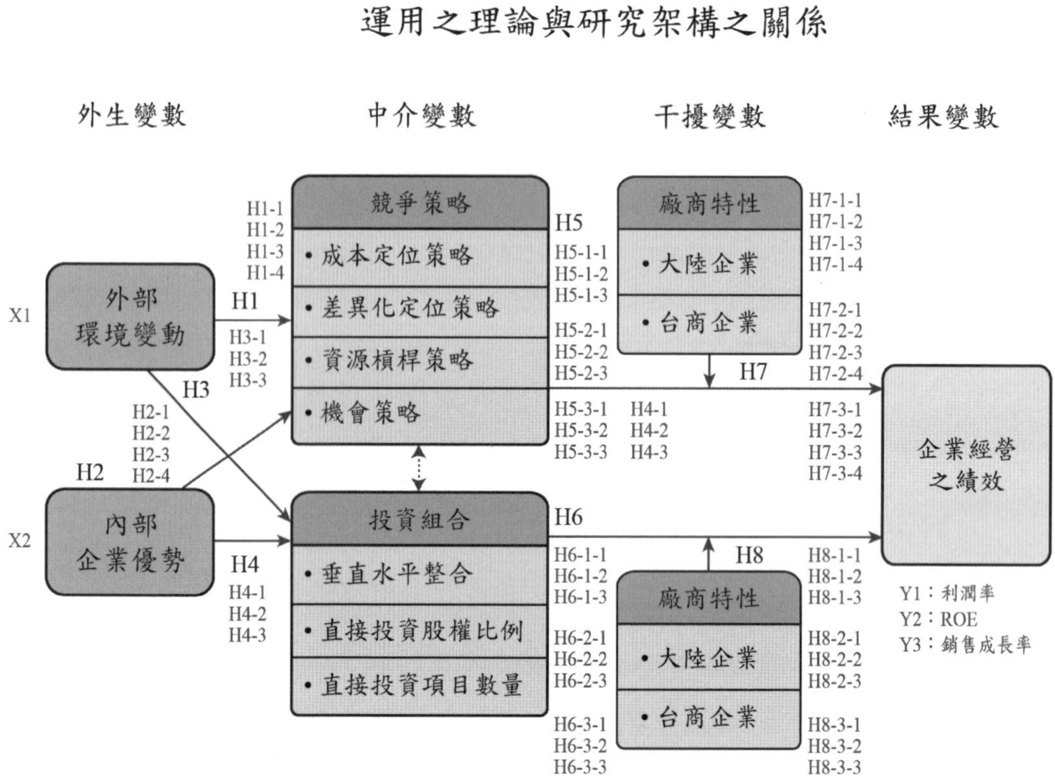
運用之理論與研究架構之關係
外生變數
中介變數
干擾變數
結果變數
X1
外部
環境變動
X2
內部
企業優勢
H1
H2
H3
H4
H1-1
H1-2
H1-3
H1-4
H3-1
H3-2
H3-3
H2-1
H2-2
H2-3
H2-4
H4-1
H4-2
H4-3
競爭策略
• 成本定位策略
• 差異化定位策略
• 資源槓桿策略
• 機會策略
投資組合
• 垂直水平整合
• 直接投資股權比例
• 直接投資項目數量
H5
H5-1-1
H5-1-2
H5-1-3
H5-2-1
H5-2-2
H5-2-3
H5-3-1
H5-3-2
H5-3-3
H4-1
H4-2
H4-3
H6
H6-1-1
H6-1-2
H6-1-3
H6-2-1
H6-2-2
H6-2-3
H6-3-1
H6-3-2
H6-3-3
廠商特性
• 大陸企業
• 台商企業
H7
H7-1-1
H7-1-2
H7-1-3
H7-1-4
H7-2-1
H7-2-2
H7-2-3
H7-2-4
H7-3-1
H7-3-2
H7-3-3
H7-3-4
廠商特性
• 大陸企業
• 台商企業
H8
H8-1-1
H8-1-2
H8-1-3
H8-2-1
H8-2-2
H8-2-3
H8-3-1
H8-3-2
H8-3-3
企業經營
之績效
Y1：利潤率
Y2：ROE
Y3：銷售成長率

圖一、運用之理論與研究架構之關係

四、分析與結論

I. 假設驗證

本研究設立8大假設，56個子假設，其中36個成立占64%、20個不成立占36%。最終以複迴歸分析得出結論（見表一）。

表一、假說驗證統計總匯表

假說		子假說	成立	不成立
H1	企業外部環境變動會影響競爭策略	4	4	0
H2	企業內部資源優勢會影響競爭策略	4	4	0
H3	企業外部環境變動會影響投資組合策略	3	1	2
H4	企業內部資源優勢會影響投資組合策略	3	2	1
H5	企業競爭策略會影響企業經營績效	12	9	3
H6	企業投資組合策略會影響企業經營績效	9	8	1
小計		35	28	7
H1~H6 占比		100%	80%	20%
H7	廠商特性會影響競爭策略與企業經營績效之關係	12	5	7
H8	廠商特性會影響投資組合策略與企業經營績效之關係	9	3	6
小計		21	8	13
H7、H8 占比		100%	38%	62%
總計		56	36	20
H1~H8 占比		100%	64%	36%

1. 本研究H1~H6之實證結果35個子假說，28個成立占80%、7個不成占20%。因此可以證實競爭策略的方向會受到外部環境變動認知的影響，競爭策略的方向亦對經營績效的好壞造成影響；投資組合策略受內部資源優勢的強弱所影響，受外部環境變動的影響則較少，但投資組合策略對經營績效仍會產生較大的影響。
2. H7、H8之實證結果21個子假說，8個成立占38%、13個不成立占62%。因此可以證實，廠商特性對於競爭策略、投資組合與企業經營績效的干擾效果不成立居多，表示陸商與台商對於競爭策略與投資組合策略的決定方向與管理模式，經過三十年來時間因素的沉澱與累積，對於經營績效的好壞干擾影響，已大部分沒有顯著的差異（占62%），但仍有38%有差異。因此，本研究再進一步分析廠商特性對整體架構干擾影響之比較。
3. H1~H8共有56個子假說，36個成立占64%、20個不成立占36%。

本研究設立八大假設經過56個子假設的實證分析得到以下結論：

H1：企業外部環境變動會影響競爭策略→成立。

H2：企業內部資源優勢會影響競爭策略→成立。

H3：企業外部環境變動會影響投資組合策略→部分成立。

H4：企業內部資源優勢會影響投資組合策略→部分成立。

H5：企業競爭策略會影響企業經營績效→大部分成立。

H6：企業投資組合策略會影響企業經營績效→大部分成立。

H7：廠商特性會影響競爭策略與企業經營績效之關係→部分成立。

H8：廠商特性會影響投資組合策略與企業經營績效之關係→部分成立。

II. 陳燕木融合九型策略矩陣模型Yen Mu Chen Integrated Strategy Matrix Model

本研究不同於一般研究，我將「競爭策略」與「投資組合策略」，個別視為「混合策略」。首先是將競爭策略的「低成本策略與差異化策略（定位策略），資源槓桿策略，及機會（掌握）策略」，四種策略視為混合而非各自獨立，採用集群分析形成三種混合競爭策略群組（一般集團群、中度優勢群、與高階整合群）。其次，投資組合策略的「垂直水平策略、股權比例、與投資項目」也用混合策略思考，採用集群分析形成三種混合投資策略群組（一般投資群、折衷投資群、與高度投資群）。最後，用競爭戰略三群組及投資組合策略三群組混合成九型策略，取名為「陳燕木融合九型矩陣模型」。此乃本研究最大之創意與研究成果，也是足供企業經營之參考。

本研究利用集群分析發現，各個企業有著不同的競爭策略與投資組合策略，集群分析不但可解釋各群間之差異關係，亦可將企業不同的策略選擇對應於不同的企業經營績效。再以檢定企業經營績效結果，根據每一型企業經營形態將其命名，做為其他企業指引與印證之用。並創建「陳燕木融合九型策略矩陣模型」（Yen Mu Chen Integrated Strategy Matrix Model），簡稱YMC Model（見表二），提供企業經營實務之參考。

本研究創作發想「陳燕木融合九型策略矩陣模型（Yen Mu Chen Integrated Strategy Matrix Model）」的策略型態中，3×3矩陣產生九種策略，對企業經營績效利潤率、股東權益報酬率（ROE）、銷售成長率有顯著的不同，可分為三種經營績效群（「234融合策略型」）分別如下：

1. 低度企業經營績效群：

一型 資源奠基型（Resources Foundation Type）

四型 穩步紮根型（Steadily Root-Planting Type）

表二、陳燕木融合九型策略矩陣模型表

Yen Mu Chen Integrated Strategy Matrix Model (YMC Model)

投資組合策略群組 Strategic Portfolio Cluster ＼ 競爭策略群組 Competitive Strategic Cluster	一般投資群 General Investment Cluster	折衷投資群 Compromise Investment Cluster	高度投資群 High Investment Cluster
一般集團群 General Cluster	資源奠基型 Resources Foundation Type	集中優勢型 Concentrated Advantage Type	跳躍挑戰型 Aggressively-Jump Challenging Type
中度優勢群 Moderate Advantage Custer	穩步扎根型 Steadily Root-Planting Type	利潤求進型 Profitability Upgrade Type	厚基拓疆型 Boundary Spanning Type
高階整合群 Highly Integration Cluster	資源創優型 Resources Advancing Type	穩健趨堅型 Stable Promoting Type	產業領銜型 Industry Leading Type

2. 中度企業經營績效群：

二型 集中優勢型（Concentrated Advantage Type）

五型 利潤求進型（Profitability Upgrade Type）

七型 資源創優型（Resources Advancing Type）

3. 高度企業經營績效群：

三型 跳躍挑戰型（Aggressively-Jump Challenging Type）

六型 厚基拓疆型（Boundary Spanning Type）

八型 穩健趨堅型（Stable Promoting Type）

九型 產業領銜型（Industry Leading Type）

其中以產業領銜型（Industry Leading Type）為本研究發現最佳的策略典範，建議企業可維持策略優勢永保領先標竿；對於其他八種類型也各有建議。本研究建議各企業可以評估本身資源優勢所處在的位置，應用「衡外情、量己力」之情境，根據各企業本身資源定位找出競爭優勢特色，與投資組合策略選擇，做出最佳的決策模式。提供融合九型策略建議，謹供陸商、台商提升經營績效之卓參。

第六篇

管理語錄一〇八則
108 Principles of the Bedding Father

運時通董事長陳燕木博士綜合七十五年人生，五十多年企業經營，得出了一〇八條對人生、家庭、個人、企業經營原則，就如《水滸傳》裡的一〇八條好漢，但知易行難，關鍵在於做，而且持續在做。

第一章　經營篇 Business

1. **生意：生生不息的創意。**
   Business: Creativity that never ceases.
2. **三品官哲學：品質、品牌、品味。**
   Three Essentials Philosophy: Quality, Brand and Style.
3. **品質精義：「品」為三個以上的多數人嘴巴都說好；「質」是顧客以金錢，斤斤計較交換的所得。**
   The Essence of Quality: “Pin” represents the praise of a majority; “Zhi” is the value customers get in exchange for their money.

4. **三才策略：人才、人材、人財。**
Three Talents Strategy: Talent, Capability, Wealth Creation.

5. **成功三本：本尊（You）、本錢（Capital）、本事（Capability）。**
Three Keys to Success: You（Self）, Capital, Capability.

6. **三把刀：一刀，匯率升值；二刀，勞工成本；三刀，原物料上漲。**
Three Threats: Appreciation of exchange rate, rising labor costs and increasing raw material prices.

7. **三我新義：我是一切的根源。真誠的本我、負責的自我、突破的超我。**
Three Forms of Self: The root of all things–Sincere true self, Responsible self, Transcendent self.

8. **成功三心：責任心、上進心、企圖心。**
Three Hearts for Success: Responsibility, Positive and Ambition.

9. **四生產業：優異品質的生產，豐富幸福的生活，永續環境的生態，健康活力的生命。**
Four Thriving Industries: Producing superior quality, living a rich and happy life, sustaining the environment, and maintaining health and vitality.

10. **五大循環：計畫, 組織 ,執行, 控制, 考核。**
Five Major Cycles: Planning, Organizing, Executing, Controlling and Evaluating.

11. **五大保證：品質：絕不妥協；價格：共創三贏；交期：迅速準時；服務：細部到位；創新：持續研發。**
Five Guarantees: Quality–No compromise; Price–Triple-win strategy; Delivery–Fast and punctual; Service–Thorough and detailed; Innovation–Continuous R&D.

12. 成功五家：政治家，人脈是金，廣結人緣；藝術家，文化、氣質、修養；企劃家，創新思想，改變觀念；行銷家，專業知識，掌握市場；實幹家，實幹出真知，愛拼才能贏。
Five Types of Success: Politician–building networks; Artist–cultivating culture and temperament; Planner–innovative thinking; Marketer–mastering the market; Practitioner–gaining knowledge through action.

13. 商場經營六E：Easy in引導進入；Easy go動線規劃；Easy see區域視覺；Easy buy 購買欲望；Easy out進出方便；Easy shop一次購足。
Six E of Malls' Management: Easy in（Guidance）, Easy go（Flow Planning）, Easy see（Visual Layout）, Easy buy（Desire to Purchase）, Easy out（Convenient Exit）, Easy shop（One-stop Shopping）.

14. 七要行動：肩要硬：責任擔當；腰要軟：態度謙虛；口要笑：溝通協調；腳要動：現場主義：手要做：親力親為；心要正：忠勤任事; 頭要敏：系統思考。
Seven Key Actions: Responsibility, Attitude, Communication, Fieldism, Action, Loyalty, and Smart Thinking.

15. 經營心法：過去：做大、做強；現在：做精、做專；未來：做穩、做賺。
Business Philosophy: Past–Grow big and strong; Present–Refine and specialize; Future–Stabilize and profit.

16. 三流企業賣產品，二流企業賣品牌，一流企業賣文化。
Three Types of Enterprises: Third-rate sells products, second-rate sells brands, first-rate sells culture.

17. 工作方法：看—發現問題，想—解決方案，做—團隊合作。
Work Methodology: Foresee Problems, Solutions, and Teamwork.

18. **量利法則：量大利小，利不小，低成本策略；量小利大，利也大，差異化策略。**
Profit-Volume Principle: High volume, low margin with cost-efficiency; Low volume, high margin through differentiation.

19. **企業家族：傳統家族企業漸行放遠，以團隊經營，直營聯盟，國際全作體系，共創「企業家族」新理念，分享利潤成果，共用產業資源。**
Corporate Family: Transition from traditional family businesses to team-based operations, direct alliances, and global collaboration, sharing profits and industry resources.

20. **ABCD5：A為人工智慧Artifcial Intelligence（AI），B為區塊鏈Block Chain，C為雲端Cloud，D為大資料BigData，5為第五代移動通信技術5G。**
ABCD5: A for Artificial Intelligence（AI）, B for Block Chain, for Cloud, D for Big Data, and 5 for Fifth Generation 5G.

21. **鋪排做事：提前完成計畫想做事，利用晚上週末能做事，利用閒置時間做成事。**
Strategic Execution: Complete plans ahead, utilize evenings and weekends, and make use of idle time.

22. **機會與平台：像鷹一樣的眼光，像狼一樣的精神，像熊一樣的膽量，像豹一樣的速度。**
Opportunity and Platform: Vision like an eagle, spirit like a wolf, courage like a bear, speed like a leopard.

23. **視野胸懷：不只低頭拉車，還要抬頭看路。**
Perspective and Vision: Don't just keep your head down working–look up and see the road ahead.

24. **登山思維：征服自已的不是山，而是自己。**
Mountain Climbing Mindset: It's not the mountain you conquer but yourself.

25. **雞蛋的故事：從內打破是生命是成長，從外打破是食物是壓力。**
The Story of the Egg: Broken from inside–life and growth; Broken from outside–food and pressure.

26. **人無我有，人有我優，人優我多，人多我轉。**
What others lack, we possess; What others possess, we excel in; When others excel, we diversify; When others diversify, we innovate.

27. **運時通含義：「運」：雲端AI，抖音新媒體；「時」：三日學，即昨日、今日、明日，寺廟中反省和檢討，掌控時機；「通」：整桶責任，企業B to C通順，目標通達。**
The Meaning of Yun Shi Tong:–Strategic planning and team battles; "Yun"–Cloud AI and social media; "Shi"–Learning from the past, present, and future; "Tong"–Smooth enterprise operations and clear goals.

28. **運時通TOP精神：T–誠信Trusting, O–超越Outperforming, P–完美Perfecting。在誠信中，不斷超越，追求完美。**
Stylution TOP Spirit: Trusting（T）, Outperforming（O）, Perfecting（P）– Continually surpassing in trust and striving for perfection.

29. **五米深思維：深度思考，向上捅破天，向下扎根5米深，突破極限。**
Five-Meter Deep Thinking: Thinking deeply, reaching for the skies and cultivating five meters below, pushing the limits.

30. 拚搏為本：運時通五十年摸著石頭過河，即摸到了以顧客為中心，以拚搏為根本。
Taking Hard Work as the Foundation: Over the past fifty years, Stylution has been “crossing the river by feeling the stones”, and has finally grasped the principles of centering on customers and taking hard work as the foundation.

31. 動物與植物理論：隨著生產要素尋找綠洲謂之「動物」。立地產業深耕品牌落地謂之「植物」。
Theory of Animals and Plants: Searching for oases according to production factors is what we call "animals". Deeply cultivating a brand and implementing it based on one's position is what we call "plants".

第二章　管理篇 Management

32. 歸零心經：零庫存，零負債，零缺陷，零退貨，零抱怨，零病痛，零放空。
Zero Philosophy: Zero inventory, zero debt, zero defects, zero returns, zero complaints, zero illness, zero inaction.

33. 一把手：擔當、責任、績效、成果、魅力、帶頭、奉獻、公益。
The First-in-Command: Accountability, responsibility, effectiveness, results, charisma, leading by example, dedication, and public service.

34. 二把手：尊重、報告、努力、謙卑、能力、用心、負責、內斂
The Second-in-Command: Respect, reporting, diligence, humility, competence, attentiveness, responsibility, and modesty.

35. 三腦管理：用腦：提升組織規劃；拍腦：強化整體思考；借腦：學會借力使力。
Three-Brain Management: Use your brain–enhance organizational planning; Pat your brain–strengthen holistic thinking; Borrow brains–leverage others' strengths.

36. 三和團隊作風：人和、心和、事和。
Three Harmonies of Teamwork: Harmony among people, harmony of hearts, and harmony in work.

37. 三緊管理：卡緊—上下製程、腳緊—運作交接、加緊—加快速度。
Three Tight Management: Tight process control, tight operational handoff, accelerated execution speed.

38. 三和管理：人和、心和、事和。人在一起叫聚會，心在一起叫團隊。
Three Harmonies Management: Harmony of people, harmony of heart, harmony of affairs. Being together is a gathering; being united is a team.

39. 四修幹部修養：感恩、寬容、自省、堅持。
Four Cultivations of Leadership: Gratitude, Tolerance, Self-Reflection, and Perseverance.

40. 五動管理：動手—親自實踐，動腳—走動管理，動心—忠勤任事，動腦—啟動思維，動口—溝通協調。
Five-Move Management: Hands-on practice, on-site management, focused dedication, active thinking, effective communication.

41. 五才管理：募才、育才、晉才、酬才、留才。
Five Aspects of Talent Management: Recruiting, Training, Promoting, Rewarding, and Retaining.

42. 8C哲　學:Change改　變、Challenge挑　戰、Chance機　會、Communication 溝通、Cooperation合作、Customer顧客、China中國、Cash現金。
8C Philosophy: Change, Challenge, Chance, Communication, Cooperation, Customer, China and Cash.

43. 先有所「為」，才有所「位」。多出二點力，人才有位置。
Achievement Precedes Position. Extra effort creates opportunities.

44. 時間管理：處理事情的順序為緊急重要、緊急不重要、重要不緊急、不緊急不重要。
Time Management: Prioritize urgent and important, then urgent but less important, important but not urgent, and finally neither urgent nor important.

45. 狼的精神：狠加一點才是狼，打造狼群性格的共贏團隊。
The Spirit of Wolves: A little fierceness makes the wolf–build a team with a winning wolf-like spirit.

46. 4Q商數管理：智力商數IQ，情緒商數EQ，逆境商數AQ，領導商數LQ。LQ > AQ > EQ > IQ。
4Q Management: IQ（Intelligence）, EQ（Emotional Intelligence）, AQ（Adversity Quotient）, LQ（Leadership Quotient）– LQ > AQ > EQ > IQ.

47. 管理智慧：君逸臣勞則國興，君勞臣逸則國亡。三流老闆學管理知識，二流老闆學管理系統，一流老闆學管理智慧。
Management Wisdom: When leaders rest and ministers work, the nation prospers; when leaders toil and ministers relax, the nation falls. Third-rate bosses learn management knowledge; second-rate bosses learn management systems; first-rate bosses learn management wisdom.

48. 主管定義：主動管理、主要管人、管人>管事。
Definition of a Supervisor: Proactive management, primarily managing people–managing people matters more than managing tasks.

49. 驕傲在敗壞之先，高傲在跌倒之前。敗壞之先，人心高傲。尊榮之前，必有謙卑。
Pride Comes Before a Fall: Arrogance leads to failure; humility precedes honor.

50. 忠誠素養：兩個中心為「患」，一個中心為「忠」，要去患成忠，忠於公司，忠於職守，忠勤任事。
Loyalty and Dedication: Over-focus on self-interest leads to trouble; true loyalty comes from dedication to company and duty.

51. 處事態度：對上以敬，對下以慈、對人以和、對事以真。上下人事，敬慈和真。
Approach to Affairs: Respect superiors, be kind to subordinates, harmonious with peers, and true to the task.

52. 軍團作戰：天底下只有團隊，沒有天才。
No Genius in the World, Only Team.

53. 我的座右銘：「追求完美，忠勤任事」；追忠、求勤、完任、美事。
My Motto: “Pursue perfection, dedicate to duty”–be loyal, diligent, perfect in work, and beautiful in results.

54. 新世紀用人原則：智、信、仁、勇、嚴。
New Century Human Resource Principles: Wisdom, Integrity, Compassion, Courage, and Discipline.

55. 用人德才：德才兼備，優先錄用；有德無才，栽培使用；有才無德，限制使用；無德無才，永不錄用。

Talent and Virtue in Employment: Prioritize those with both virtue and talent; cultivate those with virtue but lacking talent; restrict the use of those with talent but lacking virtue; never employ those with neither.

56. 用人原則：能者上，平者讓，庸者下。

Employment Principles: Promote the capable, give way to the average, and demote the incompetent.

57. 不分高幹、台幹、陸幹、美幹、德幹、日幹，大家一起幹。

No distinction between senior executives, Taiwanese managers, mainland managers, American managers, German managers, or Japanese managers–everyone works together.

58. 用人者亡，用朋者強，用師者霸。

Those who use people perish; those who use friends grow strong; those who use mentors dominate.

59. 經理人新定義Manager：免你做（用人）、要你想（計畫組織）、你不做（控制考核）、我來教（領導）、你要做（執行）。

New Definition of Manager: Delegate work（Talent Use）, focus on planning and organizing, avoid unnecessary involvement（Control and Evaluation）, teach（Leadership）, and execute（Implementation）.

60. 簽字：就是牽制、負責任、對人承諾、對事負責。

Signing a document means taking responsibility, making commitments, and being accountable.

61. 上中下之君：下君盡己之能—使用自己的能力，中君盡人之力—轉換別人的能力，上君盡人之智—充分授權，發揮人才智慧。
Three Levels of Leadership: The lowest uses their own abilities; the middle mobilizes others' abilities; the highest harnesses others' wisdom through full empowerment.

62. 心態新觀念：心上加一點，心的格局要大一點。
New Concept of Mentality: Add a little more to your heart; broaden your mind.

63. 現場落地管理：推動「人人生管、人人品管、人人財管」政策。
On-Site Implementation Management: Promote the policy of "Everyone is responsible for production, quality, and finance."

64. 十大領導力：激情、承諾、負責任、欣賞、付出、信任、共贏、感召、可能性、感恩。
Ten Leadership Qualities: Passion, Commitment, Responsibility, Appreciation, Contribution, Trust, Win-Win, Inspiration, Possibility, and Gratitude.

65. 2526大陸成功密碼：大陸中高端目標市場6.3億人口，約是2個美國，5個日本，26個台灣的人口消費市場。
The 2526 Code for Success in Mainland China: The high-end target market in mainland China consists of 630 million people–equivalent to about 2 United States, 5 Japans, and 26 Taiwans.

66. 寬仁治人為本：以孝至尊、以德取人、以仁治國。
Benevolence as the Foundation of Governance: Honor filial piety, select based on virtue, and govern with compassion.

67. 心眼思維：眼是一把尺，量人先量己。心是一桿秤，秤人先秤己。

    Mind and Perspective: The eyes measure others, but first measure yourself; the heart weighs others, but first weigh yourself.

68. 選擇大於努力：擇良人而交，擇良木而棲。選人才、選平台、選企業、選品牌。

    Choice is More important than effort: Choose worthy people to associate with and a good tree to roost under. Select the right talents, platforms, enterprises, and brands.

第三章　人生篇 Life

69. 人生三有：天地有律、修身有道、養性有方。

    Three Essentials of Life: Adherence to universal laws, cultivating personal integrity, and nurturing inner balance.

70. 人生三關：挑戰困難，突破瓶頸；創造價值。

    Three Life Challenges: Overcome difficulties, break through bottlenecks, and create value.

71. 人生四空：金也空，銀也空，死後何曾在手中；妻也空，子也空，黃泉路上不相逢；田也空，地也空，換過多少主人翁；名也空，利也空，轉眼荒郊土一封。

    The Four Emptinesses of Life: Gold is empty, silver is empty, in death, none of it remains in hand.

    Wife is empty, child is empty, on the road to the underworld, we do not meet. Field is empty, land is empty, how many owners have changed? Fame is empty, profit is empty, in a blink, a mound of earth in the wilderness.

72. 人生四種人：恩人永記心中。貴人時常探望。情人圓滿結局。愛人一心一意。內心深處，多修路，少築牆。海闊天空，五湖四海，廣交朋友。
Four Types of People in Life: Remember benefactors in your heart, visit influential people often, pursue fulfilling relationships, and love wholeheartedly. Within your heart, build more roads and fewer walls. Embrace the vastness of the world and make friends everywhere.

73. 人生四歷：學歷、經歷、實力、病歷。
Four Life Experiences: Academic history, professional experience, personal capability, and health history.

74. 三日哲學：反省昨日得失（See），執行今日細部（Do），策劃明日目標（Plan）。
Three-Day Philosophy: Reflect on yesterday's gains and losses（See）, execute today's details（Do）, and plan tomorrow's goals（Plan）.

75. 三不如：讀萬卷書，不如行萬里路。行萬里路，不如閱人無數。閱人無數，不如高人指路。
Three Realizations: Reading ten thousand books is not as valuable as traveling ten thousand miles; traveling ten thousand miles is not as valuable as meeting countless people; meeting countless people is not as valuable as receiving guidance from a wise mentor.

76. 四感體驗：感恩—父母養育；感激—老闆提攜；感謝—同伴扶持；感動—團隊合作。
Four Emotional Experiences: Gratitude for parental upbringing, appreciation for a mentor's support, thanks for companionship, and being moved by teamwork.

77. 四到哲理：知道、悟道、做到、得到。
Four Stages of Wisdom: Knowing, Understanding, Applying, and Achieving.

78. 四季語法：春天—善念種；夏天—無礙行；秋天—破煩惱；冬天—樂豐收。
The Philosophy of Seasons: Spring–sow good thoughts; Summer–act without obstruction; Autumn–let go of worries; Winter–enjoy the harvest.

79. 七八九原則：七分飽（身）、八分醉（心）、九分愛（靈）。十分完美（身心靈）
The 7-8-9 Principle: 70% fullness for the body, 80% contentment for the heart, 90% love for the spirit–100% perfection in mind, body, and spirit.

80. 心胸視野：海洋比陸地大，天空比海洋大，人的心胸比天空還要大。
Broadened Horizons: The ocean is larger than the land, the sky is larger than the ocean, and the human heart is larger than the sky.

81. 生病看醫生，健康靠運動。有計劃就不忙；有預算就不窮；有運動就不病。
See a doctor when sick, maintain health through exercise. With a plan, you won't be overwhelmed; with a budget, you won't be poor; with exercise, you won't fall ill.

82. 萬貫家產三頓飯，千棟豪宅一張床。
No matter how much wealth you possess, you only need three meals a day; no matter how many mansions you own, you only sleep in one bed.

83. 吃飽很簡單，睡好很困難，健康很寶貴。
Eating enough is simple, sleeping well is difficult, and health is priceless.

84. 感恩父母：撫養（身）、順從（心）、臣服（靈）
Gratitude to Parents: Nurture（Body）, Obedience（Heart）, and Surrender（Spirit）.

85. 天底下有兩種「教」不可信；一是「比較」，一是「計較」。
Two Types of "Teachings" Not to Believe: Comparison and Calculation.

86. 酒不醉人人自醉，色不迷人人自迷；不能控制自己的人，一定不會成功。
It's not the wine that intoxicates–it's the person; it's not beauty that captivates–it's the heart. Those who cannot control themselves will never succeed.

87. 要命就不要喝（酒），要活就不要抽（煙），要成功就必須拼搏。
If you value your life, don't drink; if you want to live, don't smoke; if you want success, you must strive.

88. 睡得飽是「身」，睡得好是「心」，睡得健康快樂是「靈」。
Adequate sleep nourishes the body, restful sleep calms the heart, healthy and joyful sleep nurtures the spirit.

89. 不靠天吃飯，靠自己吃飯。
Don't rely on fate for sustenance–rely on yourself.

90. 學歷是過去的歷史History，學力是現在的能力Ability.
Academic credentials reflect past history（History）, but learning ability determines present capability（Ability）.

91. LKK是Low Knowledge Keeper，**低能知識者**；LLL是Long Life Learning，**終生學習者**；LMM是Learning More & More，**執著學習者**。
LKK: Low Knowledge Keeper（ignorant）; LLL: Long Life Learner（lifelong learner）; LMM: Learning More & More（dedicated learner）.

92. **醉過方知酒濃，愛過方知情重。愛因為不能擁有而深刻，夢因為不能圓滿而迷人。**
Only after getting drunk do you know the strength of wine; only after loving do you understand the weight of emotion. Love becomes profound because it's unattainable; dreams become enchanting because they remain incomplete.

93. **人生哲理：富在知足、貴在知退、福在知謙。**
Life Philosophy: Wealth lies in contentment, nobility in knowing when to retreat, and blessings in humility.

94. **癌症原因有「三多」，即吃多、喝多、吸多，阻塞積成山岩所致。**
Three Major Causes of Cancer: Overeating, excessive drinking, and smoking–leading to internal blockages.

95. **防癌二、三、四：二通：雙口齊下、百病不生；三清：清腸、清肝、清頭腦；四得：活得健康、老得快樂、病得自在、走得安心。**
Cancer Prevention in Two, Three, Four Steps: Two pathways–balanced diet and healthy habits; three cleansings–intestines, liver, and mind; four gains–healthy life, joyful aging, peaceful illness, and serene passing.

96. 毒賭讀：不吸「毒」、不好「賭」、愛「讀」書。
Three Virtues: Avoid drugs, shun gambling, and love reading.

97. 孝順定義：「孝」—子承老也，為人子女應供養雙親；「順」—樹葉依川流而不息，子女當順應父母心意。
Definition of Filial Piety: “Filial” means children caring for elders; “Obedience” means following parents’ wishes like leaves flowing along a stream.

98. 敬田、義田、恩田：敬田—恭敬之心，尊重之心。義田—義勇之心，福報之心。　恩田—感恩之心，感激之心。
Three Fields of Virtue: Respect（Reverence and honor）, Righteousness（Courage and justice）, and Gratitude（Appreciation and kindness）.

99. 爸：耕田、出力，父愛如山，責任擔當。媽：挑擔、作馬，母愛如水，溫柔持家。
Father’s Love: Toils and sacrifices like mountains, bearing responsibilities. Mother’s Love: Nurturing and gentle like water, maintaining the household.

100. 大智大愛：東方智、華夏魂、中華心。一燈能照千年暗，一智能解萬年愚。
Great Wisdom and Love: Eastern intelligence, Chinese spirit, and a unified heart. “A single lamp dispels millennia of darkness; a single wisdom overcomes ages of ignorance.”

101. 本碩博維度：學士，點＆跟，一度空間學習。碩士，線＆悟，二度空間理解。博士，面＆創，三度空間獨特。
Dimensions of Academic Achievement: Bachelor’s degree–points and following（1D learning）; Master’s degree–lines and understanding（2D comprehension）; Doctorate–planes and creativity（3D innovation）.

102. 終身學習：博士、博土、搏士、搏土。
Lifelong Learning: Doctor（Scholar）, Earthly Practitioner（Hard Worker）, Fighter（Struggler）, and Rooted Learner（Grounded Scholar）.

103. 人生態度：人生沒有等待出來的輝煌，只有拼搏出來的精彩。
Attitude Towards Life: Glory isn't waited for–it's fought for.

104. 養生保健之道：不要吃好、不要吃飽、不要跌倒。
Health and Wellness: Don't overeat, don't overfill, and avoid falling.

105. 他人自己：尊重他人，莊嚴自已；幫助他人，成就自己。
Others and Self: Respect others to dignify yourself; help others to achieve yourself.

106. 只能滿足：良田千畝，只能日食三餐，華廈萬棟，只能夜眠八尺。
The Limits of Satisfaction: No matter how much farmland you own, you eat only three meals a day; no matter how many houses you own, you sleep in just one bed.

107. 鑒史勵業：以史為鑒，以人為鏡，從故事中學習，從工作中成長。
Learn from History to Inspire Work: Use history as a mirror and people as reflections. Gain knowledge from stories and grow through work.

108. 路的真諦：路是個人的足跡，每個人的人生道路皆是自己的足跡。
The True Meaning of the Road: The road is the footprint of an individual. Everyone's life path is composed of their own footprints.

第七篇

大事記

年份	年齡	重要紀事
1926年		農曆三月九日父親陳炎樹先生出生於台灣省宜蘭縣，屬虎。
		四月二十日父親陳炎樹先生申報戶口的出生日期。
1931年		農曆二月二十日母親陳莊秀鑾女士出生於台灣省宜蘭縣，屬羊。
		五月十九日母親陳莊秀鑾女士申報戶口的出生日期。
1950年	出生	農曆十一月三十日（國曆一月七日）陳燕木出生於台灣省宜蘭縣礁溪鄉時潮村，屬虎。
1951年	1歲	五月十四日（農曆四月初九）相隔127天後申報戶口的出生日期。
1962年	12歲	八月愛美颱風來襲，時潮村淹沒，從小立志「不靠天吃飯，靠自己吃飯」。
1967年	17歲	七月一日考入台灣鐵路管理局台北機廠技工養成所，1924名報考，錄取40名，陳燕木為第9名，第21期技工，學號2131，員工服務證人字第027000號。
1969年	19歲	白天在技工養成所學習，晚上到志仁補校上高一課程。1970年轉到延平補校念高二。
1971年	21歲	利用下班時間就讀志仁補校，週末假日時間，進入大華補習班攻讀八百小時，為考日間部大學而努力拼搏。

年份	年齡	重要紀事
1972年	22歲	以大學聯考392分考上輔仁大學商學院日間部企業管理學系市場組，學號615126，為志仁補校第一個考上日間大學的畢業生。
1973年	23歲	三弟燕標服兵役，大二時接下他的「協榮彈簧床製造廠」，開始創業生涯。
1974年	24歲	與大哥燕飛、三弟燕標、四弟大幃共同創業，成立「三燕彈簧床有限公司」。
1976年	26歲	陳燕木大學畢業入伍當憲兵，服役於空軍總部憲兵215營第二連，擔任班長。
1980年	30歲	一月三十一日與黃喜貞Grace小姐結婚，陳燕木三十歲，屬虎。黃喜貞二十六歲，屬馬。
		十一月十二日長子陳冠宇Alex出生，屬猴。因與孫中山同月同日生，又稱小國父，4100公克，小名大頭。
1982年	32歲	九月九日次子陳冠翰Ronald出生，屬狗。3550公克。
1983年	33歲	取得美國蕾絲Restonic亞太區授權代理合作。
1987年	37歲	擔任輔仁大學企管系第五屆系友會會長。
1988年	38歲	取得德國美得麗Musterring亞洲區授權代理合作。
		擔任新北廠商發展促進會（原五股工業區）創會會長。
1989年	39歲	「三燕彈簧床有限公司」兄弟和平分家，三燕牌禮讓大哥燕飛經營。
1992年	42歲	十二月八日當選中華民國第十五屆創業青年楷模獎。

年份	年齡	重要紀事
1993年	43歲	考取輔仁大學管理學研究所日間部MBA碩士班，為班上年齡最大的學生，共修完75個學分打下深厚基礎。
1995年	45歲	感謝輔大管研所必修課「管理決策會計」被吳桂燕教授當掉重修，對管理會計更加了解受用至今。
		擔任台北縣後備憲兵聯絡中心副主任，負責三重、蘆洲、新莊、林口、泰山及五股地區之後憲聯誼服務。
		四月二十二日父親陳炎樹與世長辭，享年七十歲。
		參加中華民國八十四年度全台灣管理碩士論文比賽，榮獲人力資源與組織行為管理「十大優等論文」獎，由中華民國管理科學學會理事長王建煊，頒發管科獎字第840140號證書。
1996年	46歲	到中國大陸投資，成立運時通中國廠，設廠東莞市大嶺山南區老廠。
1997年	47歲	元月一日當選台灣區家具工業同業公會，第九屆理事長任期三年。
		當選輔仁大學企業管理系傑出校友。
2000年	50歲	元月一日連任台灣區家具工業同業公會，第十屆理事長共六年。
		六月二十六日全國工業總會高清愿理事長帶領十七位產業理事長，獲中國大陸國家主席 江澤民總書記，在北京中南海瀛台親切接見，為台灣區最年輕的理事長。
2001年	51歲	購買東莞百花洞總廠土地120畝。

年份	年齡	重要紀事
2003年	53歲	榮任亞太家具協會，第九屆會長任期兩年。
		完成東莞百花洞總廠生產製造全家具系列。
		長子陳冠宇東吳大學企業管理系畢業。
2005年	55歲	連任亞太家具協會第十屆會長共四年。
		五月一日長子陳冠宇憲兵退伍一週後，加入運時通經營團隊。
2006年	56歲	成立美國分公司，STYLUTION USA，禮聘美國蕾絲前總裁，由Mr. Edward Scott史考特先生擔任總裁。
		五月第一次世界家具組織會議WFC在西班牙舉行，亞太家協陳燕木會長擔任第二天大會主席。
2007年	57歲	次子陳冠翰國立交通大學信息科學與工程研究所碩士畢業。
2008年	58歲	總統馬英九先生接見，且給予「床墊教父產學領航Bedding Father Industry Leader」之稱號。
2009年	59歲	一月一日次子陳冠翰碩士畢業退伍後，加入運時通集團經營團隊。
		成立日本分公司，運時通日本株式會社，社長平塚裕章先生，陳保洲擔任運營總監。
		收購美國加州聖地亞哥威克萊WICKLINE BEDDING床墊工廠。
		七月十六日夫人黃喜貞美國北維吉尼亞大學（University of Northern Virginia）MBA碩士畢業。
2010年	60歲	七月四日長子陳冠宇Alex和東吳大學企管系同班同學陳柏蓉Vicky小姐結婚。

年份	年齡	重要紀事
		十二月二十五日擔任新北市廠商發展促進會「更名委員會」總召集人。
2011年	61歲	榮任全國台企聯新世代新青年工作委員會主任委員。
		五月一日五股工業區更名為「新北產業園區」（英文名稱New Taipei Industrial Park）。
2012年	62歲	榮任台灣海峽兩岸經貿文化交流協會第三屆榮譽副會長。
2013年	63歲	二月二十二日大孫女陳名郁Milla出生，屬蛇。於美國加州聖地亞哥。
		運時通集團成立四十週年慶。
		十一月二十三日次子陳冠翰Ronald與陳姿伶Ivy小姐結婚。
2014年	64歲	成立廣東唯宇華家具有限公司，負責美國艾綠床墊Sleep Therapy之經營管理。
		七月二十三日二孫女陳名晞Cici出生，屬馬。
2015年	65歲	大陸出版《床墊教父-陳燕木-成就億萬富豪的推手》。
		榮獲第三屆傑出大陸台商內銷典範獎。
		十一月十三日三孫女陳名筠Albee出生，屬羊。
		榮任中國家居品牌聯盟 第三屆主席
2016年	66歲	榮任全國台灣同胞投資企業聯誼會第四屆常務副會長。
		三月十六日舉辦感恩傳承交班晚宴，長子陳冠宇、次子陳冠翰升任集團總經理。1600位貴賓於東莞嘉華酒店見證接班儀式。

年份	年齡	重要紀事
		募集捐贈中國家居品牌聯盟會館人民幣1380萬，建設集家居產業圖書館、企業形象展館、秘書處辦公室、主席團交流等於一體的永久會館，個人捐贈人民幣125萬，約新台幣600萬。
		七月二十三日運時通控股集團在武漢漢陽成功挑戰「最長的人體床墊多米諾骨牌」金氏世界紀錄。
2017年	67歲	元月一日當選傑出大陸台商聯誼會第三屆會長。
		三月三日運時通集團與美國蕾絲總部在加州聖地亞哥，簽訂亞洲永久代理權。
		十二月五日孫子陳名軒Harrison出生，屬雞。
2018年	68歲	運時通集團成立四十五週年慶。
		九月一日考取美國天普Temple大學福克斯商學院、北京清華大學五道口金融學院GSFD全球金融博士班。
2019年	69歲	長子陳冠宇榮任東莞市台商會大嶺山分會第十三屆會長。
		連任全國台灣同胞投資企業聯誼會第五屆常務副會長。
2020年	70歲	一月三十一日陳燕木七十而已壽宴、喜燕四十週年紅寶石婚宴，感恩成功舉辦。
		次子陳冠翰擔任中國家具協會第七屆副理事長。
2021年	71歲	運時通榮獲中國大陸國家高新技術企業榮譽稱號。
		長子陳冠宇長江商學院32期EMBA碩士畢業。
		次子陳冠翰中歐國際工商學院EMBA 2018碩士畢業。

年份	年齡	重要紀事
		出版《床墊教父》第六版。
2022年	72歲	元月一日集團啟動「事業部SBU」經營管理制度。
		榮任海峽兩岸經貿文化交流協會第六屆榮譽副會長。
		長子陳冠宇擔任東莞市台灣名品博覽會總召集人。
		九月十六日博士論文感謝恩師Baskshi巴克希教授、Xiaohui Gao 高曉慧教授之悉心指導。論文口試答辯再經Connie Mao毛向東教授、Benjamin Collier 本傑明•科利爾教授。四位教授評審口試答辯獲得A+成績，正式通過，為北京清華大學五道口四、五、六期GSFD第一位天普大學博士畢業生。
		榮任東莞市台商投資企業協會名譽會長。
		十二月十五日取得美國天普大學福克斯商學院、北京清華大學五道口金融學院 GSFD全球金融學博士畢業。
2023年	73歲	一月二十七日與夫人黃喜貞女士參加美國天普大學福克斯商學院畢業典禮，領取全球金融學博士證書。
		二月二十二日長子陳冠宇連任東莞市大嶺山台商會第十四屆會長。
		榮任中國國際商會家居建材產業委員會名譽主席。
		連任全國台灣同胞投資企業聯誼會第六屆常務副會長。
		五月二十四日慶祝集團成立五十週年「創夢50載，簣金築未來」，1700位賓客蒞臨老廠房見證巡禮。

年份	年齡	重要紀事
		七月十二日集團通過政府核准批復城市更新「工改工」專案項目，打造現代化的「運時通智谷Stylution Industrial Park」，打造粵港澳大灣區十四棟60公尺高層廠房，約10萬台坪。
		八月二十九日全國台企聯內銷拓展工作委員會，於山西省太原市成立舉辦揭牌儀式，陳燕木榮任主任委員。
		十一月二十八日獲得母校輔仁大學江漢聲校長聘為「AI人工智慧發展中心」講座教授，貢獻智慧回饋社會。
		集團營業規模達到新台幣40億元。
2024年	74歲	集團啟動「第十一個五年規劃」（2024-2028），集團營業目標正往新台幣50億元邁進。
		投資江蘇省淮安市永懷東路99號265畝土地，即「運時通華東軟體家居科技園 Stylution East China Upholstered Home Furnishing Technology Park」。
		農曆二月二十日為母親陳莊秀鑾女士舉辦九晉秩四生日壽宴。
		五月六日江蘇淮安舉辦運時通華東軟體家居科技園開工奠基儀式。
		七月三日回饋母校輔仁大學捐款100萬，響應「世紀輔仁．永續傳承」的百人百萬募款計畫，支持母校持續風華下個世紀！
		舉辦台企聯青委會特訓營連續十四年，培育超過一千位台青精英。
2025年	75歲	次子陳冠翰擔任東莞名家具俱樂部第八屆副理事長。

年份	年齡	重要紀事
		元月一日升任兩位兒子陳冠宇、陳冠翰為集團總裁，陳冠宇負責研發生產製造與外銷出口之業務。陳冠翰負責中國大陸與台灣兩岸市場運營管理。
		出版《床墊教父》第七版。
		四月二十四日東莞運時通智谷工改攻項目正式開工興建，委託中天建設控股總包承建。
		四月二十七日淮安運時通智谷上下游供應鏈配套工程，委託浙江寶森建設集團總包承建。
		六月擴大美國蕾絲Restonic經營版圖，增加越南、緬甸、柬埔寨、菲律賓四國，奠定品牌百年基業，深耕布局。
		七月一日淮安華東廠工式落成開工，亞洲第一條S型AI全自動化生產線啟動。
		七月十八日陳燕木人生傳記《床墊教父陳燕木傳：鐵路技工打造運時通全球集團》在台北市喜來登飯店舉行新書發表會。
2026年	76歲	運時通全球床墊專賣店突破三千家。
		為陳氏家族，出資奉獻興建家族公墓「蘭陽園」，供家族追思先祖，陳氏天下、用心思源；順愛新勤、文化傳承。
2030年	80歲	陳燕木八十歲，母親陳莊秀鑾女士一百歲，陳氏家族六對兄弟妹夫婦生日，聯合慶祝「千歲壽宴惜福圓滿」感恩餐會。

PEOPLE 555

床墊教父陳燕木傳：鐵路技工打造運時通全球集團

口　述—陳燕木
採訪撰文—楊艾俐
照片提供—陳燕木
主　編—廖宜家
行銷企劃—鄭家謙
封面設計—兒日設計
美術編輯—李宜芝

董 事 長—趙政岷
出 版 者—時報文化出版企業股份有限公司
108019 台北市和平西路三段二四〇號七樓
發行專線—(〇二) 二三〇六六八四二
讀者服務專線—〇八〇〇二三一七〇五
(〇二) 二三〇四七一〇三
讀者服務傳真—(〇二) 二三〇四六八五八
郵撥—一九三四四七二四時報文化出版公司
信箱—一〇八九九　台北華江橋郵局第九九信箱
時報悅讀網—http://www.readingtimes.com.tw
法律顧問—理律法律事務所　陳長文律師、李念祖律師
印刷—家佑印刷有限公司
初版一刷—二〇二五年七月一日
定價—新台幣六二〇元

時報文化出版公司成立於一九七五年，
並於一九九九年股票上櫃公開發行，於二〇〇八年脫離中時集團非屬旺中，
以「尊重智慧與創意的文化事業」為信念。

床墊教父陳燕木傳：鐵路技工打造運時通全球集團 / 陳燕木口述；楊艾俐採訪撰文 . -- 初版 . -- 臺北市：時報文化出版企業股份有限公司, 2025.07
面；　公分 . -- (People ; 555)
ISBN 978-626-419-377-1 (精裝)

1.CST: 陳燕木 2.CST: 自傳

783.3886　　114003383

ISBN 978-626-419-377-1
Printed in Taiwan